职业院校课程改革特色教材（汽车类）

汽车修理工

中级理论与实操指导书

李显贵 黄凯华 | 主编
温继峰 潘仕梁 来君 李国君 | 副主编

人 民 邮 电 出 版 社
北 京

图书在版编目（CIP）数据

汽车修理工中级理论与实操指导书 / 李显贵，黄凯华主编. -- 北京 : 人民邮电出版社，2019.10
职业院校课程改革特色教材. 汽车类
ISBN 978-7-115-51669-5

Ⅰ. ①汽… Ⅱ. ①李… ②黄… Ⅲ. ①汽车－车辆修理－高等职业教育－教材 Ⅳ. ①U472.4

中国版本图书馆CIP数据核字(2019)第149651号

内 容 提 要

本书以最新的《汽车修理工国家职业标准》《汽车维修专项技能认证标准》为编写依据。全书共三篇，理论知识篇为理论知识强化训练，包括职业常识、基础知识、汽车发动机构造及检修、汽车底盘构造及检修、汽车电气设备与电子控制装置、汽车整车维护及其他、安全生产与环境保护及相关内容的习题及对应的参考答案；实操篇为实操技能强化训练，包括汽车零件测绘，曲轴检测，气门间隙的调整，发动机正时皮带的拆装、检查与调整，分电器的检修，发动机油路、电路综合故障的诊断与排除，变速器检修，后桥鼓式驻车制动器检修，起动机检修，硅整流发电机的拆装及检修共十个操作项目。模拟试题篇为理论知识模拟试题，含两套模拟试题及相应的参考答案。

本书可作为各类职业院校汽车类相关专业汽车修理工中级考试辅导练习用书，也可作为相关行业从业人员的参考书。

◆ 主　　编　李显贵　黄凯华
副 主 编　温继峰　潘仕梁　来　君　李国君
责任编辑　刘　佳
责任印制　马振武

◆ 人民邮电出版社出版发行　北京市丰台区成寿寺路 11 号
邮编　100164　电子邮件　315@ptpress.com.cn
网址　http://www.ptpress.com.cn
固安县铭成印刷有限公司印刷

◆ 开本：787×1092　1/16
印张：12.25　2019 年 10 月第 1 版
字数：428 千字　2025 年 8 月河北第 8 次印刷

定价：38.00 元

读者服务热线：(010)81055256　印装质量热线：(010)81055316
反盗版热线：(010)81055315

前　言

职业资格证书是劳动者具有从事某一职业所必备的学识和技能的证明。它是劳动者求职、任职的资格凭证，是用人单位招聘、录用劳动者的主要依据，是劳动者成功就业的有力保证。为了帮助职业院校汽车类相关专业的学生顺利取得汽车修理工中级工国家职业资格证书，推动职业资格证书制度的深入实施，加快技能型人才的培养，编者组织广西地区多所职业院校有经验的教师编写了本书。

本书采取按内容分类的形式，以国家技能考核鉴定题库的内容为重点，结合编者在教学实践中的总结和学员的考试反馈，整合编制而成。本书题量充足，形式多样，且实用性强。通过本书的练习，读者可以对国家职业技能鉴定相关考试科目有充分了解，并能够系统地掌握从事汽车修理所必需的专业知识。

本书由李显贵、黄凯华任主编，温继峰、潘仕梁、来君、李国君任副主编。

由于时间仓促，书中难免存在不足之处，请读者批评指正。

编者

2019 年 3 月

目 录

理论知识篇

第一章 职业常识

第一节 职业道德及基本知识

（一）选择题

1．不符合服务理念定义的是（　　）。

A．挑选喜欢的客户　　B．保证商品种类繁多

C．保证充足的商品补给　　D．将店址选择在交通便利的地段

2．以下符合服务理念定义的是（　　）。

A．基本的商品补给　　B．商品种类单一

C．雇佣称职员工　　D．挑选喜欢的客户

3．属于维修技工工作职责的是（　　）。

A．在能力所及的范围内处理一般的客户需求

B．分配技术员工作，监督工作，并追踪工作进程

C．进行维护和修理工作，并在结束后进行最后的检查

D．进行维护和修理工作

4．属于技术员工作职责的是（　　）。

A．在能力所及的范围内处理一般的客户需求

B．分配技术员工作，监督工作，并追踪工作进程

C．进行维护和修理工作，并在结束后进行最后的检查

D．进行维护和修理工作

5．职业理想不包括（　　）。

A．职业成就　　B．职业种类　　C．职业收入　　D．职业意义

6．根据自己的性格特点选择合适的工作，应该按（　　）进行选择。

A．职业成就　　B．职业种类　　C．职业收入　　D．职业意义

7．职业道德素质的提高，一方面靠他律；另一方面就取决于自己的主观努力，即（　　）。

A．社会的培养　　B．组织的教育　　C．自我修养　　D．学校教育

8．职业道德素质的提高，一方面靠他律，即（　　）；另一方面就取决于自我修养。

A．社会的培养和组织的教育　　B．主观努力

C．其他原因　　D．客观原因

9．职业素质是劳动者对社会职业了解与适应能力的一种综合体现，其主要表现在职业兴趣、（　　）、职业个性及职业情况等方面。

A．职业能力　　B．职业成就　　C．职业收入　　D．职业前景

10．接待人员首先要在态度上给人（　　）。

A．高傲感　　B．冷漠感　　C．亲切感　　D．卑微感

11．在接待时，切忌给客户留下（　　）。

A．高傲感　　B．冷漠感　　C．卑微感　　D．A、B、C 三项都是

12．接待人员同客户交谈时，要使客户产生（　　）。

A．滑稽感　　B．怀疑感　　C．无奈感　　D．亲切感

13．选项属于职业道德范畴的是（　　）。

A．人们的内心信念　　B．人们的文化水平

C．人们的思维习惯　　D．员工的技术水平

14．职业道德通过（　　），起着增强企业凝聚力的作用。

A．协调员工之间的关系　　B．增加职工福利

C．为员工创造发展空间　　D．调节企业与社会的关系

15．职业道德是一种（　　）的约束机制。

A．强制性　　B．非强制性　　C．自愿的　　D．随意的

16．职业道德的稳定性和连续性是（　　）。

A．绝对的　　B．相对的

C．不受当时社会经济关系的制约　　D．不受其他道德原则的影响

17．职业道德与人的事业的关系是（　　）。

A．职业道德是人成功的充分条件

B．没有职业道德的人不会获得成功

C．事业成功的人往往具有较高的职业道德

D．缺乏职业道德的人也有可能获得成功

18．职业道德是指从事一定职业劳动的人们，在长期的职业活动中形成的（　　）。

A．处事方法　　B．行为规范　　C．思维习惯　　D．办事态度

19．各种职业道德往往采取简洁明快的形式，对本职业人员提出具体的道德要求，以保证职业活动的顺利开展，这体现了职业道德的（　　）。

A．稳定性　　B．专业性　　C．具体性　　D．适用性

20．职业道德对企业起到（　　）的作用。

A．增强企业的凝聚力　　B．增强企业的离心力

C．决定企业的经济效益　　D．增强企业员工的独立性

21．关于勤劳节俭的论述中，不正确的选项是（　　）。

A．企业可提倡勤劳，但不宜提倡节俭

B．“一分钟应看成八分钟”

C．1996 年亚洲金融危机是“饱暖思淫欲”的结果

D．“节省一块钱，就等于净赚一块钱”

22．关于勤劳节俭的论述中，正确的选项是（　　）。

A．勤劳是人生致富的充分条件　　B．节俭是企业持续发展的必要条件

C．勤劳不如巧干　　D．节俭不如创造

23．关于勤劳节俭的论述中，不正确的选项是（　　）。

A．勤劳节俭是促进经济和社会发展的最终动力

B．勤劳是现代市场经济需要的，而节俭则不宜提倡

C．勤劳和节俭符合可持续发展的要求

D．节俭有利于节省资源，与提高生产力无关

24．办事公道是指从业人员在进行职业活动时要做到（　　）。

A．追求真理，坚持原则　　B．奉献社会，助人为乐

C．公私分开，实事求是　　D．有求必应，服务热情

25．坚持办事公道，要做到（　　）。

A．公私分开　　B．有求必应　　C．公正公平　　D．公开办事

26．选项中属于办事公道的是（　　）。

A．顾全大局，一切听从上级　　B．大公无私，拒绝亲戚求助

C．知人善任，努力培养知己　　D．原则至上，不计个人得失

27．在商业活动中，不符合待人热情要求的是（　　）。

A．严肃待客，表情冷漠　　B．主动服务，细致周到

C．微笑大方，不厌其烦　　D．亲切友好，宾至如归

28．对待职业和岗位，（　　）并不是爱岗敬业所要求的。

A．树立职业理想　　B．干一行爱一行专一行

C．遵守企业的规章制度　　D．一职定终身，不改行

29．职业纪律是企业的行为规范，职业纪律具有（　　）的特点。

A．明确的规定性　　B．高度的强制性　　C．普适性　　D．自愿性

30．职工对企业诚实守信应该做到的是（　　）。

A．忠诚所属企业，无论何种情况都始终把企业利益放在第一位

B．维护企业信誉，树立质量意识和服务意识

C．保守企业秘密，不对外谈论企业之事

D．完成本职工作即可，谋划企业发展由有见识的人来做

31．道德（　　）。

A．是人和市场都具有的行为规范

B．是规定人们的权利和义务的行为规范

C．是一定社会阶段向人们提出的处理人与人、人与社会、人与自然之间关系的行为规范

D．是随阶级、国家的消亡而消亡的特殊行为规范

32．职业道德活动中，对客人做到（　　）是符合语言规范的具体要求的。

A．言语细致，反复介绍　　B．语速要快，不浪费客人时间

C．用尊称，不用忌语　　D．语气严肃，维护自尊

33．爱岗敬业的具体要求是（　　）。

A．看效益决定是否爱岗　　B．转变择业观念

C．提高职业技能　　D．增强把握择业的机遇意识

34．爱岗敬业作为职业道德的重要内容，是指员工（　　）。

A．强化职业责任　　B．热爱有钱的岗位

C．热爱自己喜欢的岗位　　D．不应多转行

35．关于诚实守信的认识和判断中，正确的选项是（　　）。

A．一贯地诚实守信是不明智的行为

B．诚实守信是维持市场经济秩序的基本法则

C．是否诚实守信要视具体对象而定

D．追求利益最大化原则高于诚实守信

36．在市场经济条件下，职业道德具有（　　）的社会功能。

A．鼓励人们自由选择职业　　B．遏制牟利最大化

C．促进人们的行为规范化　　D．最大限度地克服人们受利益驱动

37．在市场经济条件下，（　　）是职业道德社会功能的重要表现。

A．克服利益导向　　B．遏制牟利最大化

C．增强决策科学化　　D．促进员工行为的规范化

38．在市场经济条件下，职业道德最终将对企业起到（　　）的作用。

A．决策科学化　　B．提高竞争力　　C．决定经济效益　　D．决定前途与命运

39．在企业的经营活动中，下列选项中的（　　）不是职业道德功能的表现。

A．激励作用　　B．决策能力　　C．规范行为　　D．遵纪守法

40．对职业道德具体性的理解正确的是（　　）。

A．反映了较强的专业特点　　B．不能用以规范约束其他行业人员的职业行为

C．对其他行业人员有较强的约束性　　D．反映了职业道德观念代代相传的特点

41．合同员工违反职业纪律，在给其处分时应把握的原则是（　　）。

A．企业不能做罚款处罚　　B．视情节轻重，做出恰当处分

C．视情节轻重，可以做出撤职处分　　D．警告往往效果不大

42．关于勤劳节俭的说法，正确的是（　　）。

A．勤劳节俭是促进经济和社会发展的重要手段

B．勤劳是现代市场经济需要的，而节俭则不宜提倡

C．节俭阻碍消费，因而阻碍市场经济的发展

D．勤俭节约有利于节省资源，与提高生产力无关

（二）判断题

1．（　　）职业理想全凭自己的主观选择。

2．（　　）职业道德修养，是指从事各种职业活动的人员，按照职业道德基本原则和规范，在职业活动中所进行的自我教育、自我改造、自我完善，使自己形成良好的职业道德品质和达到一定的职业道德境界。

3．（　　）职业素质是劳动者对社会职业了解与适应能力的一种综合体现。

4．（　　）礼貌接待就是要对客户微笑。

5．（　　）勤劳是现代市场经济所需要的，而节俭则不宜提倡。

6．（　　）职业道德具有自愿性的特点。

7．（　　）职业道德不倡导人们的牟利最大化观念。

8．（　　）在市场经济条件下，克服利益导向是职业道德社会功能的体现。

9．（　　）职业道德对企业起到增强竞争力的作用。

10．（　　）职业道德活动中做到严肃待客、不卑不亢是符合职业道德规范要求的。

11．（　　）职业道德是人的事业成功的重要条件。

12．（　　）职业道德是指从事一定职业的人们，在长期职业活动中形成的一种行为规范。

13．（　　）员工在职业交往活动中，尽力在服饰上突出个性是符合仪表端庄具体要求的。

14．（　　）各行各业的职业道德具有相同的内容。

15．（　　）职业道德在形式上都比较具体，简明扼要，通俗易懂，具有具体性的特点。

16．（　　）爱岗敬业作为职业道德的内在要求，指的是员工要热爱自己喜欢的工作岗位。

17．（　　）市场经济条件下，应该树立多转行、多学知识、多长本领的择业观念。

18．（　　）市场经济条件下，根据服务对象来决定是否遵守承诺并不违反职业道德规范中关于诚实守信的要求。

19．（　　）办事公道是指从业人员在进行职业活动时要做到助人为乐，有求必应。

20．（　　）在公私关系上，符合办事公道的具体要求的是公私分开。

21．（　　）职业纪律是企业的行为规范，具有随意性的特点。

22．（　　）职业纪律包括群众纪律。

23．（　　）在日常接待工作中，根据性别给予服务符合平等尊重的要求。

24．（　　）勤劳节俭虽然有利于节省资源，但不能促进企业的发展。

参考答案：

（一）选择题

1．A　2．C　3．D　4．C　5．C　6．B　7．C　8．A　9．A

10．C　11．D　12．D　13．A　14．A　15．B　16．B　17．C　18．B

19．D　20．A　21．A　22．B　23．B　24．A　25．C　26．D　27．A

28．D　29．A　30．B　31．C　32．C　33．C　34．A　35．B　36．C

37．D　38．B　39．B　40．A　41．B　42．A

（二）判断题

1．×　2．√　3．√　4．×　5．×　6．×　7．×　8．×　9．√

10．×　11．√　12．√　13．×　14．×　15．√　16．×　17．×　18．×

19．×　20．×　21．×　22．√　23．√　24．×

第二节　法律法规知识

（一）选择题

1．我国《劳动法》中权利和义务的关系是（　　）。

A．相辅相成的　　B．互为条件的
C．相互统一的　　D．相辅相成、互为条件、相互统一的

2．对《劳动法》规定的理解正确的是（　　）。
A．享有所有权利　　B．只享有平等就业的权利
C．享有一定的权利，又要履行一定的义务　　D．不享有社会保险和福利的权利

3．（　　）是指调整劳动关系及与劳动关系密切联系的其他社会关系的法律规范的总称。
A．狭义的劳动法　　B．广义的劳动法　　C．职业道德　　D．道德规范

4．未成年工是指（　　）的劳动者。
A．小于 16 周岁　　B．已满 16 周岁未满 18 周岁
C．小于 18 周岁　　D．等于 18 周岁

5．劳动保护制度不包括（　　）制度。
A．劳动报酬　　B．安全卫生　　C．对女职工保护　　D．未成年工人保护

6．《合同法》规定，合同当事人应遵守的原则有（　　）。
A．平等原则　　B．自愿原则
C．公平原则　　D．平等原则、自愿原则、公平原则

7．订立劳动合同要经过要约和（　　）两个阶段。
A．执行　　B．放弃　　C．讨论　　D．承诺

8．订立劳动合同的要约是由（　　）提出的。
A．提出合同建议的一方　　B．承诺的一方
C．旁观者　　D．参与者

9．在民事法律关系中，（　　）是合同主体。
A．自然人　　B．法人
C．其他组织　　D．自然人、法人、其他组织

10．不属于可撤销合同的是（　　）。
A．依法订立的合同　　B．有失公平的合同
C．乘人之危订立的合同　　D．因重大误解订立的合同

11．对被撤销的合同理解正确的是（　　）。
A．刚订立时有法律效力　　B．撤销前有法律效力
C．从开始时就无法律效力　　D．撤销后不再有法律效力

12．（　　）是合同内容的载体。
A．合同的主体　　B．合同的形式　　C．合同的订立　　D．合同的解除

13．（　　）是确定合同双方当事人权利义务关系的根本依据，也是判断合同是否有效的客观依据。
A．合同的形式　　B．合同的主体　　C．合同的内容　　D．合同订立

14．对合同的转让理解不正确的是（　　）。
A．合同权利的转让　　B．合同义务的转让
C．合同权利义务的一并转让　　D．只是对合同内容的变更

15．我国对违反《产品质量法》的行为规定（　　）。
A．只要违法就予以惩罚
B．未对消费者造成损失的违法行为，也要予以惩罚
C．采取追究民事责任、行政责任和刑事责任相结合的制裁方式
D．A、B、C 三项都对

16．不属于《产品质量法》对产品质量管理标准的是（　　）。
A．国家及行政标准　　B．作坊自定标准
C．产品质量认证制度　　D．企业质量体系认证制度

17．（　　）负责全国产品质量监督管理工作。
A．地方政府　　B．各省产品质量监督管理部门
C．地方质量技术监督部门　　D．国务院产品质量监督管理部门

18．《消费者权益保护法》不包括消费者的（　　）权。
A．劳动　　B．安全　　C．知情　　D．自主选择

19. （　　）是国家对消费者进行保护的前提和基础。

A. 消费者的义务　　B. 消费者的权利

C. 消费者的生产资料　　D. 消费者的生活资料

20. 对社会保障制度理解不恰当的是（　　）。

A. 是一种物质帮助制度　　B. 是一种精神帮助制度

C. 是一种物质补偿制度　　D. 是一种在较特殊情况下的物质帮助制度

21. 订立劳动合同在（　　）后即告成立。

A. 要约　　B. 承诺　　C. 组织　　D. 提出

22. 在（　　）情况下签订的劳动合同不被法律支持。

A. 平等自愿　　B. 协商一致　　C. 众人胁迫　　D. 依法订立

23. 中华人民共和国（　　）有休息的权力。

A. 公民　　B. 人民　　C. 劳动者　　D. 工作阶段

24. 中华人民共和国公民有（　　）纳税的义务。

A. 依照约定　　B. 遵照指令　　C. 按个人意愿　　D. 依照法律

25. 我国《劳动法》规定，建立劳动关系应当订立（　　）。

A. 契约　　B. 劳动合同　　C. 公证书　　D. 约定

26. 劳动合同可以约定试用期，试用期最长不能超过（　　）。

A. 三个月　　B. 六个月　　C. 九个月　　D. 一年

27. 《消费者权益保护法》规定的经营者的义务不包括（　　）的义务。

A. 接受监督　　B. 接受教育

C. 提供商品和服务真实信息　　D. 出具购货凭据

28. 合同是由当事人在（　　）基础上意思表示一致而成立的。

A. 有领导关系　　B. 有亲属关系　　C. 平等　　D. 对立

29. 对社会保险理解正确的是（　　）。

A. 等同于社会救济　　B. 等同于职工工资

C. 包括养老保险和失业保险　　D. 等同于商业投资

30. 《中华人民共和国产品质量法》是第（　　）届人民代表大会常务委员会通过的。

A. 六　　B. 七　　C. 八　　D. 九

（二）判断题

1. （　　）合同的形式是合同内容的载体。

2. （　　）合同是一种刑事法律行为。

3. （　　）合同主体不能做合同订约的个体。

4. （　　）合同也称契约，是指平等主体的自然人、法人、其他组织之间设立、变更、终止民事权利义务关系的协议。

5. （　　）合同转让是合同主体发生了变更，但不致改变合同的内容。

6. （　　）劳动合同只要一订立即具有法律约束力，当事人必须履行劳动合同规定的义务。

7. （　　）劳动安全卫生制度包括安全技术工程、工业技术卫生规程、职工安全卫生行政管理制度、劳动保护监督制度等。

8. （　　）国家质量监督检验检疫总局负责全国产品监督管理工作。

9. （　　）有无权利的义务，也有无义务的权利。

10. （　　）未成年工是指不满16周岁的劳动者。

11. （　　）《消费者权益保护法》是在1998年通过的。

12. （　　）经劳动合同当事人协商一致，劳动合同可以解除。

13. （　　）国家实行劳动者每日工作时间不超过八个小时，平均每周工作时间不超过四十四小时的工作制度。

14. （　　）中华人民共和国公民有受教育的权利和义务。

15. （　　）中华人民共和国公民有宗教信仰自由。

参考答案：

（一）选择题

1. D　2. C　3. B　4. B　5. A　6. D　7. D　8. A　9. D
10. A　11. C　12. B　13. C　14. D　15. D　16. B　17. D　18. A
19. B　20. B　21. B　22. C　23. A　24. D　25. B　26. B　27. B
28. C　29. C　30. B

（二）判断题

1. √　2. ×　3. ×　4. √　5. √　6. ×　7. √　8. √　9. ×
10. ×　11. ×　12. √　13. √　14. √　15. √

第三节　企业管理常识

（一）选择题

1. 企业生产经营活动中，促进员工之间平等尊重的措施是（　　）。
   A. 互利互惠，加强协作　　B. 加强交流，平等对话
   C. 只要合作，不要竞争　　D. 人心叵测，谨慎行事
2. 产品质量是指产品（　　）。
   A. 性能　　B. 寿命　　C. 可靠性　　D. 好坏的优劣程度
3. 经济性指产品（　　）。
   A. 可靠性　　B. 寿命　　C. 周期费用　　D. 寿命周期总费用
4. 为满足使用目的所具备的技术特性称为（　　）。
   A. 寿命　　B. 安全性　　C. 性能　　D. 可靠性
5. 关于创新的正确论述是（　　）。
   A. 不墨守成规，但也不可标新立异　　B. 企业经不起折腾，大胆地闯早晚会出问题
   C. 创新是企业发展的动力　　D. 创新需要灵感，但不需要情感
6. 企业创新要求员工努力做到（　　）。
   A. 不能墨守成规，但也不能标新立异　　B. 大胆地破除现有的结论，自创理论体系
   C. 大胆地试大胆地闯，敢于提出新问题　　D. 激发人的灵感，遏制冲动和情感
7. 关于创新的论述，不正确的说法是（　　）。
   A. 创新需要“标新立异”　　B. 服务也需要创新
   C. 创新是企业进步的灵魂　　D. 引进别人的新技术不算创新
8. 关于创新的论述，正确的是（　　）。
   A. 创新就是出新花样　　B. 创新就是独立自主
   C. 创新是企业进步的灵魂　　D. 创新不需要引进外国的新技术
9. 对全面质量管理方法的特点描述恰当的是（　　）。
   A. 单一性　　B. 机械性　　C. 多样性　　D. 专一性
10. 全面质量管理这一概念最早在（　　）由美国质量管理专家提出。
    A. 19 世纪 50 年代　　B. 20 世纪 30 年代
    C. 20 世纪 40 年代　　D. 20 世纪 50 年代
11. 全面质量管理是把（　　）和效益统一起来的质量管理。
    A. 产品质量　　B. 工作质量　　C. 质量成本　　D. 使用成本
12. 全面质量管理的四个环节就是（　　）。
    A. PACD　　B. PADC　　C. PDCA　　D. PCDA
13. 全面质量管理的基本工作方法中，（　　）阶段指的是总结阶段。
    A. A　　B. C　　C. D　　D. P
14. 全面质量管理的基本工作方法中，（　　）阶段指的是计划阶段。

A. A　B. C　C. D　D. P

15. （　　）是汽车维修企业的生命线。

A. 维修计划　B. 维修方法　C. 维修质量　D. 维修管理

16. 维修合格的汽车在维修汽车总数中所占的比重指的是（　　）。

A. 生产率　B. 返修率　C. 合格率　D. 效率

17. （　　）是保证和提高维修质量的先决条件。

A. 加强教育　B. 抓技术管理　C. 应用新技术　D. 推行管理新经验

18. 维修质量指标一般用（　　）表示。

A. 生产率　B. 合格率　C. 返修率　D. 效率

19. 汽车在修理过程中，其维修质量取决于汽车修理的（　　）。

A. 工艺规程　B. 工艺设备

C. 工作人员的工作素质　D. 工艺规程、工艺设备、工作人员的工作素质

20. 将报废件定为可用件将影响汽车的修理质量，如果将可用件定为报废件，将影响汽车的修理（　　）。

A. 质量　B. 工艺　C. 成本　D. 技术要求

21. 属于企业文化功能的是（　　）。

A. 整合功能　B. 技术培训功能　C. 科学研究功能　D. 社交功能

22. 为了促进企业的规范化发展，需要发挥企业文化的（　　）功能。

A. 娱乐　B. 主导　C. 决策　D. 自律

23. 企业文化的功能不包括（　　）。

A. 激励功能　B. 导向功能　C. 整合功能　D. 娱乐功能

24. 从事技术工作的劳动者上岗前必须经过（　　）

A. 培训　B. 训练　C. 培养　D. 教育

25. （　　）是企业诚实守信的内在要求。

A. 注重环境效益　B. 增加职工福利　C. 注重经济效益　D. 开展员工培训

26. 在企业的活动中，（　　）不符合平等尊重的要求。

A. 根据员工技术专长进行分工　B. 根据服务对象的年龄采取不同的服务措施

C. 师徒之间要平等和互相尊重　D. “同工同酬”，取消员工之间的一切差别

27. 企业生产经营活动中，要求员工遵纪守法是（　　）。

A. 约束人的体现　B. 由经济活动决定的

C. 人为的规定　D. 追求利益的体现

28. 企业员工在生产经营活动中，不符合平等尊重要求的是（　　）。

A. 真诚相待，一视同仁　B. 互相借鉴，取长补短

C. 长幼有序，尊卑有别　D. 男女平等，友爱亲善

29. 用排列图法所确定的影响因素中，（　　）表示主要因素。

A. A　B. B　C. C　D. A、B、C 三项都不对

30. 全面质量管理的英文缩写是（　　）。

A. TCQ　B. TQC　C. CTQ　D. CQT

31. 全面质量管理的核心体现在（　　）上。

A. 质量　B. 管理　C. “全”　D. 质量管理

32. 全面质量管理的基本工作方法中，（　　）阶段指的是执行阶段。

A. A　B. C　C. D　D. P

33. （　　）或服务质量是企业生产经营活动的结果。

A. 劳动　B. 工作　C. 产品　D. 商品

34. （　　）是指对企业进行全方位管理。

A. 全员管理　B. 全过程管理　C. 全面企业管理　D. 全部管理

35. 全面质量管理的主要特点是突出“（　　）”字。

A. 新　B. 全　C. 质　D. 管

36. 全面企业管理指对（　　）进行全方位管理。

A. 员工　B. 企业　C. 部门　D. 设备

37. 被围困在火场的浓烟区时，正确的做法是（　　）。

A. 低姿势行走　　B. 短呼吸

C. 用湿毛巾捂住嘴　　D. 低姿势行走、短呼吸、用湿毛巾捂住嘴

38. 关于灭火器的使用，正确的是（　　）。

A. 应将灭火器放在离可能发生火灾最近的地方

B. 不要把灭火器放在靠近门口的地方

C. 打开灭火器开关前应使自己尽可能远离火源

D. 灭火器要专物专用，定期保养

39. 属于正常使用汽油罐的选项是（　　）。

A. 油液一定要灌到顶　　B. 最好将汽油放在车间内

C. 搬运时不得翻转油罐　　D. 为了便于通风，不用油时要打开加油口

（二）判断题

1. （　　）创新既不能墨守成规，也不能标新立异。

2. （　　）企业文化的功能包括娱乐功能。

3. （　　）企业文化具有整合的功能。

4. （　　）A 阶段是全面质量管理的基本工作方法的计划阶段。

5. （　　）D 阶段指的是全面质量管理的检查阶段。

6. （　　）全面质量管理这一概念最早由中国质量管理专家提出。

7. （　　）汽车维修质量合格率不是指所修汽车本身的状况，而是反映汽车在整个修理过程中的质量水平。

8. （　　）就维修质量而言，全面质量管理就是为了保证和提高维修质量，维修企业全体员工齐心协力，综合运用管理技术、专业技术和科学方法所进行的系统的维修质量管理活动的总称。

9. （　　）维修质量分析应该是定期、有限的。

10. （　　）汽车维修质量可以通过质量指标来评价。

11. （　　）经修理后，仅力学性能不能恢复的零件应定为报废件。

12. （　　）服务也需要创新。

13. （　　）企业活动中，师徒之间要平等和互相尊重。

14. （　　）发生 D 级火灾时，首先切断电源。

15. （　　）对于由可燃液体引起的 B 级火灾，通常需要冷却熄灭。

16. （　　）全面质量管理简称 TQC。

17. （　　）全面企业管理是指对企业进行全方位管理。

18. （　　）全面质量管理的主要特点是突出“全”字。

参考答案：

（一）选择题

1. B	2. D	3. D	4. C	5. C	6. C	7. D	8. C	9. C
10. D	11. C	12. C	13. A	14. D	15. C	16. C	17. A	18. B
19. D	20. C	21. A	22. D	23. D	24. A	25. A	26. D	27. B
28. C	29. A	30. B	31. A	32. C	33. D	34. C	35. B	36. B
37. D	38. D	39. C						

（二）判断题

1. ×	2. ×	3. √	4. ×	5. ×	6. ×	7. √	8. √	9. ×
10. √	11. √	12. √	13. √	14. ×	15. ×	16. √	17. √	18. √

第二章 基础知识

第一节 电工电子基本知识

（一）选择题

1．霍尔元件产生的霍尔电压为（　　）级。

A．mV　　B．V　　C．kV　　D．μV

2．液晶显示器件的英文缩写是（　　）。

A．LBD　　B．LCD　　C．LDD　　D．LED

3．发光二极管的英文缩写是（　　）。

A．LBD　　B．LCD　　C．LDD　　D．LED

4．真空荧光管的英文缩写是（　　）。

A．VCD　　B．VDD　　C．VED　　D．VFD

5．真空荧光管的阳极接至电源（　　）极，阴极与电源（　　）极相接时，便获得了一定的电压，从而显示出所要看到的内容。

A．+　−　　B．−　+　　C．+　+　　D．−　−

6．由基尔霍夫第二定律可知，当电阻的电流方向与回路的绕行方向相同时，电阻上的电压降取（　　）。

A．正　　B．负　　C．零　　D．不能确定

7．不含电源的部分电路欧姆定律的表达式是（　　）。

A．$I=U/R$　　B．$I=E/(R+r)$　　C．$I=U^2/R$　　D．$I=E^2/(R+r)$

8．下列式子中不能用来计算电功的是（　　）。

A．$W=UIt$　　B．$W=I^2Rt$　　C．$W=U^2t/R$　　D．$W=UI$

9．由电阻器 R_1、R_2 组成的串联电路具有（　　）的特点。

A．$U_1=U_2$　　B．$1/R_1+1/R_2=1/R$　　C．$I=I_1+I_2$　　D．$I_1=I_2$

10．在一定的温度下，导体的电阻与导体的长度成（　　），与导体的截面积成（　　）。

A．反比 正比　　B．无关 反比　　C．正比 反比　　D．正比 无关

11．导体电阻的大小与（　　）无关。

A．导体的长度　　B．导体的横截面积　　C．导体的材料　　D．导体两端电压

12．任何两个彼此绝缘而又相互靠近的导体，都可以看成是（　　）。

A．电阻器　　B．电容器　　C．继电器　　D．开关

13．半导体二极管按（　　）可分为硅二极管和锗二极管两类。

A．用途　　B．结构　　C．尺寸　　D．极片材料

14．由基尔霍夫第一定律可知：对于任何节点，流入的净电流为（　　）。

A．正数　　B．负数　　C．零　　D．不确定的数

15．若电路两端有电压，而电路中没有电流流过，可能是（　　）。

A．通路　　B．断路　　C．负载短路　　D．电流短路

16．串联电路中，电路两端的总电压等于（　　）。
A．任一分电阻两端的电压　　B．与分电阻无关
C．各分电阻两端电压之和　　D．第二电阻两端的电压
17．在实际工作中，常采用模拟信号发生器的（　　）来断定模拟信号发生器的好坏。
A．电流　　B．电压　　C．电阻　　D．动作
18．热敏电阻式传感器的组件中，（　　）在环境温度降低时，其阻值升高；反之，其阻值降低。
A．负温度系数热敏电阻　　B．正温度系数热敏电阻
C．填料　　D．壳体
19．当用一段导体切割磁力线时，下列说法正确的是（　　）。
A．一定有感应电流　　B．有感应磁场阻碍导线运动
C．会产生感应电动势　　D．有感应磁场
20．通电线圈插入铁芯后，其磁感应强度将（　　）。
A．减弱　　B．增强　　C．不变　　D．不确定
21．有关电工作业，叙述正确的是（　　）。
A．电工服的袖口、裤管口必须扣紧　　B．应穿电工鞋
C．应戴绝缘胶质手套　　D．A、B、C 三项都对
22．用安培定则（即右手螺旋法则）来判断直流电的磁场方向，正确的说法是（　　）。
A．大拇指的指向为磁场方向　　B．弯曲四指的指向为磁场方向
C．与大拇指指向相反的方向为磁场方向　　D．与弯曲四指指向相反的方向为磁场方向

（二）判断题

1．（　　）可以用磁力线的疏密程度表示磁场的方向，磁感应线的切线方向表示磁场的强度。
2．（　　）普通电磁继电器由电磁铁和触点组成。
3．（　　）通电导体在磁场中总会受到磁场力的作用。
4．（　　）步进电动机定子爪极的极性是可以变换的。
5．（　　）电工登高作业宜使用竹木结构的梯子。
6．（　　）液晶显示器件的英文缩写是 LCD。
7．（　　）通电导体与磁场平行时，导体电磁力最大。
8．（　　）电流所做的功与它加在负载两端的电压、通过负载的电流及负载通电时间成正比。
9．（　　）稳压管是一种具有稳压作用的特殊三极管。
10．（　　）正温度系数热敏电阻在环境温度升高时阻值减小，反之增大。
11．（　　）三极管具有单向导电性。
12．（　　）半导体三极管有 3 种工作状态，即放大、截止和饱和状态。
13．（　　）半导体三极管具有放大作用。
14．（　　）PNP 型三极管包含有两个 PN 结。
15．（　　）集成电路常用英文字母 IC 表示。
16．（　　）集成电路常用英文字母 RC 表示。
17．（　　）晶体三极管有 3 个引出电极。

参考答案：

（一）选择题

1．A　2．B　3．D　4．D　5．A　6．A　7．A　8．D　9．D
10．C　11．D　12．B　13．D　14．C　15．B　16．C　17．D　18．A
19．C　20．B　21．D　22．B

（二）判断题

1．×　2．√　3．×　4．√　5．√　6．√　7．×　8．√　9．×
10．×　11．×　12．√　13．√　14．√　15．√　16．×　17．√

第二节 汽车常用材料

（一）选择题

1. 强度是指金属材料在外力作用下抵抗（ ）的能力。
A. 变形 B. 冲击 C. 变形和破坏 D. 冲击和振动
2. 塑性是指金属材料在外力作用下发生（ ）变形而不断裂的能力。
A. 暂时性 B. 永久性 C. 弹性 D. 稳定性
3. 疲劳是指金属零件由于长期在（ ）作用下工作突然发生断裂的现象。
A. 静载荷 B. 动载荷 C. 交变载荷 D. 冲击载荷
4. 韧性是指金属材料抵抗（ ）而不致断裂的能力。
A. 冲击 B. 外力 C. 变形 D. 破坏
5. 金属材料的工艺性能是指在（ ）所表现出来的性能。
A. 使用条件下 B. 外力作用下 C. 加工过程中 D. 运输过程中
6. 金属熔化后的流动性和冷凝时的收缩性称为（ ）。
A. 可铸性 B. 可锻性 C. 可焊性 D. 切削性
7. 金属材料能够拉拔成线或碾扎成板的性能称为（ ）。
A. 切削性 B. 延展性 C. 耐磨性 D. 渗透性
8. 40MnB 可用于制作汽车（ ）。
A. 变速器二轴 B. 气门弹簧 C. 齿轮 D. 车架
9. 16Mn 可用于制作（ ）。
A. 丝锥 B. 汽车钢板弹簧 C. 汽车变速器齿轮 D. 汽车车架
10. 优质碳素结构钢的牌号由两位数字表示，表示钢平均含碳量的（ ）。
A. 十分之几 B. 百分之几 C. 千分之几 D. 万分之几
11. 以下几种材料中，可用于制作发动机曲轴的是（ ）。
A. 20 号钢 B. 45 号钢 C. 65Mn D. T10A
12. T8A 属于（ ）。
A. 优质碳素结构钢 B. 普通碳素结构钢
C. 碳素工具钢 D. 铸造碳钢
13. （ ）属于合金渗碳钢。
A. 20MnVB B. W18Cr4V C. GCr15 D. 45Mn2
14. 40Cr 是一种调质钢，用于制作水泵轴，为获得良好的综合机械性能，它的最终热处理方法是（ ）。
A. 淬火+低温回火 B. 淬火+中温回火
C. 淬火+高温回火 D. 表面淬火
15. 采用低碳合金钢 20CrMnTi 制作的汽车传动齿轮，要求表面有高的硬度和耐磨性，芯部具有良好的韧性，其最终热处理应采用（ ）。
A. 淬火+中温回火 B. 调质处理
C. 渗碳+淬火+低温回火 D. 表面淬火
16. （ ）属于合金弹簧钢。
A. 9SiCr B. 15Cr C. 60Si2Mn D. 50Mn2
17. 与钢相比，铸铁工艺性能的突出特点是（ ）。
A. 可焊性好 B. 淬透性好 C. 可铸性好 D. 可锻性好
18. 可用于制作发动机气缸体、缸盖的铸铁是（ ）。
A. 灰口铸铁 B. 白口铸铁 C. 可锻铸铁 D. 球墨铸铁
19. 可用（ ）来替 45 钢制作发动机曲轴。
A. HT200 B. KTH350-10 C. QT600-3 D. HTl50
20. 在可锻铸铁中，碳主要以（ ）形式存在。
A. 渗碳体 B. 片状石墨 C. 团絮状石墨 D. 球状石墨

21．铝合金可分为（　　）和铸造铝合金两类。
A．防锈铝合金　B．硬铝合金　C．锻铝合金　D．形变铝合金
22．铸铝合金有（　　）。
A．LF11　B．LD5　C．ZL101　D．LY11
23．ZL108 适于制作（　　）。
A．活塞　B．热交换器
C．驻车制动蹄摩擦片铆钉　D．电线电缆
24．普通黄铜中，含锌量为 30%～32%时，（　　）最好。
A．塑性　B．韧性　C．弹性　D．强度
25．普通黄铜有（　　）。
A．H68　B．HSn90-1　C．HPb59-1　D．QSn4-3
26．青铜有（　　）。
A．T3　B．ZCuZnl6Si4　C．OSn4-3　D．H70
27．汽车的输气连接橡胶管可承受（　　）kPa 的工作压力。
A．400　B．500　C．784　D．980
28．聚乙烯（PE）的使用温度可达（　　）K 以上。
A．300　B．353　C．33　D．493
29．表示汽油抗爆性的指标是（　　）。
A．闪点　B．馏程　C．饱和蒸气压　D．辛烷值
30．表示汽油蒸发性的指标是（　　）。
A．实际胶质　B．馏程和饱和蒸气压
C．诱导期　D．硫分
31．用低牌号汽油代替高牌号汽油时，应适当（　　）点火提前角，以免发生爆燃。
A．增大　B．减小　C．增大或减小　D．不变
32．十六烷值是用来表示柴油的（　　）性能的。
A．发火　B．蒸发　C．低温流动　D．黏度
33．凝点是用来表示柴油的（　　）性能的。
A．发火　B．蒸发　C．低温流动　D．黏度
34．–10 号轻柴油适合于最低气温在（　　）以上的地区使用。
A．4℃　B．–5℃　C．–5℃～–14℃　D．–14℃～–29℃
35．国外发动机润滑油的分类法是（　　）。
A．按汽油机油和柴油机油分类　B．按生产工艺分类
C．API 性能分类和 SAE 黏度分类　D．单级机油和多级机油
36．机油的黏度随温度变化而变化的性能称为（　　）。
A．粘温特性　B．清净分散性　C．抗氧化性　D．抗腐蚀性
37．机油牌号中，在数字后面带“W”字母的表示（　　）。
A．低温系列　B．普通系列　C．四季通用　D．多级油
38．CC 和 CD 两种机油，（　　）。
A．都是汽油机油
B．都是柴油机油
C．使用 CC 机油的发动机工作条件更差一些
D．使用 CD 机油的发动机工作条件更差一些
39．我国发动机润滑油的分类法是（　　）。
A．按汽油机油和柴油机油分类　B．按生产工艺分类
C．黏度分类和质量分类　D．单级机油和多级机油
40．柴油机油使用级的选择，主要根据柴油机的（　　）决定。
A．转速　B．强化程度　C．功率　D．使用条件
41．（　　）有更高的极压抗磨性和更好的高低温性能。
A．钙基润滑脂　B．钠基润滑脂

C．通用锂基润滑脂　　D．极压复合锂基润滑脂

42．（　　）具有良好的机械安定性、胶体安定性、防锈性、氧化安定性和抗水性，适用在30℃～120℃温度范围内使用。

A．钙基润滑脂　　B．钠基润滑脂　　C．通用锂基润滑脂　　D．极压复合锂基润滑脂

43．（　　）耐水性强，但耐热性差。

A．钙基润滑脂　　B．钠基润滑脂

C．通用锂基润滑脂　　D．极压复合锂基润滑脂

44．（　　）耐水性差，但耐热性强。

A．钙基润滑脂　　B．钠基润滑脂

C．通用锂基润滑脂　　D．极压复合锂基润滑脂

45．润滑脂是按照（　　）的大小来编号的。

A．滴点　　B．针入度　　C．黏度　　D．100℃运动黏度

46．（　　）不符合汽车驻车制动液性能的要求。

A．驻车制动迅速准确，安全可靠　　B．蒸发性要好

C．化学安定性好　　D．对驻车制动皮碗的侵蚀要小

47．（　　）驻车制动液是目前广泛应用的主要品种。

A．醇型　　B．合成型　　C．矿油型　　D．硅油型

48．目前，常用的防冻液多属（　　），其中多加有防腐剂和染色剂，可以长期使用，所以称为长效防冻液。

A．酒精—水型　　B．甘油—水型　　C．乙二醇—水型　　D．矿油型

49．常用的剖分式轴承称为轴瓦，一般在轴瓦内表面铸一层（　　）材料。

A．耐磨　　B．减振　　C．减磨　　D．耐热

50．（　　）轻柴油适合于高寒地区严冬使用。

A．−50号　　B．−10号　　C．0号　　D．10号

51．喷油器试验器用油应为沉淀后的（　　）。

A．0号轻柴油　　B．煤油　　C．液压油　　D．机械油

52．国产柴油的牌号按（　　）分类。

A．密度　　B．凝点　　C．熔点　　D．十六辛烷值

53．汽油的牌号越高，说明（　　）也越高。

A．密度　　B．凝点　　C．熔点　　D．辛烷值

54．对乙基汽油有关说法不正确的是（　　）。

A．有毒　　B．无毒　　C．在修理车间需通风　　D．避免人体接触

55．一般压缩比较高的发动机应选用（　　）的汽油。

A．辛烷值较高　　B．辛烷值较低　　C．凝点较高　　D．凝点较低

56．机油牌号中，在数字后面带有“W”字母的表示（　　）。

A．春季用机油　　B．夏季用机油　　C．秋季用机油　　D．冬季用机油

57．《汽油机机油换油指标》（GB/T 8028-2010）规定：L-EQC油铁含量大于（　　）mg/kg。

A．250　　B．300　　C．350　　D．400

58．《汽油机机油换油指标》（GB/T 8028-2010）规定：L-EQC水分含量大于（　　）%。

A．0.1　　B．0.2　　C．0.3　　D．0.4

59．驻车制动主缸装配前，要用（　　）清洗缸壁。

A．酒精　　B．汽油　　C．柴油　　D．防冻液

60．（　　）具有较高的强度和良好的韧性，在汽车上主要用于制造受热、受磨损和冲击载荷较强烈的零件。

A．合金结构钢　　B．合金工具钢　　C．特殊性能钢　　D．碳素钢

61．（　　）是指金属材料是否容易被切削工具进行加工的性能。

A．可焊性　　B．延展性　　C．切削性　　D．渗透性

62．下列选项是有色金属的是（　　）。

A．碳素钢和轴承合金　　B．碳素钢和铸铁

C．轴承钢和铸铁　　D．铝合金

63．下列选项中不属于金属材料工艺性能的是（　　）。

A．可锻性　　B．可焊性　　C．耐磨性　　D．韧性

64．银的相对导磁率是（　　）。

A．<0　　B．<1　　C．>1　　D．∞

65．适宜用来制造曲轴、凸轮轴的铸铁是（　　）。

A．白铸铁　　B．灰铸铁　　C．球墨铸铁　　D．可锻铸铁

66．我国工业纯铝的牌号是按其（　　）来编制。

A．密度　　B．熔点　　C．纯度　　D．导电性

67．属于不能磁化的反磁物质选项的是（　　）。

A．钴　　B．镍　　C．铁　　D．铜

68．在安装发动机新凸轮轴油封时，应先涂一层（　　）。

A．密封胶　　B．机油　　C．凡士林　　D．齿轮油

69．纯铜又称为（　　）。

A．白铜　　B．黄铜　　C．青铜　　D．紫铜

70．属于有色金属选项的是（　　）。

A．碳素钢　　B．合金钢　　C．铸铁　　D．轴承合金

71．用来制作铸件的铝合金称为（　　）。

A．锻铝合金　　B．硬铝合金　　C．形变铝合金　　D．铸造铝合金

72．钢是含碳量（　　）2.11%的铁碳合金。

A．大于　　B．小于　　C．等于　　D．偏离

73．合金钢根据用途分为合金结构钢、合金工具钢和（　　）。

A．碳素结构钢　　B．碳素工具钢　　C．特殊用途钢　　D．轴承合金

74．特殊用途钢属于（　　）。

A．碳素钢　　B．合金钢　　C．轴承合金　　D．有色金属

75．常用作重要调质件，如气门、气缸盖螺栓等的合金钢是（　　）。

A．20CrNi3　　B．50CrNi　　C．37CrNi3　　D．20CrMnMo

76．下列选项中，（　　）具有较高的塑性、韧性和较好的强度，但铸造工艺较复杂。

A．白口铸铁　　B．灰铸铁　　C．球墨铸铁　　D．可锻铸铁

77．下列选项中，（　　）具有脆性大、塑性差、可焊性差等特点。

A．灰铸铁　　B．碳素结构钢　　C．轴承合金　　D．铝合金

78．（　　）是指金属材料在受拉时抵抗产生明显的永久性变形的能力。

A．韧性　　B．塑性　　C．抗拉强度　　D．屈服强度

79．（　　）是发动机机油抑制积炭、涂膜和油泥生成或将这些沉淀物清除的性能。

A．黏度　　B．黏温性能　　C．清净分散性　　D．安定性

80．（　　）是指润滑脂受外力作用时，抵抗变形的程度。

A．黏性　　B．凝点　　C．强度　　D．稠度

81．润滑脂的使用性能主要有低温性能、高温性能、抗水性和（　　）等。

A．黏度　　B．凝点　　C．稠度　　D．安定性能

82．钢通过热处理，其（　　）可改变。

A．硬度　　B．强度　　C．塑性　　D．机械性能

83．热处理可使钢材内部（　　）改变，从而改变性能。

A．性能　　B．强度　　C．组织结构　　D．化学成分

84．经退火处理后，可使钢材（　　）。

A．强度降低　　B．硬度降低　　C．硬度提高　　D．刚度降低

85．为改善工件的切削加工性能，应对工件采取（　　）退火处理。

A．完全　　B．不完全　　C．球化　　D．去应力

86．淬火是将钢加热到（　　）℃以上，保温一段时间，然后快速冷却的一种热处理方法。

A．727　　B．717　　C．707　　D．100

87. 表面淬火可使零件表面得到高硬度和良好的（　　）。
A. 塑性　B. 韧性　C. 耐磨性　D. 脆性

88. （　　）是最常使用的淬火冷却介质。
A. 油　B. 空气　C. 盐水　D. 水

89. （　　）钢大多数不做退火处理，而采用正火处理。
A. 合金　B. 高碳　C. 工具　D. 低碳

90. 正火通常在（　　）中冷却。
A. 水　B. 油　C. 空气　D. 盐水

91. 回火是在（　　）处理之后的一种热处理方法。
A. 退火　B. 淬火　C. 正火　D. 氮化

92. 淬火是为了（　　）。
A. 增加韧性　B. 提高硬度　C. 消除应力　D. 提高切削性

93. 回火是为了（　　）。
A. 增加韧性　B. 提高硬度　C. 消除应力　D. 提高切削性

94. 表面硬化可通过（　　）来达到。
A. 回火　B. 退火　C. 高频淬火　D. 正火

95. 钢在作用力下会伸长，力在（　　）会恢复原样。
A. 比例极限　B. 屈服点　C. 最大应力点　D. 破裂点

96. 作用力超过（　　），钢就不能恢复原样。
A. 比例极限　B. 屈服点　C. 最大应力点　D. 破裂点

97. 作用力超过屈服点导致的无法恢复的变形叫做（　　）。
A. 硬性变形　B. 塑性变形　C. 热变形　D. 脆变形

98. 车架重要部位宜采用（　　）。
A. 厚度大的钢板　B. 冷轧板　C. 热轧板　D. 高强度钢板

99. 引擎盖、车门采用（　　）。
A. 厚度大的钢板　B. 冷轧板　C. 热轧板　D. 高强度钢板

100. 构成车体的钢板要求（　　）。
A. 足够的强度　B. 焊接性能好　C. 不易生锈　D. A、B、C 三项都是

101. 铝材的缺点包括（　　）。
A. 耐腐蚀性差　B. 加工性能差　C. 热传导性能差　D. 机械强度差

102. 铝材的优点包括（　　）。
A. 耐腐蚀性好　B. 加工性能好　C. 热传导性能好　D. A、B、C 三项都是

103. （　　）配件不是用铝制成。
A. 汽缸盖　B. 悬架　C. 活塞　D. 进气歧管

104. 为确保驾驶员的视线，玻璃的可见光透射率应在（　　）以上。
A. 40%　B. 50%　C. 60%　D. 70%

105. 组合玻璃是在两层玻璃之间（　　）。
A. 注入空气　B. 注入胶水
C. 夹一层透明塑料黏性薄膜　D. 夹一层双面胶

106. 防弹玻璃是（　　）。
A. 玻璃内渗入碳　B. 玻璃内渗入铅
C. 玻璃内渗入铝　D. 多层组合玻璃叠加而成

107. 钢化玻璃不能用于（　　）。
A. 前风窗玻璃　B. 前车门玻璃　C. 后车门玻璃　D. 后风窗玻璃

108. 钢化玻璃是将普通玻璃加热，再（　　）而成。
A. 自然冷却　B. 用鼓风机冷却
C. 在保温箱中缓慢冷却　D. 激冷

109. 钢化玻璃的硬度是普通玻璃的（　　）倍。
A. 1　B. 2　C. 3～5　D. 8～10

110. 彩色玻璃一般用于（　　）。
A. 前风窗玻璃　B. 前车门玻璃　C. 后车门玻璃　D. 后风窗玻璃
111. 前风窗玻璃上的彩色区域一般不超过总面积的（　　）%。
A. 5　B. 10　C. 15　D. 20
112. 彩色玻璃主要为了（　　）。
A. 美观　B. 提醒别人注意　C. 遮阳　D. 增加透光率
113. UV 玻璃可以过滤（　　）。
A. 紫外线　B. 红外线　C. 可见光　D. X-射线
114. 采用 UV 玻璃是为了（　　）。
A. 遮阳　B. 阻挡热量　C. 过滤紫外线　D. 增加透光率
115. 为了阻挡紫外线，可采用（　　）。
A. 组合玻璃　B. 钢化玻璃　C. 彩色玻璃　D. UV 玻璃
116. 塑料与金属相比，具有（　　）特点。
A. 重量轻　B. 可形成复杂形状　C. 柔韧性　D. A、B、C 三项都是
117. 塑料的特点包含（　　）。
A. 不耐弱酸腐蚀　B. 不耐弱碱腐蚀
C. 不耐盐类腐蚀　D. 溶解于有机溶剂
118. 在日光照射下，塑料不会产生（　　）。
A. 老化　B. 龟裂　C. 变色　D. 增亮
119. 热塑性树脂加热后会（　　）。
A. 变软　B. 变硬　C. 不变　D. 先变软，后变硬
120. （　　）材料是热塑性树脂。
A. 聚乙烯　B. 苯酚　C. 聚酯　D. 环氧树脂
121. 热塑性树脂用于（　　）。
A. 保险杠　B. 皮带轮　C. 防震挡块　D. 粘胶剂
122. 热硬性树脂加热后会（　　）。
A. 变软　B. 变硬　C. 不变　D. 先变硬，和变软
123. （　　）材料是热硬性树脂。
A. 聚酯　B. 聚乙烯　C. 聚丙烯　D. ABS 工程塑料
124. 热硬性树脂用于制作（　　）。
A. 皮带轮　B. 内饰　C. 保险杠　D. 进气歧管
125. 在低温情况下，橡胶会（　　）。
A. 变软　B. 变脆　C. 膨胀　D. 富有弹性
126. 橡胶暴露在空气中，会加速（　　）。
A. 变软　B. 变脆　C. 老化　D. 膨胀
127. 橡胶长期受力，会加速（　　）。
A. 膨胀　B. 变软　C. 老化、变形　D. 富有弹性
128. （　　）不属于橡胶。
A. 天然橡胶　B. 丁基橡胶　C. 环氧树脂　D. 丁二烯橡胶
129. 属于橡胶的是（　　）。
A. 丁基橡胶　B. 丁二烯橡胶　C. 聚氨酯橡胶　D. A、B、C 三项都是
130. 属于橡胶的是（　　）。
A. 聚乙烯　B. 聚碳酸酯　C. 硅胶　D. 聚氯乙烯
131. 天然橡胶适用于制作（　　）。
A. 轮胎　B. 密封条　C. 燃油管　D. 水管
132. 聚氨酯橡胶适用于制作（　　）。
A. 轮胎　B. 内饰材料　C. 防尘套　D. 发动机支架
133. 氟化橡胶适用于制作（　　）。
A. 轮胎　B. 密封条　C. 防尘套　D. 气门油封

134. 汽油的颜色是（ ）。
A. 黄色 B. 淡黄色 C. 无色 D. 棕色
135. 汽油能够溶解（ ）。
A. 钢 B. 铝 C. 橡胶 D. 塑料
136. 汽油的比重为（ ）g/cm^2。
A. 0.2～0.38 B. 0.3～0.48 C. 0.4～0.58 D. 0.6～0.78
137. 蒸馏温度分为（ ）。
A. 10%和 40% B. 20%和 50% C. 0 和 100% D. 10%和 50%
138. 如果 10%蒸馏温度偏低，会导致（ ）。
A. 冬季冷起动性能好
B. 冬季车辆加速性能好
C. 夏季容易引起汽阻
D. 其他各项都是
139. 如果 50%蒸馏温度偏高，会导致（ ）。
A. 冬季冷起动性能好
B. 冬季车辆加速性能好
C. 夏季容易引起汽阻
D. 发动机暖机时间长
140. 辛烷值数值越大，表示汽油越（ ）。
A. 易挥发 B. 易汽化 C. 难以出现爆燃 D. 易爆燃
141. 辛烷值同（ ）。
A. 异辛烷成正比
B. 异辛烷成反比
C. 正庚烷成正比
D. 异辛烷成正比，正庚烷成正比
142. 汽油的闪点温度为（ ）℃以下。
A. −40 B. −30 C. −20 D. −10
143. 柴油的闪点温度为（ ）℃以上。
A. 20 B. 30 C. 40 D. 50
144. 开始引燃火焰的最低（ ）称为闪点。
A. 气压 B. 温度 C. 湿度 D. 海拔
145. 汽油的燃点温度为（ ）。
A. 180℃～250℃ B. 280℃～350℃ C. 380℃～450℃ D. 480℃～550℃
146. 柴油的燃点温度为（ ）。
A. 80℃～120℃ B. 180℃～220℃ C. 280℃～320℃ D. 330℃～450℃
147. 将燃油自发燃烧时的（ ）称为燃点。
A. 温度 B. 湿度 C. 气压 D. 海拔
148. 目前使用的汽油基本上都是从（ ）而来。
A. 合成 C 和 H B. 提炼石油 C. 煤炭转化汽油 D. 提炼植物
149. 炼油时，应将石油加热到（ ）℃。
A. 150 B. 250 C. 350 D. 450
150. 高辛烷值汽油（ ）。
A. 通过蒸馏方法而来
B. 通过分解方法而来
C. 通过对低辛烷值汽油进行高温、高压催化反应而来
D. 通过裂解反应而来
151. 润滑油脂的首要作用是（ ）。
A. 冷却 B. 密封 C. 润滑 D. 防锈
152. 润滑油吸收热量，并向外散发热量的作用称为（ ）。
A. 密封作用 B. 冷却作用 C. 防锈作用 D. 清洁作用
153. 不是润滑油作用的选项是（ ）。
A. 润滑 B. 冷却 C. 密封 D. 传递动力
154. 黏度低的机油形成的油膜薄，容易引起（ ）。
A. 金属间烧结 B. 密封作用下降 C. 防锈作用下降 D. 清洁作用下降
155. 黏度高的机油粘性阻力大，会造成（ ）。

A．发动机动力损失增加　B．冷却作用增加
C．密封作用增加　D．防锈作用增加

156．汽车润滑油要求随温度变化（　　）。
A．黏度不变　B．黏度变化大　C．黏度变化小　D．冷却作用增加

157．润滑油黏度编号分类的英文缩写是（　　）。
A．SAE　B．SEA　C．API　D．AIP

158．SAE 分类中，W 前面的数值表示（　　）℃的黏度。
A．−28　B．−18　C．−8　D．8

159．SAE 分类中，W 后面的数值表示（　　）℃的黏度。
A．110　B．100　C．90　D．80

160．更换润滑油的原因：润滑油使用过程中（　　）。
A．润滑油会变脏　B．润滑油会老化
C．润滑油中的添加剂会消耗　D．A、B、C 三项都是

161．保存润滑油要注意（　　）。
A．不要混入水　B．不要混入杂物　C．不要混入沙尘　D．A、B、C 三项都是

162．润滑油在使用中要注意（　　）。
A．使用同品牌同型号润滑油　B．每次使用不同的润滑油
C．每两万公里更换不同的润滑油　D．每四万公里更换不同的润滑油

163．加注润滑油要加至（　　）。
A．油尺的下刻度线　B．油尺的上刻度线
C．上下刻度线的中间　D．上刻度线以上 1 厘米

164．DOT3 驻车制动液的沸点是（　　）℃以上。
A．205　B．230　C．260　D．300

165．DOT4 驻车制动液的沸点是（　　）℃以上。
A．205　B．230　C．260　D．300

166．DOT5 驻车制动液的沸点是（　　）℃以上。
A．205　B．230　C．260　D．300

167．驻车制动液沸点高，是为了（　　）。
A．防止驻车制动液冻结　B．防止驻车制动液沸腾
C．防止驻车制动液流动性差　D．防止汽阻现象

168．驻车制动液不适用于（　　）。
A．驻车制动总泵　B．驻车制动分泵
C．驻车制动助力系统　D．液压式离合器

169．驻车制动液的特点是（　　）。
A．沸点高　B．不会腐蚀金属
C．氧化稳定性好　D．A、B、C 三项都是

170．驻车制动液属于（　　）。
A．矿物提炼产品　B．石油提炼产品
C．矿物油的合成产品　D．非矿物油产品

171．驻车制动液中的主要物质是（　　）。
A．乙二醇　B．乙二醇酯　C．聚乙二醇　D．A、B、C 三项都是

172．如果驻车制动液含水量超过（　　）%，就要更换。
A．1　B．2　C．3　D．5

173．日系车驻车制动液的规格主要是（　　）。
A．DOT3　B．DOT4　C．DOT5　D．DOT6

174．欧洲车系驻车制动液的规格主要是（　　）。
A．DOT3　B．DOT4　C．DOT5　D．DOT6

175．特殊车辆，例如赛车，驻车制动液的规格主要是（　　）。
A．DOT3　B．DOT4　C．DOT5　D．DOT6

176．ATF 的作用是（　　）。
A．传递动力　B．润滑　C．吸收热量　D．A、B、C 三项都是

177．ATF 在各部位的作用，（　　）是不正确的。
A．润滑齿轮　B．润滑轴承　C．通过散热器散热　D．润滑变矩器

178．ATF 可满足从最低气温（　　）℃至最高工作温度（　　）℃左右范围内的工作要求。
A．−45　150　B．−35　160　C．−25　170　D．−15　180

179．ATF 要求在温度变化大的范围里，能够稳定地（　　）。
A．润滑　B．传递动力　C．吸收热量　D．防锈

180．ATF 要求，随着温度变化（　　）。
A．黏度不变　B．黏度变化大　C．黏度变化小　D．冷却作用不变

181．ATF 要求（　　）。
A．黏度适宜　B．在热、氧化环境中稳定性好
C．润滑性能良好　D．A、B、C 三项都是

182．CVT 油适用于（　　）。
A．自动变速器　B．无极变速器　C．手动变速器　D．差速器

183．通过（　　）可将 CVT 油与 ATF 区别开。
A．气味　B．分量　C．颜色　D．包装

184．CVT 油与 ATF 的不同之处在于（　　）。
A．颜色　B．CVT 油的动力传递性能强
C．CVT 油的散热性能强　D．CVT 油增加了针对金属皮带的润滑

185．桑塔纳长效防冻液的更换周期是（　　）。
A．1 年　B．2 年　C．3 年　D．4 年

186．针对长效防冻液，下列说法正确的是（　　）。
A．长效防冻液无须更换　B．每次保养都要更换
C．按行驶里程进行更换　D．按规定时间进行更换

187．现代车辆的冷却系统中，应该使用（　　）。
A．自来水　B．蒸馏水　C．冷却液　D．酒精

188．长效冷却液的主要成分是（　　）。
A．甲醇　B．乙醇　C．乙二醇　D．水

189．乙二醇的特点是（　　）。
A．易加热，易冷却　B．难加热，易冷却
C．易加热，难冷却　D．难加热，难冷却

190．乙二醇浓度增加，会导致（　　）。
A．暖机缓慢，沸点升高　B．暖机迅速，沸点升高
C．暖机缓慢，沸点降低　D．暖机迅速，沸点降低

191．现代车辆的散热器和发动机采用铝合金，要求防冻液具有（　　）作用。
A．防沸　B．防冻　C．防腐　D．防膨胀

192．防冻液混合比例越______，结冰温度越______。（　　）
A．高　低　B．高　高　C．低　高　D．低　低

193．防冻液的作用是（　　）。
A．防沸　B．防冻　C．防腐　D．A、B、C 三项都是

（二）判断题

1．（　　）硬度是指金属材料抵抗局部变形、压痕或划痕的能力。

2．（　　）金属材料在拉断前所能承受的最大应力称为抗拉强度，用 σ_b 表示。

3．（　　）金属熔化后，可以铸造成各种形状的能力称为可铸性。

4．（　　）金属材料是否容易焊接的性能称为可焊性。

5．（　　）金属材料可分为黑色金属和有色金属两大类。

6．（　　）碳素钢按其用途不同可分为碳素结构钢和优质碳素结构钢。

7．（　　）钢是含碳量大于 2.11%的铁碳合金。

8. （　　）合金结构钢包括合金渗碳钢、合金调质钢、合金弹簧钢、滚动轴承钢和低合金结构钢。

9. （　　）铸铁是含碳量大于2.11%并含有一定数量的硅、锰、硫、磷等元素的铁碳合金。

10. （　　）可锻铸铁可进行锻打和轧制。

11. （　　）在灰口铸铁中，碳主要以片状石墨的形式存在。

12. （　　）我国工业纯铝的牌号是按其纯度来编制的，编号数值越大，纯度越低。

13. （　　）铸造铝合金的铸造性能好，但塑性较差，故一般不进行压力加工，只用于铸造成型。

14. （　　）黄铜是铜锌合金，青铜是铜锡合金。

15. （　　）钢化玻璃用普通单板玻璃或磨光玻璃经加热与淬火制成。

16. （　　）聚甲醛（POM）可广泛代替钢材制造小齿轮等零件。

17. （　　）一般来说，高压缩比发动机选用高辛烷值汽油，低压缩比发动机选用低辛烷值汽油。

18. （　　）使用地区气温低，应选用凝点较低的轻柴油；反之，则选用凝点较高的轻柴油。

19. （　　）不同牌号的柴油可以掺兑使用，这样可以改变其凝点。

20. （　　）柴油的十六烷值越高越好。

21. （　　）15W/30是一种多级机油，同时具有SAE15W的低温黏度和SAE30的高温黏度，能全年通用。

22. （　　）在能保证润滑的条件下，要尽量选取黏度低的机油。

23. （　　）机油黏度小，内摩擦阻力小，可节约燃料，因此机油的黏度越小越好。

24. （　　）柴油机油的选择，主要是根据柴油机的强化程度决定的。

25. （　　）如果润滑脂过稠，可用机油调稀。

26. （　　）润滑脂根据针入度的大小编号进行区分，2号润滑脂比3号润滑脂软。

27. （　　）乙二醇有毒，使用中严禁用嘴吸吮，手接触后要洗净。

28. （　　）要根据当地冬季的最低气温选用适当冰点牌号的防冻液，冰点至少应低于最低气温5℃。

29. （　　）无内胎轮胎近年来应用日益广泛，它没有内胎和垫带，空气直接压入外胎，其密封性是由外胎和轮辋来保证的。

30. （　　）汽油机油和柴油机油有时可以相互代替使用。

31. （　　）可焊性主要指金属溶化后的流动性和冷凝性。

32. （　　）纯铜主要用于制造导电器材。

33. （　　）《汽油机机油换油指标》（GB/T 8028—2010）规定：L-EQB水分含量大于0.1%。

34. （　　）铝合金可分为形变铝合金和铸造铝合金两类。

35. （　　）对于软金属可以用细锉刀锉削。

36. （　　）合金钢根据成分不同可分为合金结构钢、合金工具钢和特殊性能钢3大类。

37. （　　）汽油的抗爆性对最佳点火提前角无任何影响。

38. （　　）零件产生疲劳的原因是承受了突然的交变载荷，使其力学性能发生了突然的变化。

39. （　　）零件在高温条件下不易产生氧化磨损。

40. （　　）热处理的工艺过程均包括加热、保温和冷却3个阶段。

41. （　　）热处理是将钢材由固态加热到液态，并经保温、冷却的一种工艺方法。

42. （　　）钢的退火工艺目的之一是消除冷加工产生的加工硬化现象，恢复其硬度。

43. （　　）淬火时，冷却速度是由加热温度的高低来决定的。

44. （　　）不同性质的材料淬火时，应采用不同的冷却介质。

45. （　　）正火的冷却速度稍大于退火。

46. （　　）对机械性能要求较高的零件应做调质处理。

47. （　　）高温回火的温度为727℃以上。

48. （　　）为提高发动机连杆的强度和刚度，要对其表面进行喷丸强化处理。

49. （　　）车辆使用最多的材料是铁质材料。

50. （　　）热处理就是改变材料的内部金相组织。

51. （　　）钢在作用力消除后，无法恢复原样。

52. （　　）车体的钢板主要材料是热轧钢板。

53. （　　）铝质材料不耐腐蚀，因此不能用于发动机制造。

54. （　　）后风窗玻璃采用组合玻璃。

55.（　　）前风窗玻璃采用钢化玻璃。
56.（　　）彩色玻璃可过滤紫外线。
57.（　　）UV 过滤玻璃可有效隔绝热量。
58.（　　）柔软性是塑料材料的特点之一。
59.（　　）ABS 工程塑料属于热塑性树脂。
60.（　　）环氧树脂属于热硬性树脂。
61.（　　）耐油性是橡胶的特性之一。
62.（　　）橡胶按加工时掺入物质的不同进行分类。
63.（　　）橡胶在汽车部件中使用越来越广泛。
64.（　　）汽油在常温下容易挥发。
65.（　　）分馏特性代表汽油凝固性能的好坏。
66.（　　）辛烷值表示汽油的爆燃性。
67.（　　）闪点的温度较燃点高。
68.（　　）燃点的温度较闪点高。
69.（　　）汽油都是通过蒸馏方式生产的。
70.（　　）润滑油脂的作用就是降低摩擦。
71.（　　）润滑油脂的黏度要适当。
72.（　　）机油一般按照黏度编号，即 API 编号分类。
73.（　　）机油在使用过程中，会产生钙化现象。
74.（　　）不同的润滑油脂要避免混用。
75.（　　）驻车制动液要在高温高压的环境中发挥作用。
76.（　　）驻车制动液有吸湿性的特点。
77.（　　）驻车制动液由乙二醇组成。
78.（　　）驻车制动液规格根据沸点的不同来划分。
79.（　　）ATF 的作用是润滑变速器。
80.（　　）ATF 要求在热氧化环境中具有良好的稳定性。
81.（　　）ATF 可用于 CVT 变速器。
82.（　　）目前，汽车产品基本都使用长效冷却液。
83.（　　）长效冷却液的主要成分是乙二醇。
84.（　　）冷却液的作用就是冷却发动机。

参考答案：

（一）选择题

1. C	2. B	3. C	4. A	5. C	6. A	7. B	8. A	9. D
10. D	11. B	12. C	13. A	14. C	15. C	16. C	17. C	18. A
19. C	20. C	21. D	22. C	23. A	24. A	25. A	26. C	27. C
28. B	29. D	30. B	31. B	32. A	33. C	34. B	35. C	36. A
37. A	38. D	39. C	40. B	41. D	42. C	43. A	44. B	45. B
46. B	47. B	48. C	49. C	50. A	51. A	52. B	53. D	54. B
55. A	56. D	57. A	58. B	59. A	60. A	61. C	62. D	63. D
64. B	65. C	66. C	67. D	68. B	69. D	70. D	71. D	72. B
73. C	74. B	75. C	76. D	77. A	78. D	79. C	80. D	81. D
82. D	83. C	84. B	85. B	86. A	87. C	88. D	89. D	90. C
91. B	92. B	93. A	94. C	95. A	96. B	97. B	98. D	99. B
100. D	101. D	102. D	103. B	104. D	105. C	106. D	107. A	108. D
109. C	110. C	111. D	112. C	113. A	114. C	115. D	116. D	117. D
118. D	119. A	120. A	121. A	122. B	123. A	124. A	125. B	126. C

127. C　128. C　129. D　130. C　131. A　132. B　133. D　134. C　135. C
136. D　137. D　138. D　139. D　140. C　141. A　142. A　143. D　144. B
145. D　146. D　147. A　148. B　149. C　150. C　151. C　152. B　153. D
154. A　155. A　156. C　157. A　158. B　159. B　160. D　161. D　162. A
163. B　164. A　165. B　166. C　167. D　168. C　169. D　170. D　171. D
172. C　173. A　174. B　175. C　176. D　177. D　178. C　179. B　180. C
181. D　182. B　183. C　184. D　185. B　186. D　187. C　188. C　189. A
190. B　191. C　192. A　193. D

（二）判断题

1. √　2. √　3. √　4. √　5. √　6. ×　7. ×　8. √　9. ×
10. ×　11. √　12. √　13. √　14. ×　15. √　16. ×　17. √　18. √
19. √　20. ×　21. √　22. √　23. ×　24. √　25. ×　26. √　27. √
28. √　29. √　30. ×　31. ×　32. √　33. ×　34. √　35. ×　36. ×
37. ×　38. ×　39. ×　40. √　41. ×　42. ×　43. ×　44. √　45. √
46. √　47. ×　48. √　49. √　50. √　51. ×　52. ×　53. ×　54. ×
55. ×　56. ×　57. ×　58. √　59. √　60. √　61. √　62. √　63. √
64. √　65. ×　66. ×　67. ×　68. √　69. ×　70. ×　71. √　72. ×
73. ×　74. √　75. √　76. √　77. ×　78. ×　79. ×　80. √　81. ×
82. √　83. √　84. ×

第三节　机械识图

（一）选择题

1. M20 表示（　　）。
A. 普通粗螺纹　B. 普通细螺纹　C. 短螺纹　D. 梯形螺纹

2. 螺纹相邻牙上对应点的轴向距离称为（　　）。
A. 导程　B. 螺距　C. 外径　D. 内径

3. 图样是技术性文件，它能表达（　　）的意图。
A. 生产者　B. 设计者　C. 使用者　D. 参观者

4. （　　）是一种“正对着”物体，分别按正投影方法绘制的图形。
A. 立体图　B. 视图　C. 图样　D. 视图或图样

5. （　　）是从前面观察物体所得到的图形。
A. 左视图　B. 主视图　C. 俯视图　D. 右视图

6. 国家标准规定，在图框内的（　　）应留出标题栏。
A. 左下角　B. 右下角　C. 中间位置　D. 任意位置

7. 尺寸线应用（　　）绘制。
A. 粗实线　B. 细实线　C. 虚线　D. 点画线

8. 零件图的标题栏应包括零件的名称、材料、数量、图号和（　　）等内容。
A. 公差　B. 比例　C. 热处理　D. 表面粗糙度

9. 零件的主视图反映了零件的（　　）。
A. 长度和宽度　B. 宽度和高度　C. 长度和高度　D. 长度、宽度和高度

10. 零件的俯视图反映了零件的（　　）。
A. 长度和宽度　B. 宽度和高度　C. 长度和高度　D. 长度、宽度和高度

11. 机件向不平行于任何基本投影面的平面投影，所得到的视图称为（　　）。
A. 基本视图　B. 斜视图　C. 局部视图　D. 旋转视图

12. 假想将机件的倾斜部分旋转到与某一选定的基本投影面平行后，再向该投影面投影所得到的视图称为（　　）。
A. 基本视图　B. 斜视图　C. 局部视图　D. 旋转视图

13．用剖切平面完全地剖开机件后，所得到的剖视图叫作（　　）。
A．全剖视图　　B．半剖视图　　C．局部剖视图　　D．剖面图
14．移出剖面图的轮廓线用（　　）绘制。
A．粗实线　　B．细实线　　C．虚线　　D．点画线
15．（　　）是最常用的表面粗糙度的评定参数。
A．轮廓算术平均偏差 *R*a　　B．微观不平度+点高度 *R*z
C．轮廓最大高度 *R*y　　D．*R*z 和 *R*y
16．设计给定的尺寸称为（　　）。
A．基本尺寸　　B．实际尺寸　　C．极限尺寸　　D．作用尺寸
17．孔的上偏差是（　　）。
A．ES　　B．EI　　C．es　　D．ei
18．国家标准规定，在每一个基本尺寸段内，都有（　　）个公差等级的标准公差。
A．18　　B．20　　C．24 D．28
19．配合是指（　　）相同的、相互结合的孔和轴公差带之间的关系。
A．基本尺寸　　B．实际尺寸　　C．极限尺寸　　D．作用尺寸
20．互换性就是指同一规格的零部件在装配或更换时，（　　）经过挑选或修配便可装到机器上去，并能满足机器的性能要求。
A．必须　　B．无须　　C．可以　　D．允许
21．（　　）是指零部件在装配或更换时，不需要辅助加工，不需要选择，就能满足使用条件。
A．有限互换　　B．完全互换　　C．不完全互换　　D．装配互换
22．公差配合标准属于（　　）。
A．基础标准　　B．产品标准　　C．方法标准　　D．企业标准
23．（　　）是指将零件按其实际尺寸大小分成若干组，然后按组进行装配。
A．不完全互换　　B．完全互换　　C．无限互换　　D．装配互换
24．测量误差越小，测量结果越接近真值，则测量精度（　　）。
A．越高　　B．越低　　C．不变　　D．无影响
25．基轴制的轴称为基准轴，其基本偏差代号为 h，孔的基本偏差在（　　）之间为过盈配合。
A．A～H　　B．J～N　　C．P～ZC　　D．A～ZC
26．基孔制的孔称为基准孔，其基本偏差代号为 H，轴的基本偏差在（　　）之间为间隙配合。
A．a～h　　B．j～n　　C．p～zc　　D．a～zc
27．Φ20H8/f7 表示基本尺寸为Φ20mm 的（　　）。
A．基孔制间隙配合　　B．基孔制过盈配合
C．基轴制间隙配合　　D．基轴制过盈配合
28．基孔制过盈配合的是（　　）。
A．ΦΦ40H7/g6　　B．Φ40H7/h6　　C．Φ40H7/k6　　D．Φ40H7/p6
29．形状公差有 6 项，位置公差有（　　）项。
A．3　　B．4　　C．6　　D．8
30．形位公差框格用细实线画出，在图中应（　　）放置。
A．水平　　B．垂直　　C．水平或垂直　　D．任意
31．无论位置公差基准代号的方向如何，其字母必须（　　）填写。
A．水平　　B．垂直　　C．水平或垂直　　D．任意
32．关于零件草图，下面说法中，（　　）不正确。
A．草图必须内容完整　　B．草图必须比例匀称
C．零件的缺陷必须在草图上画出　　D．草图必须尺寸齐全
33．在装配图中，表达两个相邻零件的接触表面或配合表面时，在接触处只（　　）。
A．画两条轮廓线　　B．画一条轮廓线
C．画成各自的轮廓线　　D．画成虚线
34．属于形状公差的选项是（　　）。
A．圆度　　B．平行度　　C．垂直度　　D．同轴度

35. 表面粗糙度是一种（　　）。
A. 尺寸误差　B. 形状误差　C. 位置误差　D. 形状公差
36. 直线度属于（　　）公差。
A. 尺寸　B. 形状　C. 位置　D. 形位
37. 平行度属于（　　）公差。
A. 尺寸　B. 形状　C. 位置　D. 形位
38. 对形状公差进行标注时，不必考虑的是（　　）。
A. 指引线的位置　B. 项目符号　C. 基准代号字母　D. 公差值
39. 对位置公差进行标注时，其基准字母的方向必须（　　）填写。
A. 与基准代号的方向一致　B. 水平
C. 垂直　D. 倾斜
40. 符号⊥代表（　　）。
A. 平行度　B. 垂直度　C. 倾斜度　D. 位置度
41. 符号//代表（　　）。
A. 平行度　B. 垂直度　C. 倾斜度　D. 位置度
42. 符号∠代表（　　）。
A. 平行度　B. 垂直度　C. 倾斜度　D. 位置度
43. 符号⌖代表（　　）。
A. 平行度　B. 垂直度　C. 倾斜度　D. 位置度
44. 当对非中心要素提出直线度要求时，其公差带的形状是（　　）。
A. 一个圆柱内的区域　B. 两平行平面之间的区域
C. 两等距曲线之间的区域　D. 两平行直线之间的区域
45. 相配合的孔和轴具有相同的（　　）。
A. 尺寸公差　B. 形状公差　C. 位置公差　D. 基本尺寸
46. 在满足工件表面功能要求的情况下，应尽量选用（　　）表面粗糙度数值。
A. 较大的　B. 较小的　C. 不同的　D. 相同的
47. 形状公差是指零件的实际形状相对于零件的（　　）所允许的变动量。
A. 理想位置　B. 理想形状　C. 极限形状　D. 极限位置
48. 当采用基轴制时，基本偏差是（　　）。
A. 上极限偏差　B. 下极限偏差　C. 零偏差　D. 不能确定
49. 当采用基孔制时，基本偏差是（　　）。
A. 上极限偏差　B. 下极限偏差　C. 零偏差　D. 不能确定
50. 当整个公差带位于零线上方时，基本偏差是（　　）。
A. 上极限偏差　B. 下极限偏差　C. 零偏差　D. 公差
51. 绘图时，尺寸线和尺寸界线所用的线型是（　　）。
A. 细实线　B. 粗实线　C. 细点画线　D. 虚线
52. 基本尺寸相同的孔和轴共有（　　）种配合形式。
A. 2　B. 3　C. 4　D. 5
53. 在圆柱或圆锥外表面上所形成的螺纹是（　　）。
A. 粗牙螺纹　B. 细牙螺纹　C. 外螺纹　D. 内螺纹
54. 套螺纹前的圆杆直径应（　　）螺纹大径的尺寸。
A. 略小于　B. 略大于　C. 等于　D. 远离
55. A4 图纸幅面的宽度和长度是（　　）。
A. 594mm×841mm　B. 420mm×594mm
C. 297mm×420mm　D. 210mm×297mm
56. 长度×宽度为 210mm×297mm 的图纸是（　　）纸。
A. A2　B. A3　C. A4　D. A5
57. 零件加工后，其几何量需要测量或检验，以确定它们是否符合（　　）。
A. 形状要求　B. 工艺要求　C. 技术要求　D. 尺寸要求

58. 测量要素不包括（　　）。

A. 被测对象　　B. 测量方法　　C. 测量准确度　　D. 形位公差

59. 在测量汽车上拆下的零件时，所得到的是（　　）。

A. 几何参数　　B. 长度　　C. 形状误差　　D. 表面粗糙度

60. （　　）测量器具是专门用来测量某个或某种特定几何量的测量器具。

A. 通用　　B. 专用　　C. 标准　　D. 机械式

61. 有刻度的测量器具（如百分表）上相邻两刻线中心距离的大小，会影响估读的（　　）。

A. 参数　　B. 精度　　C. 单位　　D. 标量

62. 在测量汽车零件时，常用的测量方法是（　　）测量。

A. 直接　　B. 间接　　C. 主动　　D. 比较

63. 用直尺和塞尺测量发动机气缸盖的平面度误差，此测量方法属（　　）测量法。

A. 直接　　B. 间接　　C. 比较　　D. 综合

64. 对同一零件作多次重复测量，测得的值可能不相同，但在一定程度上都近似于（　　）。

A. 真值　　B. 标准值　　C. 工艺要求　　D. 公差值

65. 由于测量器具的结构不符合理论要求而产生的误差称为（　　）误差。

A. 测量器具　　B. 标准器　　C. 设计　　D. 使用

66. 在测量汽车零件的过程中，往往是实测值与真值之间有误差，这种误差是（　　）误差。

A. 系统　　B. 随机　　C. 人为　　D. 方法

67. 按国家标准规定，进行平面度误差检测的方法有（　　）种。

A. 3　　B. 4　　C. 5　　D. 6

68. 测量气缸的圆柱度、圆度误差时，首先要确定气缸的（　　），才能校对量缸表。

A. 磨损尺寸　　B. 标准尺寸　　C. 极限尺寸　　D. 修理尺寸

（二）判断题

1. （　　）滚动轴承内径代号数字为 04～99 时，代号数字乘 5，即为轴承内径（单位 mm）。

2. （　　）滚动轴承内径代号表示为 00、01、02、03 时，分别表示轴承内径为 10mm、12mm、15mm、17mm。

3. （　　）普通螺纹分为普通粗牙螺纹和普通细牙螺纹两种。

4. （　　）常用螺纹有连接螺纹和传动螺纹两大类。

5. （　　）常用的图样有立体图和视图两种。

6. （　　）图样是指准确地表达物体的形状、大小和具备制造、检验时所需要的全部资料的图。

7. （　　）一个完整的尺寸标注应包括尺寸界线、尺寸线、尺寸数字和箭头等 4 个基本要素。

8. （　　）绘图时，常用的图线有粗实线、细实线、虚线和点画线等。

9. （　　）三视图包括主视图、俯视图和左视图。

10. （　　）重合剖面的轮廓线用粗实线绘制。

11. （　　）按剖切范围的大小，剖视图可分为全剖视图、半剖视图和局部剖视图。

12. （　　）表面粗糙度是机械零件加工表面微观的几何形状误差。

13. （　　）零件表面粗糙度对零件的耐磨性、抗疲劳强度、配合性质和抗腐蚀性都有较大影响。

14. （　　）偏差是一个有正、负号或者为零的代数值。

15. （　　）国家标准规定，孔和轴各有 28 个基本偏差。

16. （　　）互换性分为完全互换和不完全互换两类。

17. （　　）零件的互换性包括几何参数、力学性能和理化性能等方面的互换。

18. （　　）标准按管理级别分为国家标准、部颁标准和企业标准。

19. （　　）标准化是指制定和贯彻技术标准的全过程。

20. （　　）Φ30F8 表示基本尺寸为Φ30mm、公差等级为 8 级、基本偏差为 F 的孔。

21. （　　）Φ30f7 表示基本尺寸为Φ30mm、公差等级为 7 级、基本偏差为 f 的轴。

22. （　　）形位公差代号由框格和指引线、形位公差项目符号、公差数值和有关符号及基准代号字母和有关符号等组成。

23. （　　）形位公差包括形状公差和位置公差。

24. （　　）装配图上的配合尺寸，除了要标出尺寸数字以外，还要标注配合代号。

25. （　　）零件图就是详细地表达零件形状、大小和加工要求等的图样，是制造和检验零件的依据。
26. （　　）看零件图的一般步骤是首先看标题栏，然后分析视图、分析形体和分析尺寸等。
27. （　　）尺寸公差是指允许尺寸的变动量，等于最大极限尺寸与最小极限尺寸代数差的绝对值。
28. （　　）基本尺寸相同的一批孔和轴共有两种配合形式，即间隙配合和过盈配合。
29. （　　）三视图中的主视图反映了物体的长度和宽度。
30. （　　）代号 M24 × 1.5 表示直径为 24mm、螺距为 1.5mm 的细牙普通螺纹。
31. （　　）剖面图又称剖视图。
32. （　　）偏差是一个代数量。
33. （　　）在测量中，长度是一个使用比较频繁的辅助单位。
34. （　　）多次测某一零件几何参数时，应采用相同的测量方法、计量器具、测量条件等，以确保测量精度。
35. （　　）选择测量器具时，首先要考虑测量精度的要求。
36. （　　）汽车零件测量基本都用直接测量法进行。
37. （　　）在测量汽车零件时，一般都是由测量器具直接读出测量值。
38. （　　）测量准确度越高，说明测量中的系统误差越低。

参考答案：

（一）选择题

1．A	2．B	3．B	4．B	5．B	6．B	7．B	8．B	9．C
10．A	11．B	12．D	13．A	14．A	15．A	16．A	17．A	18．B
19．A	20．B	21．B	22．A	23．A	24．A	25．A	26．C	27．A
28．D	29．D	30．C	31．A	32．C	33．B	34．A	35．B	36．B
37．C	38．C	39．B	40．B	41．A	42．C	43．D	44．D	45．D
46．A	47．B	48．A	49．B	50．B	51．A	52．B	53．C	54．A
55．D	56．C	57．C	58．D	59．A	60．B	61．B	62．A	63．A
64．A	65．A	66．B	67．D	68．B				

（二）判断题

1．√	2．√	3．√	4．√	5．√	6．√	7．√	8．√	9．√
10．×	11．√	12．√	13．√	14．√	15．√	16．√	17．√	18．√
19．√	20．√	21．√	22．√	23．√	24．√	25．√	26．√	27．√
28．×	29．×	30．√	31．×	32．√	33．√	34．√	35．√	36．√
37．√	38．√							

第四节　液压传动

（一）选择题

1．液压传动的工作介质是（　　）。

A．油液　　B．水　　C．酒精　　D．以上答案都不对

2．（　　）传动以油液作为工作介质，依靠油液内部的压力来传递动力。

A．液压　　B．气压　　C．机械　　D．电力

3．（　　）回路的作用是控制液压系统的最高工作压力，使系统压力不超过压力控制阀的调定值。

A．调压　　B．减压　　C．增压　　D．换向

4．（　　）回路是实现液压放大的回路。

A．调压　　B．减压　　C．增压　　D．换向

5．（　　）回路可使工作部件在运动过程中的某一位置上停留一段时间保持不动。

A．换向　　B．顺序　　C．锁紧　　D．减压

6．（　　）将油液的压力转换为机械能带动负载运动。
A．油泵　B．液压缸　C．压力阀　D．方向阀
7．节流阀属于（　　）。
A．压力阀　B．流量阀　C．方向阀　D．液压辅件
8．液压传动（　　）过载保护。
A．易于　B．不易　C．难于　D．不可能
9．液压传动的传动比（　　）精确。
A．很　B．非常　C．特别　D．不很
10．一般清洗用的化学溶液可采用（　　）与热水的混合溶液。
A．酸　B．碱　C．中性肥皂　D．酒精
11．浸洗、喷洗和浸喷复合洗属于（　　）。
A．干洗　B．湿洗　C．混合洗　D．A、B、C 三项都不是
12．离车式平衡机按（　　）原理工作。
A．静平衡　B．动平衡　C．平衡　D．A 或 B
13．就车式平衡机按（　　）原理工作。
A．静平衡　B．动平衡　C．平衡　D．A 或 B
14．（　　）平衡机按动平衡原理工作。
A．就车式　B．离车式　C．液压式　D．A 或 B
15．容积式液压传动属于（　　）液压传动。
A．动力式　B．静力式
C．组合式　D．动力式、静力式、组合式都不对
16．液压传动系统中的下列节流调速回路中，溢流阀在正常工作时不抬起的是（　　）。
A．进油路节流调速　B．回油路节流调速
C．旁油路节流调速　D．容积调速回路
17．在液压传动过程中，换向阀的“位”是根据（　　）来划分的。
A．对外接通的油口数　B．阀芯的控制方式
C．阀芯的运动形式　D．阀芯在阀体内的工作位置
18．进油路节流调速回路、回油路节流调速回路和旁油路节流调速回路属于（　　）。
A．容积调速回路　B．节流调速回路
C．容积节流调速回路　D．A、B、C 三项均不对
19．在液压传动的基本回路中，平衡阀是由（　　）组成的复合阀。
A．减压阀和溢流阀　B．单向阀和溢流阀
C．单向阀和顺序阀　D．节流阀和顺序阀
20．液压传动可实现（　　）。
A．精确的定比传动　B．无级调速
C．远距离传送　D．高效率传动
21．选项为压力控制回路的是（　　）。
A．调压回路　B．调速回路　C．换向回路　D．同步回路
22．选项不是压力控制回路的是（　　）。
A．增压回路　B．减压回路　C．调压回路　D．顺序回路
23．汽车采用的液力变矩器属于（　　）液压传动。
A．动力式　B．容积式　C．压力式　D．体积式
24．在进油路节流调速回路中，没有进入执行元件的多余油液经（　　）流回油箱。
A．减压阀　B．节流阀　C．溢流阀　D．顺序阀
25．若某油泵的额定压力为 25MPa。则该泵属于（　　）。
A．低压泵　B．中压泵　C．高压泵　D．超高压泵
26．动力式液压传动是借助液压油的（　　）来传递能量和动力的。
A．压力　B．容积　C．运动　D．黏度
27．液压传动的基本回路中，能实现锁紧的换向阀的中位机能是（　　）。

A. P 型　　B. O 型　　C. H 型　　D. K 型

28. 液压传动系统中的减压回路是对（　　）进行减压。

A. 主油路　　B. 某一低压油路　　C. 所有油路　　D. 增压油路

29. （　　）只允许液流向一个方向通过，对另一个方向的液流则禁止。

A. 压力阀　　B. 流量阀　　C. 方向阀　　D. 单向阀

（二）判断题

1. （　　）液压传动的工作介质是油液。
2. （　　）液压传动以油液为工作介质，依靠容积的变化传递运动。
3. （　　）根据调速特性的不同，容积调速可分为有级调速回路和无级调速回路两种。
4. （　　）压力控制回路是控制整个系统或某条支路中的油液压力的单元回路。
5. （　　）压力控制阀简称压力阀。
6. （　　）方向阀分为单向阀和换向阀两种。
7. （　　）液压元件配合精度要求不高。
8. （　　）动力转向装置按其传能介质不同，分为液压式和气压式两种。
9. （　　）千斤顶应垂直放置。
10. （　　）用千斤顶顶起汽车时，禁止在车下作业。
11. （　　）双柱托举式汽车举升器主要适用于中型汽车。
12. （　　）开口扳手能显示扭矩的大小。
13. （　　）拆装火花塞应用梅花扳手。
14. （　　）汽车零件清洗设备按清洗方式分为干洗和湿洗两类。
15. （　　）湿洗就是采用碱性或中性清洗剂清洗汽车零件表面的油类和脏污。
16. （　　）离车式平衡机按动平衡原理工作。
17. （　　）就车式平衡机按动平衡原理工作。
18. （　　）液压传动系统中的回油路节流调速回路的节流阀放在分支油路上。
19. （　　）液压传动系统中的液压回路主要作用是减小主油路的压力。
20. （　　）在液压传动过程中，工作容积必须密封且不能变化。
21. （　　）液压传动易实现精确的定比传动。
22. （　　）汽车上采用的液压传动装置按工作原理分为动力式和容积式两种。
23. （　　）运动速度高、单位压力大的摩擦表面应比运动速度低、单位压力小的摩擦表面的粗糙度参数值小。

参考答案：

（一）选择题

1. A	2. A	3. A	4. C	5. C	6. B	7. B	8. A	9. D
10. C	11. B	12. B	13. A	14. B	15. B	16. C	17. D	18. B
19. C	20. B	21. A	22. D	23. A	24. B	25. C	26. C	27. C
28. B	29. D							

（二）判断题

1. √	2. ×	3. √	4. √	5. √	6. √	7. ×	8. √	9. √
10. √	11. ×	12. ×	13. ×	14. √	15. √	16. √	17. ×	18. ×
19. ×	20. ×	21. ×	22. √	23. √				

第五节　钳工基本知识及汽车维修机床具的使用

（一）选择题

1. 游标卡尺的精度有（　　）3 种。

A. 0.10mm、0.05mm、0.02mm　　B. 0.01mm、0.02mm、0.05mm

C．0.10mm、0.50mm、0.20mm　　D．0.05mm、0.10mm、0.20mm

2．工件尺寸是游标卡尺主尺读出的整毫米数加上（　　）读出的小数值。

A．与主尺对齐的前总游标刻度数×精度值　　B．游标刻度

C．精度值　　D．游标刻度加精度值

3．千分尺是一种精密量具，其测量精度可达（　　）mm。

A．0.1　　B．0.01　　C．0.001　　D．0.005

4．千分尺是用来测量工件（　　）的精度量具。

A．外部尺寸　　B．内部尺寸　　C．深度尺寸　　D．内外尺寸

5．使用千分尺测量时，应保证千分尺螺杆轴线和工件中心线（　　）。

A．平行　　B．垂直　　C．倾斜　D．任意

6．千分尺在微分套筒的圆锥面上刻有（　　）条等分的刻度线。

A．10　　B．20　　C．30　　D．50

7．利用千分尺测量读数时，如果微分套筒的圆锥面边缘的前面露出主尺纵线下边的刻线，则小数部分（　　）0.5m。

A．大于　　B．小于　　C．等于　　D．小于或等于

8．内径百分表在汽车修理中主要用来测量发动机气缸的（　　）。

A．平面度　　B．同轴度　　C．跳动量　　D．圆度和圆柱度

9．测量气缸直径，可将量缸表放入气缸上部，若表针能转动（　　）圈左右，表示调整合适。

A．1　　B．2　　C．3　　D．4

10．百分表表盘刻度为 100 格，长针转动一格为（　　）mm。

A．0.01　　B．0.02　　C．0.05　　D．0.1

11．百分表表盘刻度为 100 格，短针转动一圈为（　　）mm。

A．1　　B．10　　C．100　　D．1000

12．百分表长针转动一圈，短针则转（　　）格。

A．0.5　　B．1　　C．2　　D．5

13．（　　）扳手适用于拆装位置狭小、特别隐蔽的螺母或螺栓。

A．开口　　B．梅花　　C．套筒　　D．活动

14．（　　）扳手的开口尺寸可以在一定范围内自由调节，用于拆装不规则的带有棱角的螺母或螺栓。

A．开口　　B．套筒　　C．扭力　　D．活动

15．（　　）扳手用于扭转管子、圆棒等难以用扳手夹持、扭转的光滑或不规则的工件。

A．活动　　B．扭力　　C．套筒　　D．管子

16．常用的台虎钳有（　　）和固定式两种。

A．齿轮式　　B．回转式　　C．蜗杆式　　D．齿条式

17．砂轮机砂轮的旋转方向应正确，磨屑应向（　　）飞离砂轮。

A．上方　　B．下方　　C．左方　　D．右方

18．砂轮机的托架和砂轮表面之间应保持（　　）mm 以内的距离，以免将工件扎入。

A．3　　B．5　　C．10　　D．15

19．砂轮机起动后，待转速达到（　　）时，方可进行磨削。

A．正常　　B．高速　　C．平稳　　D．100r/min

20．在以下划线工具中，（　　）是绘画工具。

A．划规　　B．划线平板　　C．方箱　　D．分度头

21．錾子一般用优质碳素工具钢制成，刃口部分经（　　）处理。

A．淬火+低温回火　　B．淬火+中温回火　　C．淬火+高温回火　　D．表面淬火

22．平面錾削时，每次錾削厚度约为（　　）mm。

A．0.5～1　　B．1～1.5　　C．1.5～2 D．2～2.5

23．錾削较宽的平面时，应先用（　　）在平面上开槽，再用扁錾錾去剩余部分。

A．扁錾　　B．尖錾　　C．油槽錾　　D．圆口錾

24．錾削时，左手握住錾身，錾子尾端以露出（　　）mm 左右为准。

A．10　　B．20　　C．30　　D．40

25. 錾削时，錾子的切削刃应与錾削方向倾斜一个角度，此角度大约在（　　）之间。
A. 15°～25°　B. 25°～40°　C. 40°～55°　D. 55°～70°
26. 錾削较宽的平面时，首先用（　　）在平面上开槽。
A. 扁錾　B. 尖錾　C. 油槽錾　D. 圆口錾
27. 錾削时，眼睛应注视錾子（　　）。
A. 刃口　B. 顶部　C. 中部　D. 底部
28. 锯弓是用来装夹锯条的，它有固定式和（　　）两种。
A. 移动式　B. 可拆式　C. 可调式　D. 整体式
29. 锯割硬质材料和薄壁材料时，选用（　　）齿锯条。
A. 粗　B. 细　C. 超粗　D. 一般
30. 锯割时，手锯在前行中（　　）压力。
A. 不用　B. 应加　C. 避免加　D. 防止加
31. 锯割槽钢时，应从（　　）面来锯。
A. 1　B. 2　C. 3　D. 4
32. 锯割时，一般应在工件的（　　）面上起锯。
A. 最宽　B. 最窄　C. 任意　D. 水平
33. 铰削完成后，应按（　　）旋出铰刀。
A. 顺时针方向　B. 逆时针方向　C. 反方向　D. 任意方向
34. 零件淬火后再进行高温回火处理的方法称为（　　）处理。
A. 退火　B. 调质　C. 正火　D. 二次
35. 锉刀按齿纹的粗细不同又可分为粗锉、中锉、细锉和（　　）等。
A. 普通锉　B. 特种锉　C. 整形锉　D. 油光锉
36. 锉削时，（　　）在加工表面处加少许机油以便冷却和润滑。
A. 不可　B. 可以　C. 必须　D. 允许
37. 丝锥一般用合金工具钢或高速钢制成，并经（　　）。
A. 淬火处理　B. 退火处理　C. 正火处理　D. 回火处理
38. 丝锥由两只或三只组成一套，分成（　　）、二锥和三锥，攻螺纹时依次使用。
A. 一锥　B. 头锥　C. 外锥　D. 内锥
39. 攻螺纹前必须先钻底孔，钻孔孔径应（　　）螺纹的内径。
A. 小于　B. 大于　C. 等于　D. 任意
40. 攻不通螺孔时，由于丝锥不能切到底，所以钻孔深度要（　　）螺纹长度。
A. 小于　B. 大于　C. 等于　D. 任意
41. 曲面刮刀用于刮削内曲面，如轴承、衬套等，常用的曲面刮刀是（　　）。
A. 手握刮刀　B. 挺刮刀　C. 钩头刮刀　D. 三角刮刀
42. 采用三角刮刀进行曲面刮削时，三角刮刀应在曲面内做（　　）。
A. 直线运动　B. 圆周运动　C. 螺旋运动　D. 任意运动
43. （　　）不能用来做研具材料。
A. 灰口铸铁　B. 球墨铸铁　C. 低碳钢　D. 高碳钢
44. 每研磨半分钟左右，应把工件转动（　　），再继续研磨，以免发生倾斜现象。
A. 45°　B. 90°　C. 135°　D. 180°
45. 研磨圆锥孔时，应沿同一方向转动，且每转（　　）圈，将研磨棒稍微拔出一些，再推入研磨。
A. 1～2　B. 2～3　C. 3～4　D. 4～5
46. 国产 T716 立式镗床最大镗孔长度为（　　）mm。
A. 135　B. 150　C. 140　D. 130
47. T8014 型移动式镗缸机的最大镗孔直径是（　　）。
A. Φ68～Φ120　B. Φ80～Φ140　C. Φ66～Φ140　D. Φ75～Φ140
48. （　　）用于测量发电机端电压。
A. 万用表　B. 气压表　C. 真空表　D. 油压表
49. 检查起动机电枢绕组换向器是否断路，应用（　　）检查。

A．电流表　　B．电压表　　C．欧姆表　　D．伏安表

50．用汽车专用万用表测量发动机转速，红表笔应连（　　），黑表笔搭铁。

A．点火线圈负接线柱　　B．点火线圈正接线柱

C．转速传感器　　D．分电器中央高压线

51．检测汽车发动机电控系统时，应选用（　　）万用表。

A．指针式　　B．数字式　　C．低阻抗数字式　　D．高阻抗数字式

52．（　　）用于测试导线断路。

A．万用表　　B．气压表　　C．真空表　　D．油压表

53．打开桑塔纳 2000GLS 型轿车点火开关，用数字式万用表的（　　）挡测量点火控制器端子的电压，可检查点火控制器的故障。

A．欧姆　　B．直流电压　　C．兆欧　　D．交流电压

54．打开桑塔纳 2000GLS 型轿车点火开关，用数字式万用表的直流电压挡测量（　　）的电压，可检查电子控制器的故障。

A．点火控制器　　B．点火线圈

C．霍尔传感器　　D．点火控制器或点火线圈

55．桑塔纳 2000GLS 型轿车 JV 型发动机，可用数字式万用表的（　　）点火控制器端子，查看电压大小是否符合技术要求。

A．红笔搭铁，黑笔搭接　　B．黑笔搭铁，红笔搭接

C．红笔搭接　　D．黑笔搭接

56．对于电控发动机，可用（　　）检查发动机电脑是否有故障。

A．万用表　　B．数字式万用表

C．模拟式万用表　　D．试灯或万用表

57．精度为 0.05 的游标卡尺，其游标的刻线格数为（　　）。

A．10 格　　B．20 格　　C．30 格　　D．40 格

58．用游标卡尺测量工件外径时，将活动量爪向外移动，使两量爪间距（　　）工件外径，然后再慢慢移动游标使两量爪与工件接触。

A．小于　　B．大于　　C．等于　　D．错开

59．百分表的分度值为（　　）。

A．0.01　　B．0.02　　C．0.001　　D．0.002

60．将发动机凸轮轴支于平台上的 V 形铁上，用（　　）检测凸轮轴的弯曲程度。

A．直尺和塞尺　　B．高度尺　　C．百分表　　D．游标卡尺

61．百分表是一种比较性测量仪器，主要用于测量工件的（　　）。

A．公差值　　B．偏差值　　C．实际值　　D．极值

62．用千分尺测量工件时，读完数后首先要（　　）。

A．直接拿出工件　　B．同时放置一边

C．倒转微分套筒后再取出工件　　D．正转微分套筒后再取出工件

63．发动机曲轴各轴颈的圆度和圆柱度误差一般用（　　）来测量。

A．游标卡尺　　B．百分表　　C．外径分厘卡　　D．内径分厘卡

64．游标卡尺上游标的刻线数越多，则游标的（　　）。

A．结构越小　　B．长度越短　　C．分度值越大　　D．读数精度越高

65．气门高度用（　　）测量。

A．外径千分尺　　B．内径千分尺　　C．直尺　　D．刀尺

66．诊断仪中属于大众公司专用诊断仪的是（　　）。

A．Tech-1　　B．V.A.Gl551　　C．电眼睛　　D．修车王

67．用诊断仪读取故障码时，应选择（　　）。

A．故障诊断　　B．数据流　　C．执行元件测试　　D．基本设定

68．用配备测试卡的诊断仪测试不同的车时，应选用（　　）的测试卡。

A．故障诊断　　B．相同　　C．不同尺寸　　D．不同型号

69．用诊断仪对发动机进行检测时，点火开关应（　　）。

A．关闭　　B．打开　　C．位于起动挡　　D．位于锁止挡

70．气门杆磨损程度用（　　）测量。

A．外径千分尺　　B．内径千分尺　　C．直尺　　D．刀尺

71．（　　）用于测量发动机无负荷功率及转速。

A．汽车无负荷测功表　　B．气缸压力表

C．发动机转速表　　D．发动机分析仪

72．用（　　）检查电控燃油汽油机各缸是否工作。

A．数字式万用表　　B．单缸断火法　　C．模拟式万用表　　D．双缸断火法

73．（　　）用于检测柴油车废气中有害气体的含量。

A．烟度计　　B．废气分析仪　　C．示波器　　D．万用表

74．（　　）用于诊断发动机气缸及进排气门的密封状况。

A．气缸漏气量检测仪　　B．真空表

C．发动机分析仪　　D．尾气分析仪

75．轮毂轴承螺栓、螺母的拆装适宜选用（　　）。

A．内六角扳手　　B．方扳手　　C．钩型扳手　　D．专用套筒扳手

76．拆装油底壳、变速器等的放油螺栓通常选用（　　）。

A．内六角扳手　　B．方扳手　　C．钩形扳手　　D．圆螺母扳手

77．检查驻车制动器弹簧时，用（　　）测量，其弹力不得小于规定值。

A．弹簧秤　　B．地磅　　C．角尺　　D．张紧计

78．汽车电控发动机可用（　　）检查油压调节器是否有故障。

A．模拟式万用表　　B．万用表　　C．油压表　　D．油压表或万用表

79．台虎钳的丝杠、螺母及其他活动表面（　　），并保持清洁。

A．要随用随加润滑油　　B．要经常加润滑油

C．不用加润滑油　　D．不准加润滑油

80．主要用于对汽车进行局部举升的装置是（　　）。

A．举升器　　B．千斤顶　　C．木块　　D．金属块

81．（　　）是指向制冷系统充注氟利昂蒸汽，使系统压力高达 0.35MPa，然后用卤素灯检漏仪检漏。

A．抽真空　　B．充氟试漏　　C．加压　　D．测试压力

82．充氟试漏是指向制冷系统充注氟利昂蒸汽，使系统压力高达 0.35MPa，然后用（　　）检漏仪检漏。

A．二极管　　B．卤素灯　　C．白炽灯　　D．荧光灯

83．充氟试漏是指向系统充注（　　）蒸汽，使系统压力高达 0.35MPa，然后用卤素灯检漏仪检漏。

A．水　　B．冷却液　　C．氟利昂　　D．压缩机油

84．细刮比粗刮（　　）。

A．刀痕要窄，行程要长　　B．刀痕要宽，行程要长

C．刀痕要窄，行程要短　　D．刀痕要宽，行程要短

85．刮刀中属于曲面刮刀的是（　　）。

A．手握刮刀　　B．挺刮刀　　C．钩头刮刀　　D．蛇头刮刀

86．剪式举升器属于（　　）。

A．手动式举升器　　B．电动式举升器　　C．固定式举升器　　D．移动式举升器

87．根据《汽车发动机曲轴技术条件》（GB 3802—1983）的技术要求，补偿修复主轴轴颈时不可采用（　　）方法。

A．金属丝喷涂　　B．气焊　　C．镀铬　　D．镀铁

88．锯条锯齿的大小以（　　）mm 长度内所包含的锯齿数表示，此长度内包含的齿数越多，锯齿就越细。

A．15　　B．15.4　　C．25　　D．25.4

89．锯条的规格用其两端的安装孔距表示，常用的是（　　）的锯条。

A．100mm　　B．200mm　　C．300mm　　D．400mm

90．加工螺纹时，为了便于断屑和排屑，板牙转动一圈左右要倒转（　　）圈。

A．2　　B．1　　C．0.5　　D．0.25

91．用（　　）检测发动机凸轮轴凸轮的轮廓变化，可以判断凸轮的磨损情况。
A．游标卡尺　B．百分表　C．外径分厘卡　D．标准样板
92．汽车维护中常用扭力扳手的规格为（　　）。
A．0～300N·m　B．0～500N·m　C．0～1 000N·m　D．0～2 000N·m
93．对于油压千斤顶，重物应置于（　　）。
A．大液压缸上
B．小液压缸上
C．单向阀的一侧
D．大液压缸上、小液压缸上、单向阀的一侧均不对
94．有关錾削的叙述正确的是（　　）。
A．操作时不需戴任何眼镜　B．不得錾削淬火的工件
C．錾子头部需要淬火　D．一般情况使用高速钢材做錾子
95．进行锉削作业时，正确的做法是（　　）。
A．可用嘴轻吹锉削屑
B．不能用嘴吹锉削屑
C．可用手试摸表面的光滑度
D．可用嘴轻吹锉削屑、不能用嘴吹锉削屑、可用手试摸表面的光滑程度都正确
96．（　　）用于测量进气歧管的真空度。
A．真空表　B．万用表　C．示波器　D．试灯
97．（　　）用于快速检测发动机润滑油。
A．润滑油质量分析仪　B．油压表
C．发动机分析仪　D．尾气分析仪
98．（　　）是一种专门用于拆装顶置式气门弹簧的工具。
A．活塞环拆装钳　B．气缸套筒拉器　C．气门弹簧拆装钳　D．套筒
99．旋具（　　）当撬棒或錾子使用。
A．必须　B．有时可以　C．不可以　D．可以
100．板牙是用来加工（　　）的工具。
A．内螺纹　B．外螺纹　C．左旋螺纹　D．右旋螺纹
101．轮胎应当定期做动平衡检查，用（　　）检查。
A．静平衡检测仪　B．动平衡检测仪　C．扒胎机　D．测功机
102．主要用于汽车零件清洗的清洗机是（　　）的。
A．刷子式　B．转盘式　C．门式　D．喷射式
103．用于高寒地区冬季使用的清洗机是（　　）。
A．门式清洗机　B．盘式清洗机　C．高压清洗机　D．热水清洗机
104．球轴承的拆卸选用（　　）。
A．四爪拉器　B．球轴承拉器　C．通用拉器　D．半轴套筒拉器
105．2.5t 以下的各种小轿车、面包车适宜选用（　　）进行举升。
A．气动式举升器　B．电动式举升器
C．液压式举升器　D．移动式举升器
106．（　　）用于测试导线短路。
A．万用表　B．气压表　C．真空表　D．油压表
107．拆装发动机火花塞应用（　　）。
A．火花塞套筒　B．套筒　C．口扳手　D．梅花扳手
108．气动扳手在使用时，压缩空气的压力在（　　）bar。
A．1～2　B．3～4　C．8～10　D．18～20
109．气动工具的优点是（　　）。
A．分量重　B．省力　C．噪音大　D．体积大
110．气动工具容易出现的问题是（　　）。
A．接头连接不牢靠　B．接头磨损　C．气管损坏　D．A、B、C 三项都是

111．（　　）不是旋转工具。
A．砂轮机　　B．锉刀　　C．钻床　　D．电钻
112．（　　）不是靠驱动皮带驱动。
A．发电机　　B．转向助力泵　　C．机油泵　　D．空调压缩机
113．对涉及旋转物体的工作，要（　　）。
A．注意安全　　B．做好防护　　C．按规程操作　　D．A、B、C 三项都是
114．用千斤顶举升车辆，正确的操作是（　　）。
A．用千斤顶直接举升　　B．为确保安全，用两个千斤顶举升
C．先用契块把车轮固定好　　D．要把车辆停在粗糙地面，增加摩擦力
115．用千斤顶把车辆举升后，车辆同时要用（　　）支撑。
A．轮胎　　B．木块　　C．刚性支架　　D．砖头
116．为避免损坏举升部位，应在该部位放置（　　）。
A．橡胶块　　B．木块　　C．铝块　　D．砖块
117．气动扳手的拧紧扭矩通过（　　）来控制。
A．压缩机的工作时间　B．压缩机的气压
C．压缩机储气筒的大小　　D．气动扳手上的调节器
118．气动扳手使用（　　）套筒。
A．6 角　　B．6 星　　C．12 角　　D．12 星
119．压缩空气中含有（　　），会造成气动扳手运转不良。
A．氢气　　B．水分　　C．氧气　　D．氮气
120．根据部件的尺寸，液压压床首先要（　　）。
A．选定合适的压力　　B．选定合适的高度位置
C．选定合适的工具　　D．选定合适的受力点
121．液压压床不能实现的操作是（　　）。
A．钻孔　　B．压出部件　　C．安装部件　　D．矫正部件
122．液压压床操作时，要对准部件的（　　）。
A．左边　　B．右边　　C．中心　　D．两边
123．清洗机无法清洗（　　）。
A．泥土　　B．油漆　　C．垃圾　　D．油污
124．高压清洗机的压力可达（　　）kg。
A．1～5　　B．5～15　　C．15～30　　D．60～100
125．清洗机可直接清洗的配件是（　　）。
A．起动机　　B．发电机　　C．缸盖　　D．分电器
126．不属于起吊链轮类别的是（　　）。
A．固定式　　B．移动式　　C．电动式　　D．分体式
127．起吊链轮不能用于（　　）。
A．拆卸发动机　　B．拆卸变速器　　C．车身整形　　D．安装发动机
128．起吊链轮的正确使用方法是（　　）。
A．重量超过规定
B．钢丝绳有损坏
C．钢丝绳与尖锐部位接触
D．用合适的吊挂方式，使钢丝绳的承受力获得最佳
129．通常万用表可测量（　　）。
A．仅直流　　B．仅交流　　C．交、直流　　D．磁场
130．通常万用表无法测量（　　）。
A．感抗　　B．电压　　C．电阻　　D．电流
131．汽车专用万用表可以测量（　　）。
A．感抗　　B．温度　　C．频率　　D．周期
132．万用表测量电流强度值的范围是（　　）A。

A. 0～1　B. 0～3　C. 0～5　D. 0～20

133. 万用表测量电压值的范围是（　　）V。

A. 0～20　B. 0～50　C. 0～100　D. 0～1000

134. 万用表测量电阻值的范围是（　　）欧姆。

A. 0～100　B. 0～1000　C. 0～10000　D. 0～10 兆

135. 数字式万用表（　　）。

A. 可直接读取数值　B. 间接读取数值

C. 读取数值时间较长　D. 数据值存在个人差异

136. 数字式万用表在测量（　　）时需要调零。

A. 电阻　B. 电压　C. 电流　D. 无须调零

137. 在测量直流电压时，若数字式万用表反向连接，出现的情况是（　　）。

A. 不显示数值　B. 报警　C. 数值显示负值　D. 损坏

138. 为了降低电池消耗，数字式万用表采用（　　）。

A. 外接 220 伏电源　B. 外接车用电源

C. 外接备用电源　D. 待机自动关闭功能

139. 对于变化的数值，数字式万用表（　　）。

A. 读取最大值　B. 读取最小值　C. 读取平均值　D. 难以读取

140. 数字式万用表无法读取（　　）。

A. 电阻值　B. 变化值　C. 电压值　D. 电流强度值

141. 用数字式万用表测量电压，以下正确的是（　　）。

A. 内部电阻越大，测量误差越小　B. 内部电阻越大，测量误差越大

C. 内部电阻越小，测量误差越小　D. 内部电阻越大，测量误差不变

142. 数字式万用表测量电压时，将万用表（　　）。

A. 并联到测量部件　B. 并联到电源

C. 串联在测量部件前端　D. 串联在测量部件后端

143. 如果在测量电压时将数字式万用表并联到线路中去，（　　）。

A. 万用表损坏　B. 万用表保护性关闭

C. 万用表报警　D. 万用表无法读取数值

144. 用数字式万用表测量电流强度，测量范围一般是（　　）。

A. 0～10　B. 0～20　C. 0～50　D. 0～100

145. 如果测量的线路电流强度太大，数字式万用表（　　）。

A. 会损坏　B. 测量表笔会烧毁

C. 会报警　D. 保险丝烧毁

146. 数字式万用表测量电流时，内部电阻越____，测量误差越____。（　　）

A. 大　小　B. 大　不变　C. 小　小　D. 小　大

147. 测量电阻时，回路应该（　　）。

A. 有电压　B. 有电流　C. 关闭点火开关　D. 拆除蓄电池

148. 在干燥情况下，人体电阻有（　　）欧姆，手接触表笔会引起测量误差。

A. 20　B. 200　C. 2000　D. 200000

149. 说法正确的选项是（　　）。

A. 万用表可直接测量电阻　B. 万用表测量的是回路电流

C. 万用表测量的是回路电压　D. 电阻测量要注意表棒的极性

150. 测量电阻（　　）Ω，说明线路导通。

A. 小于 1　B. 小于 5　C. 小于 10　D. 小于 20

151. 万用表使用电池的电压为（　　）V。

A. 1.5　B. 3　C. 6　D. 9

152. 万用表进行电阻、导通测量时，下列（　　）不需要考虑极性。

A. 电阻　B. 二极管　C. 齐纳二极管　D. 晶体管

（二）判断题

1. （　　）工件尺寸是游标卡尺主尺读出的整毫米数+（与主尺对齐的前总游标刻度数×精度值）得出的小数值。

2. （　　）千分尺按用途可分为内径千分尺和外径千分尺两种。

3. 常用的千分尺有0～25mm、25～50mm、50～75mm、75～100mm、100～125mm等多种规格。

4. （　　）可用千分尺测量旋转着的工件。

5. （　　）百分表的工作原理是将测杆的直线运动，通过齿轮齿条传动，变成指针在表盘上的旋转运动。

6. （　　）百分表作为精密量具用于测量时，能直接读出被测工件的实际尺寸大小。

7. （　　）百分表长针转动一圈，短针则转一格。

8. （　　）百分表短针读数之和等于所测尺寸的大小。

9. （　　）快速手柄与套筒配合可用于快速拆装螺栓和螺母。

10. （　　）游标卡尺的精度有0.10mm、0.05mm和0.02mm 3种。

11. （　　）砂轮机是用于磨削各种刀具，磨去工件或材料表面的毛刺、锐边等。

12. （　　）砂轮机起动后，转速达到正常时，方可进行磨削。

13. （　　）使用划规时，划规两脚开合松紧度要适当，以免画线时发生自动张缩。

14. （　　）常用的錾子有扁錾、尖錾、油槽錾和网口錾4种。

15. （　　）当快要錾削到工件尽头时，为避免工件边缘崩裂，应将工件掉头，从另一端錾去多余部分。

16. （　　）槽錾削一般分为錾削油槽和錾削键槽。

17. （　　）錾削时，应及时擦净锤柄上的汗水、油污，避免锤子从手中滑脱。

18. （　　）锯条规格用其两端安装孔距表示，常用的是300mm锯条。

19. （　　）若要锯割金属材料安装锯条时，锯齿的齿尖要朝后。

20. （　　）使用扳手时，最好是拉动，若必须推动时，也只能用手掌推，并且手指要伸开，以免螺栓或螺母突然扭动碰伤手指。

21. （　　）活动式铰刀可以调节外径尺寸，因此，用少量铰刀就可以铰削多种尺寸的孔。

22. （　　）交叉锉法一般效率较高，而且可以判断锉面的高低情况，所得表面粗糙度较小，故常用于工件的最后精锉。

23. （　　）锉削时，要及时清理锉纹中的铁屑，可用嘴吹，也可用手清除。

24. （　　）可调节铰杠使用方便，但小丝锥不宜用大铰杠，否则丝锥易折断。

25. （　　）攻不通螺孔时，不用退出丝锥，硬行推转就可以。

26. （　　）用铸铁、铝、铜等材料组成的工件攻螺纹时，可不用润滑油。

27. （　　）刮削精度以工件表面上25mm×25mm的面积内均匀分布研点的点数来表示，点数越多，精度越高；点数越少，精度越差。

28. （　　）刮削工件边缘处时，不能用力过猛，避免刮刀打滑，发生事故。

29. （　　）常用研具有研磨平板、研磨环和研磨棒等。

30. （　　）手锤的握法分紧握法和松握法两种。

31. （　　）使用手电钻时，如果电机突然停转，应立即切断电源查找原因。

32. （　　）用游标卡尺测量工件外径时，将活动量爪向内移动，使两量爪间距小于工件外径，再慢慢移动游标使两量爪与工件接触。

33. （　　）工件尺寸是游标卡尺尺身读出的整毫米数+游标刻度。

34. （　　）百分表不仅能做比较测量，也能用做绝对测量。

35. （　　）测量误差通过改善测量方法可以消除。

36. （　　）对于新锉刀，在使用时，应两面交替使用。

37. （　　）使用活塞环拆装钳拆装活塞环时用力必须均匀。

38. （　　）转盘式清洗机主要用于整车清洗。

39. （　　）錾削加工时应戴防护眼镜。

40. （　　）一般内曲面刮削常选用三角刮刀。

41. （　　）砂轮机主要由砂轮、电动机、机体等组成。

42. （　　）可以用数字式万用表检查电控发动机电路及燃油泵是否有故障。

43. （　　）电流表可以利用并联不同的电阻扩大量程。

44. （　　）检测发电机整流器的性能应选用万用表“二极管”挡。
45. （　　）梅花扳手的适用范围为5～25mm。
46. （　　）双柱式举升器主要用于举升3t以下的轿车或小客货车。
47. （　　）汽车发动机进气性能测试仪用于测量进气歧管的真空度。
48. （　　）应根据需要举升车辆的结构、重量选择相应的举升器。
49. （　　）汽车故障诊断仪就是解码仪。
50. （　　）所有汽车诊断仪都配备外置测试卡。
51. （　　）卧式千斤顶应垂直放置。
52. （　　）用千斤顶顶起汽车时，禁止在车下作业。
53. （　　）汽车举升器一般分为局部举升器和整车举升器两种。
54. （　　）汽车零件清洗设备按清洗方式分为干洗和湿洗两类。
55. （　　）湿洗就是采用碱性或中性清洗剂清洗汽车零件表面的油类和脏物。
56. （　　）试验发动机时，不得在车下工作。
57. （　　）开口扳手能显示扭矩的大小。
58. （　　）锯削钢件时应使用冷却液。
59. （　　）铰孔时，铰刀的旋转速度要均匀，进给量大小要适当，用力不要过猛。
60. （　　）污水可采用污水净化装置来处理。
61. （　　）使用气动工具时要注意接头连接牢固。
62. （　　）对发动机部件进行检查时，务必先关闭发动机。
63. （　　）用千斤顶举升车辆时，车轮要固定好。
64. （　　）气动扳手的套筒使用12角的套筒。
65. （　　）液压压床用于压装和矫正部件。
66. （　　）使用较为广泛的清洗液是温水。
67. （　　）在维修中，起吊作业较广泛使用起吊链轮。
68. （　　）万用表可以测量感抗。
69. （　　）万用表测量电流强度值的范围是0～100A。
70. （　　）数字式万用表的精度比模拟式万用表高。
71. （　　）在测量模拟信号时，数字式万用表通常比模拟万用表的测量精确度低。
72. （　　）数字式万用表只能测量直流电压。
73. （　　）用万用表测量电流时，将万用表并联连接到测量部位。
74. （　　）用万用表测量电阻时，将万用表串联在测量回路中。
75. （　　）导通测量是电阻测量的一种形式。

参考答案：

（一）选择题

1. A	2. A	3. B	4. A	5. B	6. D	7. A	8. D	9. A
10. A	11. A	12. B	13. A	14. D	15. D	16. B	17. B	18. A
19. A	20. A	21. A	22. A	23. B	24. B	25. B	26. B	27. A
28. C	29. B	30. B	31. C	32. A	33. A	34. B	35. D	36. A
37. A	38. B	39. A	40. B	41. D	42. C	43. D	44. B	45. C
46. B	47. C	48. A	49. C	50. A	51. D	52. A	53. B	54. A
55. B	56. B	57. B	58. B	59. A	60. C	61. B	62. C	63. C
64. D	65. C	66. B	67. A	68. A	69. B	70. A	71. A	72. B
73. A	74. A	75. D	76. B	77. A	78. C	79. B	80. B	81. B
82. B	83. C	84. C	85. D	86. B	87. B	88. D	89. C	90. C
91. D	92. A	93. A	94. B	95. B	96. A	97. A	98. C	99. C
100. B	101. B	102. B	103. D	104. B	105. C	106. A	107. A	108. C

109. B	110. D	111. B	112. C	113. D	114. C	115. C	116. A	117. D
118. A	119. B	120. B	121. A	122. C	123. B	124. D	125. C	126. D
127. C	128. D	129. C	130. A	131. B	132. D	133. D	134. D	135. A
136. D	137. C	138. D	139. D	140. B	141. A	142. B	143. D	144. B
145. D	146. C	147. C	148. D	149. B	150. A	151. D	152. A	

（二）判断题

1. √	2. √	3. √	4. ×	5. √	6. ×	7. √	8. ×	9. √
10. √	11. √	12. √	13. √	14. √	15. √	16. √	17. √	18. √
19. ×	20. √	21. √	22. ×	23. ×	24. √	25. ×	26. √	27. √
28. √	29. √	30. √	31. √	32. ×	33. ×	34. √	35. ×	36. ×
37. √	38. ×	39. √	40. √	41. √	42. √	43. √	44. √	45. ×
46. √	47. ×	48. √	49. ×	50. ×	51. ×	52. √	53. √	54. √
55. ×	56. √	57. ×	58. √	59. √	60. √	61. √	62. √	63. √
64. ×	65. √	66. √	67. √	68. ×	69. ×	70. √	71. √	72. ×
73. ×	74. ×	75. √						

第三章 汽车发动机构造及检修

第一节　汽车发动机构造

（一）选择题

1．气缸体螺纹损伤的原因可能是（　　）。

A．装配时螺栓没有拧正　　B．异物碰撞

C．工具使用不当　　D．气缸盖过小

2．发动机气缸体上平面翘曲后，应采用（　　）修理。

A．刨削　　B．磨削　　C．冷压校正　　D．加热校正

3．根据《汽车发动机气缸体与气缸盖修理技术条件》（GB 3801—1983）的技术要求，气缸套上端面应不低于气缸体上平面，亦不高出（　　）mm。

A．0.10　　B．0.075　　C．0.05　　D．0.25

4．不属于气缸体裂纹的主要原因的是（　　）。

A．在严寒季节，停车后没有及时放净发动机水道和散热器内的冷却水

B．发动机过热时，突然添加冷水

C．气缸体铸造时残余应力的影响及气缸盖在生产中壁厚过薄，强度不足

D．气缸体螺栓拧紧力矩过大

5．根据《汽车发动机缸体与气缸盖修理技术条件》（GB 3801—1983）的技术要求，气缸体上平面50mm×50mm 测量范围内平面度误差应不大于（　　）mm。

A．0.01　　B．0.04　　C．0.05　　D．0.10

6．发动机镗缸后的气缸圆度和圆柱度误差应小于（　　）mm。

A．0.000 5　　B．0.005　　C．0.05　　D．0.5

7．发动机气缸轴线方向磨损量最大部位是在活塞上止点时（　　）所对应的缸壁。

A．活塞顶　　B．第一道活塞环　　C．活塞销　　D．第二道活塞环

8．发动机气缸沿轴线方向的磨损呈（　　）的特点。

A．上大下小　　B．上小下大　　C．上下相同　　D．中间大

9．发动机气缸沿径向的磨损呈不规则的（　　）。

A．圆形　　B．圆柱形　　C．圆锥形　　D．椭圆形

10．发动机气缸径向磨损量最大的位置一般在进气门（　　），略偏向排气门一侧。

A．侧面　　B．后面　　C．对面　　D．下面

11．在测量发动机气缸磨损程度时，为准确起见，应在不同的位置和方向共测出至少（　　）个值。

A．2　　B．4　　C．6　　D．8

12．当气缸拉缸后，确定了某级修理尺寸，以下相应的零件可不报废的是（　　）。

A．活塞　　B．连杆　　C．活塞销　　D．活塞环

13．EQ6100-1 型发动机气缸有（　　）级修理尺寸。

A．2　　B．4　　C．5　　D．6

14. 桑塔纳2000型轿车AFE发动机装复后，气缸压缩压力的极限值为（　　）MPa，各缸压力差应小于（　　）MPa。

A. 0.70　0.3　　B. 0.75　0.25　　C. 0.75　0.3　　D. 0.70　0.25

15. 对于EQ1092F型汽车，所测各气缸压力差应不大于规定值的（　　）%。

A. 10　　B. 20　　C. 30　　D. 40

16. EQ1092F型汽车，所测气缸压力应不小于规定值的（　　）%。

A. 65　　B. 75　　C. 85　　D. 95

17. 对于具有6个气缸的发动机，（　　）缸磨损最大。

A. 1　　B. 2　　C. 3　　D. 5

18. 目前乘用车的缸盖由（　　）制成。

A. 铜　　B. 铝　　C. 铁　　D. 铸钢

19. 缸盖上最多安装（　　）个气门。

A. 2　　B. 3　　C. 4　　D. 5

20. 铝合金发动机气缸盖的水道容易被腐蚀，轻者可（　　）修复。

A. 堆焊　　B. 镶补

C. 环氧树脂粘补　　D. 堆焊、镶补、环氧树脂粘补均可

21. 属于气缸盖腐蚀的主要原因的是（　　）。

A. 冷却液加注过多　　B. 使用了不符合要求的冷却液

C. 汽车工作条件恶劣　D. 汽车长时间超负荷工作

22. 属于气缸盖损伤原因的是（　　）。

A. 冷却液过多　　B. 异物碰撞

C. 机油压力过高　　D. 机油达不到要求

23. 不属于气缸盖裂纹的主要原因的是（　　）。

A. 车辆在严寒季节，停车后没有及时放净发动机水道和散热器内的冷却水

B. 发动机过热时，突然添加冷水

C. 气缸盖铸造时残余应力的影响及气缸盖在生产中壁厚过薄，强度不足

D. 气缸盖螺栓拧紧力矩过大

24. 根据《汽车发动机缸体与气缸盖修理技术条件》（GB 3801—1983）的技术要求，燃烧室容积不小于原设计（　　）值的95%。

A. 最小尺寸　　B. 最小极限　　C. 最大尺寸　　D. 最大极限

25. 根据《汽车发动机缸体与气缸盖修理技术条件》（GB 3801—1983）的技术要求，气门导管与承孔的配合过盈量一般为（　　）mm。

A. 0.01～0.04　　B. 0.01～0.06　　C. 0.02～0.04　　D. 0.2～0.06

26. 桑塔纳2000型轿车的缸盖平面翘曲不大于（　　）mm。

A. 0.10　　B. 0.15　　C. 0.20　　D. 0.05

27. 活塞环装入气缸后的开口间隙称为活塞环的（　　）。

A. 端隙　　B. 侧隙　　C. 背隙　　D. 环隙

28. 活塞销的内孔形状有（　　）。

A. 圆柱形　　B. 两段截锥形　　C. 桶面形　　D. A、B、C三项都是

29. 同一活塞环上漏光弧长所对应的圆心角总和不超过（　　）。

A. 15°　　B. 25°　　C. 45°　　D. 60°

30. （　　）会导致活塞销产生异响。

A. 活塞销松旷　　B. 活塞磨损过大

C. 气缸磨损过大　　D. 发动机压缩比过大

31. （　　）是活塞销松旷造成异响的特征。

A. 单缸断油时，声音减弱或消失，恢复工作时声音明显或连续两声响声

B. 温度升高，声音减弱或消失

C. 较沉闷连续的“铛铛”金属敲击声

D. 随发动机转速增加，声音加大

32.（ ）不是活塞销松旷造成异响的特征。

A．发出尖脆的嗒嗒声

B．温度升高，声音减弱或消失

C．怠速或低速时较明显

D．单缸断油时，声音减弱或消失，恢复工作时声音明显或连续两声响声

33．活塞环漏光处的缝隙应不大于（ ）mm。

A．0.01　B．0.03　C．0.05　D．0.07

34．活塞行程 S 与曲柄半径 R 的关系是（ ）。

A．S=1/2R　B．S=R　C．S=2R　D．S=4R

35．为抵抗连杆出现拉伸、压缩等变形，将连杆制成“（ ）”字形。

A．一　B．工　C．H　D．L

36．曲柄连杆机构相接触表面的摩擦力大小与（ ）成正比。

A．正压力　B．惯性力　C．气体作用力　D．阻力

37．各作用力作用在曲柄连杆机构上，连杆不受到（ ）力的影响。

A．拉伸　B．压缩　C．弯曲　D．剪切

38．（ ）不是连杆轴承异响的特征。

A．温度升高，声音变化不大　B．随发动机转速增加，声音加大

C．尖脆的“嗒嗒”声　D．发出较大清脆的“铛铛”金属敲击声

39．（ ）是连杆轴承异响的特征。

A．较沉闷连续的“铛铛”金属敲击声　B．较大清脆的“铛铛”金属敲击声

C．尖脆的“嗒嗒”声　D．散乱撞击声

40．检查连杆轴承间隙时，在轴承表面上涂以清洁的机油，将轴承装在连杆轴颈上，按规定拧紧螺母，将连杆放平，以杆身的重量徐徐下垂，用手握住连杆小端，沿（ ）向扳动时应无松旷感。

A．轴　B．径　C．前后　D．水平

41．关于连杆轴承异响，甲认为发出较大清脆的“铛铛”金属敲击声，乙认为随发动机转速增加，声音加大，丙认为发动机温度升高，声音减弱或消失。看法正确的是（ ）。

A．甲和乙　B．乙和丙　C．甲和丙　D．甲、乙、丙

42．连杆轴承应与轴承座及轴承盖密合，凸点完好，轴瓦两端的挤压高度值不小于（ ）mm。

A．0.01　B．0.03　C．0.05　D．0.07

43．进行连杆轴承间隙检查时，用手（ ）向推动连杆，应无间隙感觉。

A．轴　B．径　C．侧　D．前后

44．进行连杆轴承间隙检查时，应摇转曲轴，使被检连杆位于（ ）位置。

A．最低　B．最高　C．中央　D．靠近最低位置

45．曲柄连杆机构的（ ）由活塞、活塞环、活塞销、连杆等机件组成。

A．曲轴箱组　B．活塞连杆组

C．曲轴飞轮组　D．曲轴箱组、活塞连杆组、曲轴飞轮组都不对

46．多缸发动机曲柄连杆机构的形式取决于（ ）。

A．行程数　B．燃料

C．气缸数与气缸的布置形式　D．着火方式

47．全支承式曲轴的主轴颈总数比连杆轴颈数多（ ）个。

A．1　B．2　C．3　D．4

48．曲轴的基本组成不包括（ ）。

A．主轴颈　B．连杆轴颈　C．曲柄　D．轴瓦

49．曲轴与凸轮轴的传动比为（ ）。

A．1∶1　B．2∶1　C．3∶1　D．4∶1

50．凸轮轴正时齿轮的齿数是曲轴正时齿轮齿数的（ ）倍。

A．1　B．2　C．3　D．4

51．曲轴旋转（ ）周，完成 4 个行程。

A．1　B．2　C．3　D．4

52．对于曲轴前端装止推垫片的发动机，曲轴轴向间隙因磨损而增大时，应在保证前止推片为标准厚度的情况下，加厚（　　）止推垫片的厚度，以满足车辆曲轴轴向间隙的要求。

A．前　　B．后　　C．第一道　　D．第二道

53．属于曲轴轴承螺纹损伤的原因的是（　　）。

A．装配时螺栓没有拧正　　B．异物碰撞

C．工具使用不当　　D．螺栓重复使用

54．属于曲轴变形的主要原因的是（　　）。

A．机油压力过高　　B．按规定力矩拧紧螺栓

C．未按规定力矩拧紧螺栓　　D．曲轴轴承磨损

55．不属于曲轴变形的主要原因的是（　　）。

A．曲轴受到冲击　　B．按规定力矩拧紧螺栓

C．未按规定力矩拧紧螺栓　　D．材料缺陷

56．确定发动机曲轴修理尺寸时，除根据测量的圆柱度、圆度进行计算外，还应考虑（　　）对修理尺寸的影响。

A．裂纹　　B．弯曲　　C．连杆　　D．轴瓦

57．根据《汽车发动机曲轴技术条件》（GB 3802—1983）的技术要求，曲轴中各主轴颈的径向圆跳动公差为（　　）mm。

A．0.025　　B．0.05　　C．0.075　　D．0.10

58．正常情况下，用质量为 0.25kg 的锤子沿曲轴轴向轻轻敲击连杆，连杆能沿轴向移动，且连杆大头两端与曲柄的间隙为（　　）mm。

A．0.17～0.35　　B．0.35～0.52　　C．0.52～0.69　　D．0.69～0.86

59．用质量为 0.25kg 的锤子沿曲轴（　　）向轻轻敲击连杆，连杆能沿轴向移动，且连杆大头两端与曲柄的间隙为 0.17～0.35mm。

A．轴　　B．径　　C．侧　　D．前后

60．发动机曲轴裂纹易发生在轴颈与曲柄的连接处及（　　）周围。

A．曲拐　　B．配重　　C．润滑油眼　　D．主油道

61．不属于曲轴产生裂纹的主要原因的是（　　）。

A．材料缺陷　　B．应力集中　　C．制造缺陷　　D．螺栓拧紧力矩过大

62．曲轴飞轮组主要由曲轴、（　　）、附件等组成。

A．齿轮　　B．链轮　　C．带轮　　D．飞轮

63．（　　）的作用是将活塞的直线往复运动转变为曲轴的旋转运动并输出动力。

A．配气机构　　B．曲柄连杆机构　　C．起动系　　D．点火系

64．根据《汽车发动机曲轴技术条件》（GB 3802—1983）的技术要求，飞轮凸缘的径向圆跳动公差为（　　）mm。

A．0.02　　B．0.04　　C．0.06　　D．0.08

65．桑塔纳汽车发动机曲轴轴向间隙是靠第（　　）道主轴承的止推片来保证的。

A．1　　B．2　　C．3　　D．4

66．曲轴位置传感器在发动机工作时，提供活塞到达（　　）一定角度时产生的信号。

A．压缩行程上止点前　　B．压缩行程下止点后

C．进气行程上止点前　　D．进气行程下止点后

67．发动机曲轴轴颈的主要检测项目是（　　）。

A．弯曲变形　　B．圆度误差

C．圆柱度误差　　D．圆度和圆柱度误差

68．捷达汽车发动机新曲轴的轴向间隙为 0.07～0.17mm，磨损极限为（　　）mm。

A．0.10　　B．0.15　　C．0.20　　D．0.25

69．气门的关闭是依靠（　　）来完成的。

A．气门弹簧　　B．摇臂　　C．推杆　　D．挺杆

70．进、排气门均可采用（　　）形状的气门顶部。

A．平面　　B．喇叭　　C．球面　　D．梯形

71．排气门的气门锥角与进气门的气门锥角相比较，一般进气门的气门锥角（　　）。

A．较大　B．相等　C．较小　D．即可大，也可小

72．使用油压挺杆，可使进气门间隙保持为（　　）。

A．0mm　B．0.20mm　C．0.25mm　D．0.30mm

73．使用油压挺杆，可使排气门间隙保持为（　　）。

A．0mm　B．0.20mm　C．0.25mm　D．0.30mm

74．对于 EQ1092F 型汽车，发动机转速为 800r/min、气门间隙为 0.25mm 时，排气门滞后角为（　　）。

A．10.5°　B．20.5°　C．30.5°　D．40.5°

75．对于 EQ1092F 型汽车，发动机转速为 800r/min、气门间隙为 0.25mm 时，进气门提前角为（　　）。

A．20°　B．30°　C．40°　D．50°

76．铰削 EQ6100-1 气门座时，应选用（　　）铰刀铰削 15° 上斜面。

A．45°　B．75°　C．15°　D．25°

77．（　　）的功用是控制各气缸进、排气门的开闭时刻，使之符合发动机工作次序和配气相位的要求，同时控制气门开度的变化规律。

A．推杆　B．凸轮轴　C．正时齿轮　D．气门导管

78．气门座圈承孔的表面粗糙度应小于（　　）μm。

A．1.25　B．1.50　C．1.75　D．2.00

79．气门座圈承孔的圆柱度误差应小于（　　）mm。

A．0.05　B．0.10　C．0.15　D．0.20

80．气门座圈承孔的圆度误差应小于（　　）mm。

A．0.02　B．0.04　C．0.06　D．0.08

81．发动机气门座圈与座圈承孔应为（　　）。

A．过渡配合　B．过盈配合

C．间隙配合　D．过渡配合、过盈配合、间隙配合均可

82．通常排气门的气门间隙是（　　）mm。

A．0.10～0.20　B．0.25～0.30　C．0.30～0.35　D．0.35～0.40

83．气门座圈工作面应低于气缸盖平面（　　）mm。

A．0.5　B．1.0　C．1.5　D．2.0

84．调整发动机气门间隙应在（　　）、气门挺杆落至最终位置后进行。

A．进气门完全关闭　B．排气门完全关闭

C．进、排气门完全关闭　D．进、排气门不需关闭

85．用曲轴转角表示的进、排气门开闭时刻和开启持续时间，称为（　　）。

A．气门重叠角　B．气门锥角　C．配气相位　D．气门迟闭角

86．发动机配气机构可分为气门组和气门传动组，下列零部件中（　　）不属于气门组。

A．气门弹簧　B．气门导管　C．气门挺柱　D．气门锁环

87．（　　）的功用是支撑和关闭气门，并使气门关闭紧密，防止气门跳动导致气缸漏气。

A．气门座　B．气门导管　C．气门弹簧　D．推杆

88．（　　）的功用是将凸轮轴的推力传给推杆。

A．挺柱　B．气门　C．摇臂　D．正时齿轮

89．属于凸轮轴轴承螺纹损伤的原因是（　　）。

A．装配时螺栓没有拧正　B．异物碰撞

C．工具使用不当　D．螺栓重复使用

90．不属于凸轮轴变形的主要原因的是（　　）。

A．曲轴受到冲击　B．按规定力矩拧紧螺栓

C．未按规定力矩拧紧螺栓　D．材料缺陷

91．发动机凸轮轴轴颈磨损后，主要产生（　　）误差。

A．圆度　B．圆柱度　C．圆跳动　D．圆度和圆柱度

92．发动机凸轮轴变形的主要形式是（　　）。

A．弯曲　B．扭曲　C．弯曲和扭曲　D．圆度误差

93. （　　）的功用是将从凸轮轴经过挺柱传来的推力传给摇臂。

A. 推杆　　B. 凸轮轴　　C. 正时齿轮　　D. 气门导管

94. 四行程发动机凸轮轴正时齿轮齿数是曲轴正时齿轮的（　　）倍。

A. 1　　B. 2　　C. 3　　D. 4

95. （　　）不是正时齿轮异响的原因。

A. 正时齿轮间隙过小　　B. 正时齿轮间隙过大

C. 正时齿轮磨损　　D. 正时齿轮断齿

96. （　　）是正时齿轮异响的特征。

A. 发动机转速升高，声音随之变小　　B. 声音与发动机温度有关

C. 发动机转速升高，声音随之加大　　D. 清脆的“嗒嗒”声

97. （　　）不是正时齿轮异响的特征。

A. 间隙小，发出“嗡嗡”声，间隙大，发出散乱撞击声

B. 发动机转速升高，声音随之加大

C. 声音与发动机温度无关

D. 发动机转速升高，声音随之变小

98. 关于发动机正时齿轮异响，甲认为间隙小时发出“嗡嗡”声，间隙大时发出散乱撞击声；乙认为发动机转速升高时声音随之加大；丙认为声音与发动机温度有关。看法正确的是（　　）。

A. 甲和乙　　B. 乙和丙　　C. 甲和丙　　D. 甲、乙、丙均不是

99. 将发动机凸轮轴支于平台的 V 形铁上，用（　　）检测凸轮轴的弯度程度。

A. 直尺和塞尺　　B. 高度尺　　C. 百分表　　D. 游标卡尺

100. 汽油机燃料供给系统根据发动机不同（　　）的要求，配置可燃混合气。

A. 工况　　B. 转速　　C. 油耗　　D. 温度

101. 可燃混合气的浓度可用（　　）来表示。

A. 燃油质量　　B. 过量空气系数　　C. 压缩比　　D. 喷油时间

102. 最佳的空燃比为（　　）。

A. 10∶1　　B. 12∶1　　C. 14.7∶1　　D. 16∶1

103. 电动汽油泵采用（　　）结构。

A. 齿轮式　　B. 叶片式　　C. 柱塞式　　D. 膜片式

104. 直接判定电动汽油泵好坏的依据是（　　）。

A. 压力　　B. 供油量　　C. 电压　　D. 温度

105. 决定电动汽油泵供油量的是（　　）。

A. 发动机转速　　B. 发动机工况　　C. 电能　　D. 车速

106. （　　）组件装在汽油油箱里来阻止大的污染物质进入电动燃油泵。

A. 汽油滤清器　　B. 柴油滤清器　　C. 空气滤清器　　D. 滤网

107. 汽油滤清器的滤芯形式没有（　　）。

A. 纸质滤芯　　B. 金属片缝隙式　　C. 多孔陶瓷　　D. 铝合金

108. 陶瓷滤芯不具备的特征是（　　）。

A. 结构简单　　B. 节省金属　　C. 滤清效能高　　D. 使用寿命长

109. 提供（　　）来检测燃油泵的好坏。

A. 压力　　B. 加速性能　　C. 电压　　D. 电流

110. 打开点火开关，如果不起动发动机，燃油泵继电器（　　）。

A. 不工作　　B. 一直工作　　C. 工作 1～2 秒　　D. 间隙性工作

111. 燃油泵继电器受（　　）控制。

A. 蓄电池　　B. 点火开关　　C. ECU　　D. 保险丝

112. 拔掉燃油压力调节器上的真空管，燃油压力会（　　）。

A. 上升　　B. 不变　　C. 下降　　D. 上下波动

113. 急加速时，燃油压力会（　　）。

A. 上升　　B. 不变　　C. 下降　　D. 上下波动

114. 燃油系统压力过高，说明燃油压力调节器（　　）。

A．泄漏　B．卡死　C．导通　D．堵塞

115．喷油器有（　　）孔。

A．单　B．双　C．多　D．A、B、C 三项都可以

116．断缸实验时，应该（　　）。

A．拔掉喷油器保险丝　B．拔掉燃油泵保险丝

C．拔掉喷油器插头　D．拔掉高压线或点火线圈

117．断缸实验时，如果拔掉高压线或点火线圈，会引起（　　）损坏。

A．活塞　B．气门　C．缸体　D．三元催化器

118．怠速控制装置有（　　）。

A．步进马达式　B．旋转式

C．电子控制节流阀　D．A、B、C 三项都是

119．怠速控制装置损坏，不会引起（　　）。

A．熄火　B．爆燃　C．车辆抖动　D．转速波动

120．安装怠速马达的车辆，在怠速时，节气门处于（　　）。

A．关闭　B．全开　C．微开　D．部分打开

121．当汽车油箱内燃油量多时，负温度系统的热敏电阻元件温度（　　），电阻值（　　）。

A．低　大　B．低　小　C．高　大　D．高　小

122．当汽车油箱内燃油量少时，负温度系统的热敏电阻元件温度（　　），电阻值（　　）。

A．低　大　B．低　小　C．高　大　D．高　小

123．当汽车油箱内燃油量少时，负温度系统的热敏电阻元件电阻值（　　），电流值（　　）。

A．大　大　B．小　大　C．大　小　D．小　小

124．当汽车油箱内燃油量少时，负温度系统的热敏电阻元件电阻值（　　），警告灯（　　）。

A．大　亮　B．小　亮　C．大　不亮　D．小　不亮

125．一般来说，电动燃油泵的工作电压是（　　）V。

A．5　B．12　C．24　D．42

126．汽油泵盖和泵体接合面的不平度不应大于（　　）mm。

A．0.10　B．0.15　C．0.12　D．0.20

127．安装汽油泵时，泵壳体与缸体间的衬垫厚度要（　　）。

A．加厚　B．减小

C．适当　D．加厚、减小、适当均可

128．检测电控发动机燃油泵工作电压时，蓄电池电压、燃油泵熔丝、燃油泵继电器和（　　）均应正常。

A．燃油滤清器　B．点火线圈电压　C．燃油泵　D．发电机电压

129．检测电控发动机燃油泵工作电压时，蓄电池电压、燃油泵熔丝、（　　）和燃油滤清器均应正常。

A．点火线圈电压　B．燃油泵继电器

C．燃油泵　D．发电机电压

130．电控燃油喷射系统保持压力下降较快，应检查燃油泵上的（　　）和燃油系统的密封性。

A．燃油滤清器　B．止回阀　C．喷油器　D．真空管

131．燃油泵供油量在有汽油滤清器的情况下应为（　　）mL。

A．400～700　B．700～1 000　C．1 000～1 300　D．1 300～1 600

132．汽油泵的摇臂行程磨损不应超过（　　）mm。

A．0.10　B．0.20　C．0.30　D．0.40

133．怠速运行时，燃油压力可能是（　　）MPa。

A．0.25　B．0.50　C．0.70　D．0.90

134．桑塔纳 2000GL 型轿车的 AFE 发动机，在怠速状态下，取下真空管软管，燃油压力应为（　　）kPa。

A．200±20　B．250±20　C．300±20　D．400±20

135．（　　）用于减小燃油压力波动。

A．油泵　B．喷油器　C．油压调节器　D．油压缓冲器

136. （　　）用于调节燃油压力。
A. 油泵　B. 喷油器　C. 油压调节器　D. 油压缓冲器
137. 轴针式电磁喷油器所用的密封圈是（　　）形密封圈。
A. Y　B. V　C. O　D. 唇
138. 低阻抗喷油器的电阻值为（　　）Ω。
A. 2～3　B. 5～10　C. 12～15　D. 50～100
139. （　　）用于将燃油喷入进气道中。
A. 油泵　B. 喷油器　C. 油压调节器　D. 油压缓冲器
140. 喷油器滴漏会导致发动机（　　）。
A. 不能起动　B. 不易起动　C. 怠速不稳　D. 加速不良
141. 对于四缸发动机而言，有一个喷油器堵塞会导致发动机（　　）。
A. 不能起动　B. 不易起动　C. 怠速不稳　D. 减速不良
142. 喷油器每循环喷出的燃油量基本上决定于（　　）时间。
A. 开启持续　B. 开启开始　C. 关闭持续　D. 关闭开始
143. 喷油器开启持续时间由（　　）控制。
A. 电控单元　B. 点火开关
C. 曲轴位置传感器　D. 凸轮轴位置传感器
144. 化油器发动机油路产生气阻将导致发动机（　　）。
A. 运行不稳　B. 不能起动　C. 爆燃　D. 冒黑烟
145. 发动机电控单元控制喷油器的（　　）。
A. 电源　B. 搭铁　C. 电阻　D. 电感
146. 通常将空燃比为（　　）的混合气称为标准混合气。
A. 5　B. 10　C. 15　D. 20
147. 如果热线式空气流量计的热线沾污，不会导致（　　）。
A. 不易起动　B. 加速不良　C. 怠速不稳　D. 飞车
148. 节气门体过脏会导致（　　）。
A. 不易起动　B. 怠速不稳　C. 加速不良　D. 减速熄火
149. 开关式怠速控制阀控制线路断路会导致（　　）。
A. 不能起动　B. 怠速过高　C. 怠速不稳　D. 减速不良
150. 节气门位置传感器断路会导致（　　）。
A. 不易起动　B. 加速不良　C. 减速熄火　D. 飞车
151. 用来检测进气压力的传感器是（　　）传感器。
A. 进气温度　B. 进气压力　C. 曲轴位置　D. 机体温度
152. 超声波式卡尔曼涡旋式空气流量计的输出信号是（　　）。
A. 连续信号　B. 数字信号　C. 模拟信号　D. 固定信号
153. （　　）不是电控燃油喷射系统中空气供给系统的组成构件。
A. 进气管　B. 空气滤清器　C. 怠速旁通阀　D. 进气压力传感器
154. 安装在进气歧管上的喷油器在（　　）喷油。
A. 进气行程　B. 压缩行程　C. 做功行程　D. 排气行程
155. 翼片式空气流量计的输出信号是（　　）。
A. 脉冲信号　B. 数字信号　C. 模拟信号　D. 固定信号
156. 目前汽车电控系统中广泛应用的进气歧管压力传感器是（　　）。
A. 膜盒传动式可变电感式　B. 表面弹性波式
C. 电容式　D. A、B、C 三项都不是
157. 如果翼片式空气流量计的翼片卡滞，会导致（　　）。
A. 油耗过高　B. 油耗过低
C. 发动机爆燃　D. 发动机加速迟缓
158. 进气温度传感器安装在（　　）。
A. 进气道上　B. 排气管上　C. 水道上　D. 油底壳上

159. 怠速控制阀关闭不严会导致发动机（　　）。

A. 不能起动　　B. 不易起动　　C. 怠速不稳　　D. 加速不良

160. 选项不属于可燃混合气供给和排出装置的是（　　）。

A. 进气歧管　　B. 排气歧管　　C. 排气消声器　　D. 机油滤清器

161. 温度传感器中，用作进气温度传感器的是（　　）温度传感器。

A. 绕线电阻式　　B. 热敏电阻式　　C. 扩散电阻式　　D. 半导体管式

162. （　　）空气流量传感器可分为主流量方式和旁通流量方式两种。

A. 翼板式　　B. 热线式　　C. 热膜式　　D. 卡门涡旋式

163. 热线式空气流量计的输出信号是（　　）。

A. 脉冲信号　　B. 数字信号　　C. 模拟信号　　D. 固定信号

164. （　　）用于检测发动机运转时吸入的进气量。

A. 空气流量计　　B. 节气门位置传感器

C. 进气温度传感器　　D. 发动机转速传感器

165. 排气消声器属于（　　）。

A. 点火系统　　B. 冷却系统　　C. 起动系统　　D. 供给系统

166. 进气温度传感器失效会引起（　　）。

A. 不易起动　　B. 怠速不稳　　C. 进气温度过高　　D. 进气温度过低

167. 属于混合气过浓引发的故障的是（　　）。

A. 发动机油耗高　　B. 发动机怠速不稳

C. 发动机加速不良　　D. 发动机减速不良

168. 怠速工况下，为保证发动机稳定工作，应供给（　　）的混合气。

A. 多而浓　　B. 少而浓　　C. 多而稀　　D. 少而稀

169. 氧化钛型氧传感器的半导体材料二氧化钛的阻值大小取决于（　　）。

A. 周围环境的氧浓度　　B. 周围环境的二氧化碳浓度

C. 周围环境温度的高低　　D. 周围环境气压的高低

170. 氧传感器检测发动机排气中氧的含量，向 ECU 输入空燃比反馈信号，进行喷油量的（　　）。

A. 开环控制　　B. 闭环控制　　C. 控制　　D. 开环或闭环控制

171. （　　）属于发动机的空气供给装置。

A. 汽油箱　　B. 汽油泵　　C. 空气滤清器　　D. 化油器

172. 热膜式空气流量传感器的发热体是（　　）。

A. 热线　　B. 冷线　　C. 热膜　　D. 卷簧

173. （　　）用于检测节气门的开启角度。

A. 空气流量计　　B. 节气门位置传感器

C. 进气温度传感器　　D. 发动机转速传感器

174. 润滑油在循环过程中流过零件工作表面，可以（　　）零件的温度。

A. 提高　　B. 降低　　C. 保持　　D. 稳定

175. 润滑系统的润滑油起着润滑、冷却、（　　）的作用。

A. 清洗　　B. 密封　　C. 防锈　　D. A、B、C 三项都是

176. （　　）不是润滑油的作用。

A. 防锈　　B. 抗冻　　C. 密封　　D. 清洁

177. 机油泵采用（　　）形式。

A. 柱塞泵　　B. 叶片泵　　C. 齿轮泵　　D. 电动泵

178. 发动机转速在 2000r/min 时，机油压力不得低于（　　）bar。

A. 1　　B. 2　　C. 3　　D. 4

179. 机油没有压力时，机油压力开关在弹簧力的作用下（　　），警告灯亮。

A. 接通触点，导通开关　　B. 切断触点，导通开关

C. 接通触点，断开开关　　D. 切断触点，断开开关

180. 说法正确的选项是（　　）。

A. 全流式机油滤清器串联于机油泵和主油道之间，能滤清进入主油道的全部润滑油

B．分流式机油滤清器串联于机油泵和主油道之间，能滤清进入主油道的全部润滑油
C．全流式机油滤清器并联于主油道，能滤清进入主油道的全部润滑油
D．分流式机油滤清器并联于主油道，能滤清进入主油道的全部润滑油

181．采用双机油滤清器的车辆，其机油滤清器一个是粗滤，一个是细滤。粗滤可以滤除机油中直径在（　　）mm 以上的杂质。
A．0.001　　B．0.005　　C．0.01　　D．0.05

182．采用褶纸滤芯的机油滤清器有质量轻、体积小、滤清效果好、（　　）等优点。
A．结构简单　　B．阻力小　　C．成本低　　D．A、B、C 三项都是

183．发动机冷起动时润滑油黏度大，流动性差，润滑油的压力会（　　）。
A．大幅升高　　B．降低　　C．不变　　D．不确定

184．机油泵设计要求（　　）。
A．低速压力低，高速压力高　　B．低速压力较高，高速压力低
C．低速压力低，高速压力低　　D．低速压力较高，高速压力高

185．限压阀安装在机油泵上，如果机油压力达到规定值，限压阀开启，多余机油（　　）。
A．流回油底壳　　B．流回机油滤清器
C．流回机油泵进口　　D．分流到缸盖

186．AJR 发动机机油泵安装在发动机的（　　）。
A．前端　　B．后端　　C．侧面　　D．下面

187．CA1091 发动机机油泵安装在发动机的（　　）。
A．前端　　B．后端　　C．侧面　　D．上方

188．（　　）的作用是建立足够的机油压力。
A．机油泵　　B．机油滤清器　　C．限压阀　　D．机油压力感应塞

189．发动机机油泵通常用外啮合齿轮泵，其主要由齿轮、轴承、泵盖、（　　）等组成。
A．叶片　　B．柱塞　　C．油管　　D．传动轴

190．国家标准规定润滑脂的稠度为（　　）个等级。
A．7　　B．8　　C．9　　D．10

191．利用机油的黏性，使机油附着在运动零件表面，以提高零件的密封效果，这是机油的（　　）作用。
A．润滑　　B．冷却　　C．密封　　D．清洁

192．在发动机润滑系统中，并联于润滑系统内，并能滤出润滑油中微小杂质的是（　　）。
A．机油集滤器　　B．机油细滤器　　C．机油粗滤器　　D．机油散热器

193．机油压力过低警告灯报警开关安装在（　　）上。
A．润滑油主油道　　B．发动机曲轴箱　　C．气门室罩盖　　D．节气门体

194．对于 EQ1092F 型汽车，发动机处于（　　）时，机油压力应不小于 0.3 MPa。
A．怠速　　B．中速　　C．加速　　D．减速

195．对于 EQ1092F 型汽车，发动机处于怠速时，机油压力应不小于（　　）MPa。
A．0.1　　B．0.2　　C．0.3　　D．0.4

196．对于 EQ1092F 型汽车，发动机处于（　　）时，机油压力应不小于 0.1 MPa。
A．怠速　　B．中速　　C．加速　　D．减速

197．当发动机机油压力正常时，机油压力过低警告灯报警开关触点（　　），警告灯（　　）。
A．分开　不亮　　B．分开　亮　　C．闭合　不亮　　D．闭合　亮

198．当发动机机油压力低于某一值时，机油压力过低警告灯报警开关触点（　　），警告灯（　　）。
A．分开　不亮　　B．分开　亮　　C．闭合　不亮　　D．闭合　亮

199．当机油压力低于（　　）MPa 时，机油压力过低警告灯报警开关触点闭合，警告灯亮。
A．0.03～0.15　　B．0.15～0.30　　C．0.30～0.45　　D．0.45～0.60

200．发动机润滑系统中用来储存润滑油的装置是（　　）。
A．集滤器　　B．滤清器　　C．油底壳　　D．机油泵

201．水冷却系统中应加入（　　）。
A．自来水　　B．开水
C．一定浓度配比的冷却液　　D．冷却油

202．冷车起动后，冷却液通过（　　）加快升温。
A．小循环　B．大循环　C．不循环　D．大小循环
203．冷却系统不但可以冷却水温，还可以冷却（　　）。
A．驻车制动油　B．转向助力油　C．自动变速器　D．空调制冷剂
204．（　　）式水泵被广泛采用。
A．轴流式　B．离心式　C．转子式　D．齿轮式
205．水泵通过叶轮旋转在（　　）作用下将冷却液循环。
A．摩擦力　B．离心力　C．惯性力　D．阻力
206．水泵的转速一般为曲轴的（　　）倍。
A．1　B．1.2～1.6　C．2　D．3
207．在测试节温器时，下列不正确的是（　　）。
A．发动机达到正常工作温度后，用手触摸散热器上部的软管
B．感觉一下加热器芯子有无空气散出
C．拆下节温器，将其放入热水中进行测试
D．发动机运转时，观察散热器内冷却液的运动情况
208．在检验节温器时，把节温器放入有规定温度的水的热水容器中，以下哪个参数不是检查节温器技术状况所必需的？（　　）
A．节温器阀门开始开启时的水温　B．节温器阀门完全开启时的水温
C．节温器阀门完全开启所需要的时间　D．节温器阀门的最大开启行程
209．发动机冷却系统中的节温器损坏，将会导致发动机（　　）。
A．燃料消耗变少　B．燃料消耗变多
C．温度过低或过高　D．无影响
210．纵流式散热器冷却液的流经方向为（　　）。
A．上进下出　B．下进上出　C．左进右出　D．右进左出
211．现代乘用车大多采用（　　）散热器。
A．铜制　B．铝制　C．锌制　D．铁制
212．散热器盖内的压力阀可以（　　）冷却液沸点。
A．保持　B．降低　C．提高　D．平衡
213．（　　）的功用是使转动中的发动机保持在最适宜的工作温度范围。
A．润滑系统　B．冷却系统　C．燃料供给系统　D．传动系统
214．水泵的动力源自（　　）。
A．曲轴　B．凸轮轴　C．平衡轴　D．传动轴
215．水泵在泵轴处设有（　　），其作用是确定水封是否漏水和排出水泵漏出的水。
A．溢水孔　B．传感器　C．加油孔　D．检测孔
216．曲轴通过（　　）使水泵的叶轮旋转。
A．齿条　B．齿轮　C．链轮　D．皮带轮
217．汽车发动机大多数使用（　　）水泵。
A．齿轮式　B．柱塞式
C．机械离心式　D．齿轮式、柱塞式、机械离心式均不对
218．蜡式节温器的工作起始温度是（　　）℃。
A．35　B．65　C．85　D．105
219．（　　）的开启与关闭形成了发动机冷却系统的大小循环。
A．节温器　B．散热器盖　C．放水塞　D．水温开关
220．蜡式节温器中使阀门开闭的部件是（　　）。
A．弹簧　B．石蜡感应体　C．支架　D．壳体
221．当冷却水温高于（　　）℃时，节温器主阀门全开，副阀门全关，冷却水全部流经散热器进行大循环，使发动机保持正常工作温度。
A．36　B．56　C．66　D．86
222．风冷却系统为了更有效地利用空气流，加强冷却，一般都装有（　　）。

A．导流罩　　B．散热片　　C．分流板　　D．鼓风机

223．（　　）的作用是密封冷却液以免泄漏，同时将冷却液与水泵轴承隔离，以保护轴承。

A．水封　　B．叶轮　　C．泵轴　　D．轴承

224．发动机冷却系统的组成部件中，能将冷却水携带的热量散入大气，以保证发动机的正常工作温度的是（　　）。

A．节温器　　B．散热器　　C．水泵　　D．水套

225．发动机水温过高警告灯报警开关安装在（　　）上。

A．水道　　B．发动机曲轴箱　　C．气门室罩盖　　D．节气门体

226．汽车冷却系统中提高冷却液沸点的装置是（　　）。

A．散热器盖　　B．水泵　　C．水套　　D．发动机

227．加注发动机冷却水，最好选择（　　）。

A．井水　　B．泉水　　C．雨雪水　　D．矿泉水

228．（　　）会导致发动机温度过高。

A．发动机散热风扇转速过高　　B．发动机散热风扇转速过低

C．发动机冷却系统始终处于大循环　　D．发动机负荷过小

229．关于发动机温度过高的主要原因，甲认为就是点火提前角过大或过小造成的；乙认为可能是风扇V带过松造成的；丙认为可能是节温器损坏造成的。认为正确的是（　　）。

A．甲和丙　　B．乙和丙　　C．甲和乙　　D．甲、乙、丙均是

230．关于发动机温度过高的主要原因，说法正确的是（　　）。

A．空气滤清器滤芯堵塞，进气管道堵塞　　B．发动机气门间隙过大

C．汽油滤芯堵塞，油管堵塞　　D．点火提前角过大或过小

231．（　　）不是发动机温度过高的主要原因。

A．节温器损坏　　B．冷却液过多

C．点火提前角过大或过小　　D．风扇V带过松

232．冷却水温升高到（　　）时，水温过高警告灯报警开关的双金属片变形，触点闭合，警告灯亮。

A．25℃～35℃　　B．45℃～55℃　　C．65℃～75℃　　D．95℃～105℃

233．冷却水温升高到95℃～105℃时，水温过高警告灯报警开关的双金属片变形触点（　　），警告灯（　　）。

A．分开　不亮　　B．分开　亮　　C．闭合　不亮　　D．闭合　亮

234．冷却水温正常时，水温过高警告灯报警开关的双金属片几乎不变形，触点（　　），警告灯（　　）。

A．分开　不亮　　B．分开　亮　　C．闭合　不亮　　D．闭合　亮

235．水温传感器线路断路，会导致（　　）。

A．不易起动　　B．加速不良　　C．怠速不稳　　D．飞车

236．如果水温传感器失效，会导致（　　）。

A．不易起动　　B．怠速不稳　　C．进气温度过高　　D．进气温度过低

237．冷却液温度传感器的输出信号是（　　）。

A．脉冲信号　　B．数字信号　　C．模拟信号　　D．固定信号

238．硅油风扇离合器以（　　）为介质来传递扭矩。

A．硅油　　B．汽油　　C．煤油　　D．柴油

239．当气流温度超过（　　）℃时，风扇离合器处于啮合状态。

A．25　　B．45　　C．65　　D．85

240．吹向感温器的气流温度低于（　　）℃时，风扇离合器又恢复到分离状态。

A．15　　B．25　　C．35　　D．45

241．关于硅油风扇离合器检测，甲说："起动发动机，使其在冷状态下以中速运转1～2min，以便使工作腔内的硅油返回储油室。"乙说："在发动机停转之后，用手应能较轻松地拨动风扇叶片。"以上说法（　　）。

A．甲正确　　B．乙正确　　C．甲、乙都正确　　D．甲、乙都不正确

242．关于硅油风扇离合器检测，甲说："起动发动机，使发动机温度接近90℃～95℃时，仔细听发动机风扇处的响声应明显增大。"乙说："发动机温度接近90℃～95℃时，用手拨动风扇叶片，感觉较费力

为正常。”以上说法（ ）。

A．甲正确 B．乙正确 C．甲、乙都正确 D．甲、乙都不正确

243．冷状态检查硅油风扇离合器时，起动发动机，使其在冷状态下以中速运转（ ）min，用手应能较轻松地拨动风扇叶片。

A．1～2 B．2～3 C．3～4 D．4～5

244．热状态检查时，起动发动机，发动机温度接近（ ）℃时，用手拨动风扇叶片，感觉较费力为正常。

A．60℃～65℃ B．70℃～75℃ C．80℃～85℃ D．90℃～95℃

245．发动机冷却系统的组成部件中，用来改变冷却水的循环路线及流量的是（ ）。

A．节温器 B．散热器 C．水泵 D．风扇

246．蜡式节温器安装在（ ）。

A．水道里 B．进气管里 C．排气管里 D．燃油道里

247．（ ）的工作是强制使发动机冷却水循环。

A．水泵 B．风扇 C．节温器 D．水温感应器

248．柴油燃料供给的低压油路包括油箱、输油泵、柴油滤清器和（ ）等。

A．低压油管 B．喷油泵 C．喷油器 D．调速器

249．柴油燃料供给的高压油路包括喷油泵、（ ）和高压油管等。

A．喷油器 B．输油泵 C．油箱 D．柴油滤清器

250．柴油机燃料供给系统有许多功用，其中不包括（ ）。

A．储存燃料，对燃料进行过滤和输送

B．根据负荷变化调节供油量，稳定柴油机转速

C．将相应的燃油定时、定量以一定的压力及喷油质量喷入燃烧室

D．根据发动机不同工况的要求，配制一定数量和浓度的可燃混合气

251．A型喷油泵的油量调节机构采用的形式是（ ）。

A．拨叉式 B．齿条齿圈式 C．曲柄指销式 D．涡轮式

252．柱塞式喷油泵一般由柱塞偶件、（ ）组成。

A．油量调节机构 B．驱动机构

D．泵体 D．A、B、C三项都是

253．Ⅰ号喷油泵的油量调节机构采用的形式是（ ）。

A．拨叉式 B．齿条齿圈式 C．曲柄指销式 D．涡轮式

254．机械输油泵的活塞与泵体、手油泵的活塞与泵体等偶件，都是经过选配和研磨而达到高精度配合的，故（ ）。

A．不能互换 B．可互换 C．活塞可互换 D．泵体可互换

255．活塞式输油泵输油量的大小取决于活塞行程，它的活塞行程取决于（ ）。

A．喷油泵凸轮轴偏心轮 B．喷油泵凸轮轴凸轮

C．配气机构中的凸轮轴偏心轮 D．喷油泵凸轮轴转速

256．输油泵的工作性能主要是保证输油压力和输油量，一般要求输油压力为（ ）kPa。

A．49～196 B．59～196 C．69～196 D．79～196

257．长型孔式喷油器适用于（ ）的柴油机。

A．热负荷较低 B．功率高 C．功率低 D．热负荷较高

258．喷油器喷油后允许（ ）。

A．滴油 B．油液聚滴 C．漏油 D．微量潮湿

259．同台柴油机各喷油器的喷射压力差不应超过（ ）kPa。

A．14.5 B．24.5 C．34.5 D．44.5

260．机械离心式调速器按其调节作用范围的不同，可分为（ ）调速器与全速式调速器。

A．单速式 B．两速式 C．三速式 D．多速式

261．离心式调速器的组成部件，归纳起来可分为（ ）。

A．传动机构 B．定位机构 C．调整机构 D．A、B、C三项都是

262．两速式调速器只控制柴油机的（ ）。

A．最低转速　B．最高转速　C．最低及最高转速　D．中速

263．通常使用的柴油滤清器有单级和（　　）滤清器两种。

A．多级　B．粗、细两级　C．单联　D．双联

264．（　　）组件装在柴油油箱里来阻止大气污染物质进入电动燃油泵。

A．燃油滤清器　B．柴油滤清器　C．空气滤清器　D．滤网

265．四行程柴油机在工作时，混合气体是（　　）的。

A．点燃　B．压燃　C．点燃、压燃均可　D．A、B、C 选项均不是

266．四行程柴油机工作时，柴油在（　　）时进入气缸。

A．进气行程　B．接近压缩行程终了

C．接近做功行程终了　D．排气行程

267．（　　）属于压燃式发动机。

A．汽油机　B．煤气机

C．柴油机　D．汽油机、煤气机、柴油机均不

268．柴油机燃烧室按结构形式可分为（　　）燃烧室和统一式燃烧室。

A．球形式　B．分开式　C．U 形式　D．W 形式

269．改善喷油器喷雾质量可降低柴油机排放污染物中（　　）的含量。

A．碳烟　B．水　C．二氧化硫　D．氮

270．（　　）可导致柴油机排放污染物中碳烟浓度过大。

A．喷油器喷雾质量过差　B．高压油管压力过小

C．喷油泵泵油压力过小　D．低压油管压力过小

271．柴油机喷油器密封性实验中，应以每秒（　　）次的速度均匀地掀动手油泵柄，直到开始喷油。

A．1　B．2　C．3　D．4

272．柴油机喷油器的（　　）实验中，应以每秒 3 次的速度均匀地掀动手油泵柄，直到开始喷油。

A．倾斜性　B．压力　C．密封性　D．防漏

273．调整喷油泵各缸的供油时间，应以第一缸为基准，根据喷油泵的（　　）调整其余各缸。

A．喷油顺序　B．间隔角

C．喷油顺序和间隔角　D．点火顺序和间隔角

274．1995 年 7 月 10 日后定型柴油汽车烟度值排放应小于（　　）FSN。

A．5.0　B．4.5　C．4.0　D．3.5

275．柴油汽车废气排放检测的是（　　）。

A．CO　B．HC　C．CO 和 HC　D．烟度值

276．检测排放时，取样探头插入排气管的深度不小于（　　）mm，否则排气管应加接。

A．200　B．250　C．300　D．350

277．柴油汽车废气检测时，发动机首先应（　　），以保证检测的准确性。

A．调整怠速　B．调整点火正时　C．预热　D．加热

278．用溢流法检测柴油机喷油提前角需在（　　）上进行。

A．喷油器试验器　B．喷油泵试验台

C．台架　D．喷油泵试验台或台架

279．YC6105QC 型柴油机各缸喷油间隔角误差为（　　）。

A．$\pm 0.5^\circ$　B．0.5°　C．$\pm 0.6^\circ$　D．0.6°

280．YC6105QC 型柴油机所用的 CKBL68S001 型喷油器的喷油压力应为（　　）MPa。

A．20.0 ± 5　B．23.0 ± 5　C．25.0 ± 5　D．26.0 ± 5

（二）判断题

1．（　　）为了使气缸套与缸体之间密封，不论是干式还是湿式气缸套，在压入气缸体以后都应使气缸套顶面与气缸体上平面平齐。

2．（　　）干式气缸套的外表面可以与冷却水接触。

3．（　　）发动机气缸体纵向变形的特点是呈两端低、中间高的弧形。

4．（　　）气缸体工作时受热不均匀会导致气缸体变形。

5．（　　）发动机缸壁间隙过小会导致连杆弯曲和拉伤缸壁。

6．（　）在测量发动机气缸体孔径时，必须在每个缸上、中、下 3 个位置进行测量，其中下端位置是指活塞在下止点时第一道环所对的缸壁位置。

7．（　）对于发动机气缸盖翘曲，不可用敲击法校正。

8．（　）装配时气缸盖螺栓扭紧力不均匀会导致气缸盖翘曲变形。

9．（　）气缸盖主要变形的形式是扭曲。

10．（　）发动机缸盖裂纹发生在受力较大或温度较高的部位，可用焊补法修复。

11．（　）气门座圈承孔的圆度误差应小于 0.06mm。

12．（　）一般进气门锥角为 45°，排气门锥角为 30°。

13．（　）气门座圈承孔的表面粗糙度应小于 1.25μm。

14．（　）气门工作面磨损的检修主要是在气门光磨机上进行。

15．（　）活塞裙部膨胀槽一般开在受侧压力大的一面。

16．（　）同一活塞环上漏光弧长所对应的圆心角总和不超过 30°。

17．（　）活塞环端面应平整，装入环槽内应能转动灵活，不卡滞。

18．（　）随发动机转速增加声音加大是活塞销松旷造成的异响的特征。

19．（　）发动机活塞在上止点时，第一道活塞环所对应的缸壁位置磨损量最大。

20．（　）怠速或低速响声较明显是活塞销松旷造成异响的特征之一。

21．（　）连杆轴颈与轴承的配合间隙应符合汽车修理厂规定。

22．（　）连杆轴承应与轴承座及轴承盖密合，凸点应完好，轴瓦两端的挤压高度值应不小于 0.03mm。

23．（　）连杆轴承异响为尖脆的嗒嗒声。

24．（　）较大清脆的“铛铛”金属敲击声是连杆轴承异响的特征之一。

25．（　）进行连杆轴承间隙的调整时，如间隙超过极限时，则应更换连杆轴承。

26．（　）无论有无平衡块，曲轴和飞轮都必须经过静平衡试验。

27．（　）检查发动机曲轴轴向间隙时，应先将曲轴用撬棒撬至一端，再用塞尺测量第 4 道曲柄与止推轴承之间的间隙。

28．（　）曲轴的修理尺寸共计分为 13 个级别，常用的是前 8 个级别。

29．（　）用质量为 0.25kg 的锤子沿曲轴轴向轻轻敲击连杆，连杆应能沿轴向移动，且连杆大头两端与曲柄的间隙为 0.17～0.35mm。

30．（　）桑塔纳汽车发动机曲轴轴向间隙是靠第 3 道主轴承的止推片来保证的。

31．（　）发动机曲轴弯曲校正一般可采用压床热压校正，这种方法可省去时效处理。

32．（　）曲轴轴颈擦伤是由于润滑油不清洁或发动机内残存有金属屑等坚硬杂物造成的。

33．（　）发动机曲轴轴向间隙过大，会使轴瓦的冲击负荷增大，导致轴瓦损坏。

34．（　）气门座圈与气门座承孔之间一般采用过渡配合。

35．（　）气门组主要包括凸轮轴、正时齿轮、挺柱、推杆、摇臂和摇臂轴等。

36．（　）摇臂用来将推杆传来的力改变方向，作用到气门杆端以推开气门。

37．（　）气门座圈承孔的圆度误差应小于 0.06mm。

38．（　）气门座圈承孔的表面粗糙度应小于 1.25μm。

39．（　）将气门放入相配的气门座中，用汽油或煤油浇在气门顶面上，观察其有无渗漏现象，如无渗漏，表明密封性良好。

40．（　）一般进气门锥角为 45°，排气门锥角为 30°。

41．（　）为了减少凸轮轴的变形，发动机凸轮轴采用全浮式方式。

42．（　）以凸轮轴转角表示的进排气门开闭时刻和开启持续时间称为配气相位。

43．（　）采用液力挺柱的配气机构不需要预留气门间隙。

44．（　）配气机构按凸轮轴的布置形式可分为凸轮轴下置式、凸轮轴中置式和凸轮轴上置式。

45．（　）凸轮轴轴颈擦伤可能是由于润滑油不清洁造成的。

46．（　）凸轮轴轴颈表面的烧伤可能是由于轴颈与轴承之间间隙过小等原因造成的。

47．（　）校正后的发动机凸轮轴弯曲度应不大于 0.03mm。

48．（　）现代汽车汽油发动机采用电动汽油泵。

49．（　）现代乘用车发动机多采用不可拆式纸质汽油滤清器。

50．（　）电动燃油泵不工作说明燃油泵损坏。

51. （　　）燃油系统压力由燃油泵决定。
52. （　　）混合气浓度由喷油器决定。
53. （　　）为确保安装牢固，在安装爆燃传感器时，应在爆燃传感器与气缸体之间垫上衬垫。
54. （　　）燃油压力的大小与发动机负荷没有任何关系。
55. （　　）电控发动机燃油泵工作电压应该用模拟式万用表检测。
56. （　　）汽油滤清器堵塞不会引起发动机怠速不稳。
57. （　　）为确保安全，燃油表传感器的电阻末端绝对不要搭铁。
58. （　　）轴针式电磁喷油器所用密封圈是 V 形密封圈。
59. （　　）喷油器开启持续时间由点火开关控制。
60. （　　）汽油滤清器堵塞会使供油不足。
61. （　　）汽油滤清器堵塞会导致发动机功率不足。
62. （　　）汽油滤清器滤网过脏，阻力增大，会阻碍化油器进油。
63. （　　）油管堵塞不会引起发动机怠速不稳。
64. （　　）当汽车油箱内燃油量多时，负温度系统的热敏电阻元件温度低，电阻值大。
65. （　　）当汽车油箱内燃油量少时，负温度系统的热敏电阻元件电阻值小，警告灯亮。
66. （　　）喷油器的工作电压有 5V 和 12V 两种。
67. （　　）进行电控燃油喷射发动机燃油压力检测时，应关闭点火开关，将油压表接在供油管和分配管之间。
68. （　　）电动燃油泵只安装在油箱内。
69. （　　）高阻抗喷油器的阻值为 0.8～1.5Ω。
70. （　　）电控发动机在怠速运转时，油压表指示的系统压力应为（500±20）kPa。
71. （　　）汽油泵的进出油阀无方向要求。
72. （　　）混合气过浓会导致发动机油耗过高。
73. （　　）过量空气系数 $\alpha>1$ 时，称为稀混合气。
74. （　　）当节气门开大到全开位置的 80%～85%时，发动机进入大负荷工况。
75. （　　）节气门位置传感器安装在节气门体上。
76. （　　）对于 EQ1092F 型汽车，发动机转速为 800r/min、气门间隙为 0.25mm 时，排气门提前角为 18.5°。
77. （　　）对于 EQ1092F 型汽车，发动机转速为 2 000r/min 时，曲轴箱窜气应不大于 70L/min。
78. （　　）对于 EQ1092F 型汽车，发动机处于怠速运转，转速为 500～600r/min 时，真空度波动值应不大于 5kPa。
79. （　　）对于 EQ1092F 型汽车，发动机处于怠速运转，转速为 500～600r/min 时，真空度应为 50～70kPa。
80. （　　）翼片式空气流量传感器通常安装在电动机上。
81. （　　）节气门位置传感器用于检测发动机的节气门开度。
82. （　　）根据工作原理不同，空气流量传感器可分为翼片式、热线式及热膜式几种。
83. （　　）混合气过浓会导致发动机油耗过高。
84. （　　）空燃比小于 15 的混合气称为浓混合气。
85. （　　）汽油供给装置包括空气滤清器、汽油滤清器、汽油箱、汽油泵、输油管等。
86. （　　）压力调节器是电控发动机空气供给系统的组成部分。
87. （　　）四行程汽油机可燃混合气需要点燃。
88. （　　）节气门位置传感器有线性输入和开关量输入两种形式。
89. （　　）空气滤清器堵塞会导致发动机功率不足。
90. （　　）对于 EQ1092F 型汽车，气缸漏气量检验仪指示的气压值应不大于 0.25MPa。
91. （　　）排气管冒黑烟的原因主要是喷油压力不足。
92. （　　）检测空气流量计的输出信号应采用发光二极管。
93. （　　）发动机润滑油的正常工作温度范围是 70℃～90℃。
94. （　　）发动机润滑系统的功能是润滑。
95. （　　）按滤清方式不同，润滑系统机油滤清器可分为过滤式和离心式两种。

96. （ ）机油散热器的作用是保持油温在 40℃～60℃的正常工作温度。
97. （ ）对于 EQ1092F 型汽车，发动机处于中速时，机油压力应不小于 0.3 MPa。
98. （ ）对于 EQ1092F 型汽车，发动机处于怠速时，机油压力应不小于 0.1MPa。
99. （ ）粗滤器并联于润滑系统内，用以滤去润滑油中颗粒较大的杂质。
100. （ ）冷却系统的作用就是冷却高温部件，并保持合适温度。
101. （ ）水泵叶轮与水泵轴一般做成一体。
102. （ ）节温器主阀门开启过迟，就会引起发动机过热；主阀门开启过早，则发动机预热时间延长，会使发动机温度过低。
103. （ ）散热器实际上是热交换器。
104. （ ）硅油风扇离合器中的硅油主要用来润滑离合器。
105. （ ）电磁风扇离合器根据发动机的温度自动控制风扇转速。
106. （ ）节温器安装在发动机气缸盖出水管或水泵进水管内。
107. （ ）汽车发动机大多数使用电动式水泵。
108. （ ）冷却系统的功用是使发动机温度最低。
109. （ ）当发动机达到一定水温时，蜡式节温器主阀门开始打开，部分冷却液开始进行大循环。
110. （ ）冷却水温正常时，水温过高警告灯报警开关的双金属片几乎不变形，触点分开，警告灯不亮。
111. （ ）冷却液温度传感器安装在水道上。
112. （ ）任何水都可以直接作为冷却水加注在汽车散热器内。
113. （ ）蜡式节温器在橡胶管和感应体之间的空间里装有石蜡。
114. （ ）当发动机温度下降，吹向硅油风扇离合器感温器的气流温度低于 35℃时，阀片关闭进油口，硅油不能再进入工作室。
115. （ ）当气流温度超过 65℃时，硅油风扇离合器从动板上的进油口打开，硅油进入工作室。
116. （ ）如果溢水孔被堵死，泄漏的冷却液就会进入水泵轴承内，会导致轴承损坏。
117. （ ）如果硅油风扇离合器漏油，风扇转速会降低，引起发动机过热。
118. （ ）柴油机燃料供给系统由喷油泵和喷油器两部分组成。
119. （ ）Ⅱ号喷油泵的油量调节机构采用的是齿条齿圈式调节机构
120. （ ）活塞式输油泵主要由机械油泵总成和手动油泵总成组成。
121. （ ）为了防止细小杂质堵塞喷孔，在喷油器高压油管接头中装有孔式滤芯。
122. （ ）全速式调速器能在柴油机的整个工作转速范围内稳定住转速。
123. （ ）YC6105QC 型柴油机采用的二级柴油滤清器是由两个结构基本相同的滤清器串联而成的。
124. （ ）柴油机工作时，柴油与空气在油管混合。
125. （ ）柴油机的空气供给装置用来提供可燃混合气。
126. （ ）将柴油机喷油泵供油自动提前角向右旋转，可以减小供油提前角。
127. （ ）用烟度计检查柴油汽车时，要检查柴油内是否加有消烟剂，如果没有，应加上。
128. （ ）柴油机喷油器试验器用油应为沉淀后的“0”号轻柴油。
129. （ ）进行柴油机喷油器密封试验时，喷油器不允许有微量的滴油现象。
130. （ ）“W”型燃烧室属于统一式燃烧室。
131. （ ）分开式燃烧室由主燃烧室和副燃烧室组成。

参考答案：

（一）选择题

1. A	2. B	3. A	4. D	5. C	6. B	7. B	8. A	9. D
10. C	11. C	12. B	13. B	14. C	15. A	16. C	17. A	18. B
19. D	20. C	21. B	22. C	23. D	24. B	25. D	26. C	27. A
28. D	29. C	30. A	31. A	32. B	33. B	34. C	35. B	36. A
37. D	38. C	39. B	40. A	41. A	42. B	43. B	44. A	45. B

46. C　47. A　48. D　49. B　50. B　51. B　52. B　53. B　54. C
55. B　56. C　57. B　58. B　59. A　60. A　61. A　62. D　63. B
64. D　65. B　66. A　67. D　68. A　69. D　70. D　71. A　72. A
73. A　74. A　75. A　76. B　77. C　78. B　79. B　80. A　81. A
82. B　83. B　84. C　85. C　86. C　87. C　88. C　89. A　90. B
91. A　92. B　93. A　94. B　95. A　96. D　97. D　98. A　99. C
100. A　101. B　102. C　103. B　104. A　105. B　106. D　107. D　108. A
109. A　110. D　111. B　112. C　113. C　114. D　115. D　116. D　117. D
118. C　119. D　120. D　121. D　122. A　123. D　124. A　125. B　126. B
127. B　128. A　129. C　130. B　131. B　132. B　133. B　134. B　135. D
136. C　137. C　138. C　139. B　140. A　141. B　142. A　143. A　144. A
145. A　146. C　147. B　148. C　149. C　150. B　151. B　152. B　153. C
154. B　155. C　156. A　157. D　158. A　159. A　160. A　161. B　162. D
163. C　164. A　165. D　166. B　167. A　168. B　169. A　170. B　171. C
172. C　173. B　174. B　175. D　176. B　177. C　178. B　179. A　180. A
181. A　182. A　183. A　184. D　185. A　186. D　187. C　188. A　189. A
190. A　191. D　192. C　193. A　194. B　195. A　196. B　197. A　198. D
199. A　200. C　201. C　202. A　203. D　204. B　205. B　206. B　207. B
208. B　209. C　210. B　211. C　212. A　213. B　214. A　215. B　216. D
217. C　218. C　219. A　220. B　221. D　222. B　223. A　224. B　225. A
226. A　227. A　228. A　229. B　230. D　231. B　232. D　233. B　234. A
235. A　236. A　237. C　238. A　239. C　240. A　241. C　242. C　243. A
244. C　245. A　246. A　247. A　248. A　249. A　250. D　251. B　252. D
253. A　254. A　255. A　256. A　257. D　258. D　259. B　260. B　261. D
262. B　263. B　264. D　265. B　266. B　267. C　268. B　269. A　270. A
271. C　272. C　273. C　274. D　275. D　276. C　277. C　278. C　279. C
280. B

（二）判断题

1. ×　2. ×　3. ×　4. √　5. √　6. ×　7. √　8. √　9. ×
10. √　11. ×　12. ×　13. √　14. √　15. ×　16. ×　17. √　18. ×
19. √　20. √　21. ×　22. √　23. ×　24. √　25. √　26. ×　27. ×
28. √　29. √　30. √　31. ×　32. √　33. √　34. ×　35. ×　36. √
37. ×　38. √　39. √　40. ×　41. ×　42. ×　43. √　44. √　45. √
46. √　47. √　48. √　49. √　50. ×　51. ×　52. ×　53. ×　54. ×
55. ×　56. ×　57. ×　58. ×　59. ×　60. √　61. √　62. √　63. ×
64. √　65. √　66. ×　67. √　68. ×　69. ×　70. ×　71. ×　72. √
73. √　74. √　75. √　76. ×　77. √　78. √　79. √　80. ×　81. √
82. √　83. √　84. √　85. ×　86. ×　87. √　88. ×　89. √　90. √
91. √　92. ×　93. √　94. ×　95. √　96. ×　97. √　98. √　99. ×
100. √　101. √　102. √　103. √　104. √　105. √　106. √　107. ×　108. ×
109. √　110. √　111. √　112. ×　113. √　114. √　115. √　116. √　117. √
118. ×　119. ×　120. ×　121. ×　122. √　123. √　124. ×　125. ×　126. ×
127. ×　128. √　129. √　130. √　131. √

第二节　汽车发动机检修

（一）选择题

1. 拆装发动机火花塞应用（　　）。

A．火花塞套筒　B．套筒　C．开口扳手　D．梅花扳手

2．汽车大修后，其发动机的功率不得小于原车功率的（　　）。

A．90%　B．80%　C．70%　D．60%

3．活塞开口间隙过小时，会导致活塞环（　　）。

A．对口　B．折断　C．泵油　D．变形

4．发动机曲轴轴颈的主要检测项目是（　　）。

A．弯曲变形　B．圆度误差　C．圆柱度误差　D．圆度和圆柱度误差

5．发动机曲轴各轴颈的圆度和圆柱度误差一般用（　　）来进行测量。

A．游标卡尺　B．百分表　C．外径分厘卡　D．内径分厘卡

6．将发动机凸轮轴支于平台上的“V”型铁上，用（　　）检测凸轮轴的弯曲程度。

A．直尺和塞尺　B．高度尺　C．百分表　D．游标卡尺

7．用（　　）检测发动机凸轮轴凸轮的轮廓变化，进而判断凸轮的磨损情况。

A．游标卡尺　B．百分表　C．外径分厘卡　D．标准样板

8．发动机凸轮轴变形的主要形式是（　　）。

A．弯曲　B．扭曲　C．弯曲和扭曲　D．圆度误差

9．采用液压挺柱后，发动机配气机构气门传动组的冲击和噪声减小或消除了，其主要原因是在此结构中没有了（　　）。

A．推杆　B．摇臂　C．气门间隙　D．气门弹簧

10．发动机飞轮齿圈一侧磨损，（　　）。

A．应换新件　B．可继续使用　C．换向后，可继续使用　D．应焊修

11．EQ6100-1 型发动机气缸有（　　）级修理尺寸。

A．2　B．4　C．5　D．6

12．若要调整发动机气门间隙，应在（　　），并且气门挺柱落至最终位置时进行。

A．进气门完全关闭　B．排气门完全关闭

C．进、排气门完全关闭　D．进、排气门不需关闭

13．发动机气门座圈与座圈承孔应为（　　）。

A．过渡配合　B．过盈配合　C．间隙配合　D．A、B、C 三项均可

14．在安装发动机新凸轮轴油封时，应先涂一层（　　）。

A．密封胶　B．机油　C．凡士林　D．齿轮油

15．汽油泵组合式进出油阀如有胶质可（　　）。

A．翻面使用　B．磨平修复

C．用酒精或丙酮清洗　D．用汽油清洗

16．（　　）在汽车制冷系统中冷却吸热、冷凝放热起着极其重要的作用。

A．制冷剂　B．冷凝剂　C．化学试剂　D．冷却液

17．使用汽车空调时，（　　）影响制冷效果。

A．乘客过多　B．汽车快速行驶　C．大负荷　D．门窗关闭不严

18．检查汽车空调压缩机性能时，应使发动机转速达到（　　）r/min。

A．1000　B．1500　C．1600　D．2000

19．安装桑塔纳 2000 GLS 型轿车 JV 型发动机曲轴主轴 3 号轴承止推环时，其开口应向（　　）。

A．前方　B．后方　C．轴瓦　D．随意方向

20．桑塔纳 2000 GLS 型轿车 JV 型发动机曲轴轴承盖螺栓的扭紧力矩为（　　）N·m。

A．55　B．60　C．65　D．70

21．紧固发动机曲轴轴承盖的顺序是从（　　）轴承向两端分几次拧紧。

A．第一道　B．中间　C．第二道　D．最后一道

22．桑塔纳 2000 GLS 型轿车 JV 型发动机主轴承瓦第（　　）号瓦上、下均有油槽。

A．1　B．2　C．4　D．5

23．桑塔纳 2000 GLS 型轿车 JV 型发动机活塞环开口应错开（　　）。

A．90°　B．120°　C．150°　D．180°

24．桑塔纳 2000 GLS 型轿车 JV 型发动机的 M9×1 连杆螺栓的拧紧力矩为（　　）N·m。

A. 40　B. 30　C. 45　D. 35

25. 安装发动机气缸盖时，应使活塞避开（　　）位置。

A. 上止点　B. 下止点　C. 下行　D. 上行

26. 发动机气缸垫带有 OPEN TOP 标记的一面应朝向（　　）。

A. 气缸盖　B. 气缸盖前方　C. 气缸体　D. 气缸体前方

27. 桑塔纳 2000 GLS 型轿车 JV 型发动机气缸盖螺栓应按次序分 4 次拧紧，第二次的拧紧力矩为（　　）N・m。

A. 40　B. 50　C. 60　D. 70

28. 桑塔纳 2000 GLI 型轿车发动机排气歧管衬垫翻边的一侧（　　）。

A. 朝向排气歧管　B. 朝向气缸盖　C. 背向气缸盖　D. 朝向气缸体

29. 检查水泵"V"型带张紧度时，用大拇指压下"V"型带时的最大挠度为（　　）mm。

A. 5　B. 10　C. 15　D. 20

30. 大修后的发动机冷磨合时间不得少于（　　）h。

A. 1　B. 2　C. 2. 5　D. 3

31. 新修的发动机首先应进行（　　）磨合。

A. 热　B. 有负荷　C. 冷　D. 无负荷

32. 新修发动机的最大功率不得低于原设计标定值的（　　）%。

A. 85　B. 90　C. 95　D. 97

33. 在发动机的 4 个工作行程中，只有（　　）行程是有效行程。

A. 进气　B. 压缩　C. 做功　D. 排气

34. 排量一定时，短行程发动机具有（　　）的结构特点。

A. 缸径较大　B. 缸径较小

C. 活塞较小　D. 缸径较大、缸径较小、活塞较小均不对

35. 四行程汽油机和柴油机具有相同的（　　）。

A. 混合气形成方式　B. 压缩比　C. 着火方式　D. 工作行程

36. 对于 EQ1092F 型汽车，发动机处于怠速运转转速为（　　）r/min 时，真空度应为 50～70 kPa。

A. 300～400　B. 400～500　C. 500～600　D. 600～700

37. 对于 EQ1092F 型汽车，发动机处于怠速运转转速为（　　）r/min 时，真空度波动值应不大于 5kPa。

A. 300～400　B. 400～500　C. 500～600　D. 600～700

38. 对于 EQ1092F 型汽车，发动机功率应不小于（　　）的 80%。

A. 规定值　B. 最大值　C. 最小值　D. 额定值

39. （　　）是用来打开或封闭气道的。

A. 气门　B. 气门导管　C. 气门座　D. 气门弹簧

40. 发动机变形将导致其与轴承孔轴线的（　　）变化。

A. 平行度　B. 垂直度　C. 同轴度　D. 对称度

41. 进行汽车二级维护前检查发动机，转速为 1200r/min 时，发动机单缸断火转速下降应不小于（　　）r/min。

A. 30　B. 50　C. 70　D. 90

42. （　　）是燃料燃烧过程中实际供给的空气质量与理论上完全燃烧时所需的空气质量之比。

A. 空燃比

B. 可燃混合气

C. 过量空气系数

D. 空燃比、可燃混合气、过量空气系数都不对

43. 汽油车检测排放时，发动机应处于（　　）状态。

A. 中速　B. 低速　C. 怠速　D. 加速

44. 在检测排放前，应调整好汽油发动机的（　　）。

A. 怠速　B. 点火正时　C. 供油量　D. 怠速和点火正时

45. 发动机在发动前不应（　　）。

A. 检查油底壳　B. 检查冷却液

C．换挡开关在空挡位置　　D．放开驻车驻车制动器

46．关于发动机功率不足的原因，甲说是气门配气相位失准，乙说是气门密封不严。以上说法（　　）。

A．甲正确　　B．乙正确　　C．甲、乙都正确　　D．甲、乙都不正确

47．关于发动机功率不足的原因，甲说是燃油管道有阻塞或燃油有水分，乙说是汽油泵有故障。以上说法（　　）。

A．甲正确　　B．乙正确　　C．甲、乙都正确　　D．甲、乙都不正确

48．关于发动机功率不足的原因，甲说是点火正时不正确，乙说是高压火弱。以上说法（　　）。

A．甲正确　　B．乙正确　　C．甲、乙都正确　　D．甲、乙都不正确

49．关于发动机功率不足的原因，甲说是火花塞间隙不符合标准，乙说是分电器分火头损坏。以上说法（　　）。

A．甲正确　　B．乙正确　　C．甲、乙都正确　　D．甲、乙都不正确

50．关于发动机缺火，甲说发动机分电器失效可导致发动机缺火；乙说发动机点火器损坏可导致发动机缺火。以上说法（　　）。

A．甲正确　　B．乙正确　　C．甲、乙都正确　　D．甲、乙都不正确

51．汽油发动机起动困难的现象之一是（　　）。

A．有着火征兆　　B．无着火征兆　　C．不能起动　　D．顺利起动

52．发动机起动困难，大多发生在（　　）。

A．起动系统　　B．点火系统

C．燃料系统　　D．起动系统、点火系统、燃料系统

53．热车起动困难的主要原因是（　　）。

A．供油不足　　B．火花塞有故障　　C．点火过早　　D．混合气过浓

54．起动发动机时无着火征兆，油路故障是（　　）。

A．混合气浓　　B．混合气稀　　C．不来油　　D．来油不畅

55．汽油发动机起动困难的原因是（　　）。

A．混合气过浓或过稀　　B．点火不正时

C．低压电路短路　　D．低压电路断路

56．汽油发动机不能起动，检查电路，打开开关，电流表指示 3～5A 而不做间歇摆动，则可能是因为（　　）。

A．分电器各插头接触不实　　B．高压电路故障

C．高压导线故障　　D．点火线圈断路

57．汽油发动机不能起动的原因是（　　）。

A．低压电路断路　　B．供油不足　　C．混合气过稀　　D．混合气过浓

58．（　　）会导致发动机回火。

A．混合气过稀　　B．混合气过浓

C．点火电压过高　　D．点火电压过低

59．不是发动机回火的原因的是（　　）。

A．汽油滤清器堵塞或汽油中有水，或发生气阻

B．汽油泵滤网过脏或滤杯漏气

C．汽油泵进、出油阀贴合不严

D．汽油泵泵油量过大

60．不是发动机回火的原因的是（　　）。

A．汽油泵与气缸体间衬垫过厚　　B．汽油泵摇臂和凸轮轴凸轮靠得过近或过远

C．进气歧管衬垫损坏　　D．排气歧管衬垫损坏

61．关于爆燃的原因，甲说是燃油辛烷值过低；乙说是发动机温度过高。以上的说法（　　）。

A．甲正确　　B．乙正确

C．甲、乙都正确　　D．甲、乙都不正确

62．关于爆燃的原因，甲说是点火提前角过大；乙说是燃烧室积炭过多。以上说法（　　）。

A．甲正确　　B．乙正确

C．甲、乙都正确　　D．甲、乙都不正确

63. 关于爆燃的原因，甲说是空燃比不正确；乙说是发动机温度过高。以上说法（　　）。
A. 甲正确　　B. 乙正确
C. 甲、乙都正确　　D. 甲、乙都不正确

64. 关于避免爆燃的措施，甲说是降低进气温度；乙说是提前点火时刻。以上说法（　　）。
A. 甲正确　　B. 乙正确
C. 甲、乙都正确　　D. 甲、乙都不正确

65. 压缩比是（　　）。
A. 气缸总容积与燃烧室容积之比　　B. 气缸总容积与气缸工作容积之比
C. 气缸工作容积与燃烧室容积之比　　D. 气缸总容积与气缸排量之比

66. 气缸总容积与燃烧室容积的（　　）称为压缩比。
A. 和　　B. 差值　　C. 乘积　　D. 比值

67. 活塞在发动机气缸中的（　　）位置称为上止点。
A. 最高　　B. 最低　　C. 中央　　D. 水平

68. 上、下两止点间的距离称为（　　）。
A. 活塞行程　　B. 压缩比　　C. 发动机工作容积　　D. 气缸总容积

69. 发动机通常是由（　　）和五大系统组成的。
A. 两大机构　　B. 三大机构　　C. 四大机构　　D. 五大机构

70. 对于两行程发动机，气缸完成一个工作循环活塞，需往复运动（　　）个行程。
A. 1　　B. 2　　C. 3　　D. 4

71. 对于活塞往复式四行程发动机，完成一个工作循环曲轴转动（　　）圈。
A. 1/2　　B. 1　　C. 2　　D. 3

72. 东风 EQ1090 汽车发动机选配活塞时，同一组活塞重量差应不大于（　　）。
A. 8g　　B. 6g　　C. 10g　　D. 12g

73. 活塞修理尺寸应标记在（　　）。
A. 活塞顶部　　B. 活塞底部　　C. 活塞裙部　　D. 连杆上

74. 在常温下，汽油发动机要求活塞销与销座承孔有（　　）mm 的微量过盈。
A. 0.25～0.75　　B. 0.025～0.075　　C. 0.0025～0.0075　　D. 0.00025～0.00075

75. 连杆在工作时，由于受到复杂的（　　）载荷作用，所以会弯曲和扭曲。
A. 交变　　B. 单向　　C. 附加　　D. 双向

76. 校正连杆时，通常（　　）。
A. 先校正扭曲，后校正弯曲　　B. 先校正弯曲，后校正扭曲
C. 只校正扭曲　　D. 只校正弯曲

77. 对汽车的主要零件及有关安全零部件，如曲轴、连杆、凸轮轴、前桥等，要进行（　　）检查。
A. 平衡　　B. 探伤　　C. 气压试验　　D. 尺寸

78. 热装合法是将活塞置入（　　）中，加热至 80℃～90℃，而后取出擦干再装合。
A. 水　　B. 汽油　　C. 柴油　　D. 煤油

79. 装配后的活塞连杆总成，在同一台发动机内，质量差不得超过（　　）g。
A. 10　　B. 20　　C. 30　　D. 40

80. 加热活塞，安装活塞销，当活塞冷却后，测量活塞裙部的椭圆变形，其变形量不得超过（　　）mm。
A. 0.01　　B. 0.02　　C. 0.03　　D. 0.04

81. 曲轴轴颈的径向磨损呈（　　）。
A. 圆形　　B. 椭圆形　　C. 锥形　　D. 橄榄形

82. 曲轴扭曲变形将（　　）。
A. 加剧活塞连杆磨损　　B. 加剧气缸的磨损
C. 使曲轴疲劳断裂　　D. 影响配气正时和点火正时

83. 曲轴轴颈的磨削顺序是（　　）。
A. 先磨连杆轴颈　　B. 先磨主轴颈
C. 从前向后依次磨削各轴颈　　D. 连杆轴颈和主轴颈同时磨削

84．磨削修复曲轴时每一级为（　　）mm。
A．0.35　　B．0.25　　C．0.15　　D．0.40
85．采用修理尺寸法维修曲轴时（　　）。
A．先磨削曲轴，后矫正曲轴弯曲
B．先磨削主轴颈，后矫正曲轴弯曲
C．先矫正曲轴弯曲，后磨削曲轴
D．先矫正曲轴弯曲，后磨削主轴颈
86．发动机气缸修理尺寸的级差为（　　）。
A．0.01mm　　B．0.05mm　　C．0.10mm　　D．0.25mm
87．气缸磨损的特点是轴向呈（　　）。
A．椭圆形　　B．上大下小的锥体　　C．圆柱形　　D．上小下大的锥体
88．气缸磨损的特点是径向呈（　　）。
A．椭圆形　　B．上大下小的锥体　　C．圆柱形　　D．上小下大的锥体
89．在保证磨缸质量的前提下，磨削余量（　　）。
A．越大越好　　B．越小越好　　C．标准　　D．视情况而定
90．发动机是否需要大修的主要标志是（　　）。
A．气缸的圆度误差
B．气缸体的平面度误差
C．气缸轴线与气缸体的垂直度误差
D．凸轮轴轴线与曲轴轴线的平行度误差
91．气缸圆度误差的数值是被测表面同一截面内（　　）。
A．最大与最小直径之差
B．最大与最小直径之差的二分之一
C．最大与最小直径之和
D．最大与最小直径之和的二分之一
92．气缸盖修复后，应对（　　）加以测量和调整，以防压缩比变化。
A．气缸垫
B．气门座的密封性
C．气缸盖的平面度
D．燃烧室容积
93．检验气缸体或气缸盖变形可用直尺放在平面上，再用（　　）测量直尺与平面间的间隙。
A．高度尺　　B．游标卡尺　　C．千分尺　　D．厚薄规
94．气缸盖下平面全长平面度误差不大于（　　）mm。
A．0.10　　B．0.15　　C．0.20　　D．0.25
95．大部分缸盖的裂纹损伤可采用（　　）修复。
A．粘结法　　B．焊接法　　C．螺钉填补法　　D．烧结法
96．局部预热加压，并结合（　　）修整平面是气缸盖修理方法之一。
A．砂轮机　　B．砂纸　　C．锉刀　　D．铲刮法
97．气缸盖变形经过铣削后易出现（　　）的现象。
A．点火正时出现偏差
B．气门碰活塞
C．各燃烧室容积不等
D．气缸漏气
98．凸轮轴上的凸轮磨损后，气门的升程会（　　）。
A．减小
B．增大
C．不变
D．A、B、C 选项都有可能
99．气门弹簧的自由长度一般缩短不得超过（　　）mm。
A．1　　B．3　　C．5　　D．7
100．气门弹簧的弹力不得超过原规定的（　　）。
A．1/2　　B．1/4　　C．1/5　　D．1/10
101．若气门与气门座的接触位置偏上部，应该用（　　）铰刀修正。
A．75°　　B．45°　　C．30°　　D．15°
102．若气门与气门座的接触位置偏下部，应该用（　　）铰刀修正。
A．75°　　B．45°　　C．30°　　D．15°
103．精铰应该用（　　）铰刀修正。
A．75°　　B．45°　　C．30°　　D．15°
104．燃油泵进口处的燃油滤网被污染，正确的做法是（　　）。
A．清洁燃油箱及燃油滤网，然后对燃油系统进一步检查
B．把燃油泵进口处清理干净，再装上燃油泵就可以继续使用

C．更换油泵，旧滤网可以继续使用
D．必须更换全新喷油器

105．哪个因素不会引起汽油发动机燃油喷射系统运行时燃油压力过低？（　　）
A．燃油泵油管连接松动　　B．燃油泵压力调节器出故障
C．燃油泵止回阀泄漏　　D．燃油泵入口有堵塞

106．汽油泵控制电路故障包括（　　）？
A．EFI 主继电器故障　　B．汽油泵继电器故障
C．空气流量传感器汽油泵开关接触不良　　D．A、B、C 选项都是

107．发动机机油泵的齿轮啮合间隙应不大于（　　）。
A．0.01mm　　B．0.35mm　　C．0.10mm　　D．0.50mm

108．发动机冷车机油压力正常，温度正常后，机油压力低的原因是（　　）。
A．机油泵泵油量　　B．缺少机油　　C．机油黏温性不好　　D．管道漏

109．发动机大修后，怠速运转时，机油压力一般不低于（　　）。
A．20kPa　　B．50kPa　　C．3kPa　　D．200～400kPa

110．为了使试验条件接近实际工作条件，机油泵在试验时应加入一定比例的（　　）。
A．煤油　　B．汽油　　C．柴油　　D．水

111．发动机达到正常工作温度，如果怠速和高速发动机机油压力过低，则应在限压阀弹簧一端（　　）垫片。
A．减少　　B．增加　　C．不变　　D．更换

112．发动机达到正常工作温度，如果怠速和高速发动机机油压力过高，则应在限压阀弹簧一端（　　）垫片。
A．减少　　B．增加　　C．不变　　D．更换

113．水泵依靠（　　）来驱动。
A．皮带　　B．法兰　　C．齿轮　　D．联轴器

114．水泵吸入侧因被物体堵住，叶轮周围（　　）会引起气泡“气蚀”，叶轮呈虫蛀状。
A．涡流　　B．正压　　C．负压　　D．逆流

115．用百分表测量叶轮端面的面振动，面振动限度是（　　）mm。
A．0.1　　B．0.3　　C．0.5　　D．0.7

116．如果出现（　　），不需要对水泵进行修理。
A．冷却水不循环　　B．水泵漏水　　C．有异响　　D．水温过低

117．水泵采用（　　）作为密封材料。
A．橡胶　　B．玻璃纤维　　C．石墨　　D．陶瓷

118．水泵多采用（　　）。
A．涡轮旋转式　　B．泵轮旋转式　　C．直流旋转式　　D．平流旋转式

119．节温器若位置装倒，冷却系将会（　　）。
A．正常工作　　B．过热　　C．过冷　　D．时冷时热

120．一般良好的节温器应在 76℃时开始开启，（　　）℃时完全开启。
A．86　　B．96　　C．100　　D．106

121．冷却系节温器阀门开启温度过高，会使发动机（　　）。
A．温度过高　　B．温度过低　　C．温度正常　　D．温度波动

122．火花塞电极间隙应用（　　）测量。
A．千分尺　　B．百分表　　C．圆形量规　　D．厚薄规

123．白金火花塞的电极间隙是（　　）mm。
A．0.7～0.8　　B．0.8～0.9　　C．1.0～1.1　　D．1.1～1.2

124．铱火花塞的电极间隙是（　　）mm。
A．0.7～0.8　　B．0.8～0.9　　C．1.0～1.1　　D．1.1～1.2

125．在（　　）转速下，最佳点火提前角随发动机负荷的增加而减小。
A．增大　　B．同一　　C．减小　　D．波动

126．发动机点火过迟表现为（　　）。

A. 发动机温度升高　　B. 碳氢化合物超标
C. 一氧化碳超标　　D. 爆燃

127. 发动机点火过早表现为（　　）。
A. 加速不灵敏　　B. 排气管发闷　　C. 回火　　D. 放炮

128. 定电压充电时，蓄电池与充电机（　　）连接，且充电过程中电压应保持恒定。
A. 串联　　B. 串联或并联
C. 并联　　D. A、B、C 三项都不是

129. 如果蓄电池的电解液不足，应添加（　　）。
A. 矿泉水　　B. 蒸馏水　　C. 自来水　　D. 开水

130. 当电解液的比重低于（　　）时，需要充电。
A. 1.12　　B. 1.20　　C. 1.24　　D. 1.28

131. 检验喷油器时，不允许出现滴油和（　　）现象。
A. 渗漏　　B. 堵塞　　C. 雾化不良　　D. 不能雾化

132. 柴油机的喷油器在进行试验时，通过（　　）观察压力自 20MPa 下降至 18MPa 的时间应不少于 5～8s。
A. 试验器压力表　　B. 机油压力表
C. 真空表　　D. 水温表

133. 喷油器密封实验用的油为（　　）柴油。
A. −20 号　　B. −10 号　　C. 0 号　　D. 10 号。

134. 喷油器的密封针阀关闭不严，会产生燃油（　　）现象。
A. 滴漏　　B. 不畅　　C. 回流　　D. 阻塞

135. 喷油器偶件中，（　　）最易磨损。
A. 顶杆　　B. 针阀　　C. 调压螺钉　　D. 调压弹簧

136. 符合喷油器喷雾质量要求的是（　　）。
A. 喷射的油雾束应细小均匀，无肉眼看得出的油滴飞溅现象
B. 对多孔式喷油器，各孔应各自形成雾化良好的油雾束
C. 对轴针式喷油器，初期若喷出一小股雾化不十分好的雾束，接着喷出雾化良好的伞形雾束，是正常的
D. A、B、C 三项都是

137. 在高压泵试验台上可用（　　）法检验供油时刻。
A. 溢流　　B. 加压　　C. 加温　　D. 油路旁通

138. 在调整喷油泵供油时刻时，将调整螺钉拧出，可使供油提前角（　　）。
A. 减小　　B. 增大　　C. 不变　　D. 都有可能

139. 喷油泵的调速器主要试验项目是（　　）和怠速时起作用的转速。
A. 急加速　　B. 中速　　C. 高速　　D. 中高速

140. 喷油泵中出油阀偶件磨损会使喷油时间（　　）。
A. 滞后　　B. 提前　　C. 不变　　D. 不能确定

141. 喷油泵供油量可以通过改变柱塞的（　　）来调节。
A. 柱塞直径　　B. 长度　　C. 顶部形状　　D. 有效行程

（二）判断题

1. （　　）对于任何一台发动机不能缺少点火系统、起动系统等部分。
2. （　　）对于 EQ1092F 型汽车，发动机处于怠速运转转速为 500～600r/min 时，真空度波动值应不大于 5kPa。
3. （　　）按点火方式不同发动机可分为点燃式和压燃式两种。
4. （　　）进行汽车二级维护前，检查发动机的转速为 1200r/min 时，单缸发动机断火转速下降应不小于 90r/min。
5. （　　）因压缩比越高，功率越大，故压缩比越高越好。
6. （　　）汽车大修后，其发动机的功率不得小于原车功率的 90%。
7. （　　）发动机曲轴轴承间隙过大，会使轴瓦的冲击负荷增大，导致轴瓦损坏。

8. （　　）发动机进气门对面略偏向排气门一侧的气缸壁磨损量较大的原因，是由于排气门温度较高，导致润滑效果差。

9. （　　）发动机气缸套承孔内径修理尺寸的级差为 0.5mm，共 3 个级别。

10. （　　）修复后的曲轴油道应清洁畅通，油孔应有倒角。

11. （　　）曲轴的修理尺寸共计分为 13 个级别，常用的是前 8 个级别。

12. （　　）凸轮轴轴颈的修理尺寸分 6 个级别，级差为 0.20mm。

13. （　　）凸轮轴凸轮表面累积磨损量应包括修理加工的磨削量。

14. （　　）桑塔纳发动机中央高压线电阻应为 2～2.8kΩ。

15. （　　）桑塔纳发动机火花塞电极间隙应为 0.7～0.8mm。

16. （　　）柴油机手油泵的活塞与泵体是经过选配和研磨而达到高精度配合的，故无互换性。

17. （　　）用正时灯检查发动机点火提前角时，应将正时记号对正上止点前 11°～13° 的地方。

18. （　　）发动机的点火提前角一般在 11°～13° 之间。

19. （　　）奥迪 A6 汽车电控发动机装备了步进电机式怠速控制阀。

20. （　　）发动机怠速时，点火提前角位于最大值。

21. （　　）发动机火花塞的自净温度为 500℃～700℃。

22. （　　）活塞修理尺寸的加大数值一般是刻在活塞裙部的。

23. （　　）进行连杆的弯、扭检验时，首先应将连杆大头的轴承盖装好。

24. （　　）装配活塞连杆组时，要注意采用的是否同一缸号的活塞与连杆以及安装的方向。

25. （　　）曲轴弯曲变形将影响配气正时和点火正时。

26. （　　）用偏心法磨削连杆轴颈，能减少磨削量，增加大修次数，所以应尽量采用。

27. （　　）气缸体损伤形式有平面变形、缸体裂纹、气缸磨损、螺纹孔拉伸和水道边缘处的腐蚀。

28. （　　）气缸的镗削方法按气缸中心线位置的不同可分为同心法和不同心法。

29. （　　）发动机缸体上平面在 50×50mm 范围内，平面度误差应不大于 0.20mm。

30. （　　）缸盖由于材料原因不能修理。

31. （　　）气门座损伤后，产生的危害主要是漏气。

32. （　　）气门导管的装配应在镗缸前进行。

33. （　　）汽油泵是否出现故障，通常采用检查油压的办法来判断。

34. （　　）润滑系限压阀钢球磨损过大会造成压力过高。

35. （　　）对水泵检测，首先检查轴承是否运作顺畅、有无异响。

36. （　　）现代车辆维修中，如果水泵出现问题，直接进行更换。

37. （　　）发动机运转时，水泵工作正常，也不缺水，水温过高的原因之一是节温器损坏，只走小循环。

38. （　　）喷油器的检验方法是在喷油器试验器上进行的，要求喷雾细密而均匀，喷雾时应带有爆裂声。

39. （　　）喷油器因高压燃油的冲刷、机械杂质的磨损及针阀弹簧的冲击，针阀易断裂。

40. （　　）喷油泵在各种转速下的供油量与调速器的工作状况无关。

41. （　　）出油阀及阀座磨损后会使喷油时间滞后。

42. （　　）活塞修理尺寸的加大数值一般是刻在活塞裙部的。

参考答案：

（一）选择题

1. A	2. A	3. B	4. D	5. C	6. C	7. D	8. A	9. C
10. C	11. B	12. C	13. B	14. A	15. C	16. A	17. D	18. B
19. C	20. C	21. B	22. C	23. B	24. A	25. A	26. A	27. B
28. A	29. B	30. C	31. B	32. B	33. C	34. A	35. D	36. C
37. C	38. D	39. A	40. B	41. D	42. C	43. C	44. D	45. D
46. C	47. C	48. C	49. C	50. A	51. A	52. D	53. D	54. C

55. A 56. B 57. A 58. A 59. D 60. D 61. C 62. C 63. C
64. A 65. A 66. D 67. A 68. A 69. A 70. B 71. C 72. A
73. A 74. C 75. A 76. A 77. B 78. A 79. D 80. B 81. B
82. D 83. B 84. B 85. C 86. D 87. B 88. A 89. B 90. A
91. B 92. D 93. D 94. A 95. A 96. D 97. C 98. A 99. B
100. D 101. D 102. A 103. B 104. A 105. C 106. D 107. B 108. C
109. B 110. A 111. B 112. A 113. A 114. C 115. C 116. D 117. C
118. A 119. B 120. A 121. A 122. D 123. C 124. A 125. B 126. A
127. C 128. C 129. B 130. C 131. A 132. A 133. C 134. A 135. B
136. D 137. A 138. B 139. C 140. B 141. D

（二）判断题

1. × 2. √ 3. √ 4. √ 5. × 6. √ 7. √ 8. × 9. √
10. √ 11. √ 12. × 13. √ 14. × 15. √ 16. √ 17. × 18. ×
19. × 20. × 21. √ 22. × 23. × 24. √ 25. × 26. × 27. √
28. √ 29. × 30. × 31. √ 32. √ 33. × 34. × 35. √ 36. √
37. √ 38. √ 39. × 40. × 41. × 42. ×

第四章 汽车底盘的构造及检修

第一节　汽车底盘构造

（一）选择题

1．桑塔纳轿车的传动形式是（　　）。

A．发动机前置后驱动　　B．发动机后置后驱动

C．发动机前置前驱动　　D．发动机后置前驱动

2．发动机前置前驱动的优点有（　　）。

A．高速行驶稳定性好　　B．发动机散热好

C．高速转弯不易跳动　　D．A、B、C 三项都是

3．发动机前置前驱动的汽车最突出的优点是（　　）。

A．高速行驶稳定性好　　B．发动机散热好

C．操纵简单　　D．高速转弯不易跳动

4．发动机后置后驱动的特点有（　　）。

A．发动机散热好

B．操纵发动机、离合器、变速器杆件少，操纵简单

C．后桥不易过载

D．高速行驶稳定性好

5．采用发动机后置后驱动的优点是（　　）。

A．前桥不易过载　　B．提高了高速行驶稳定性

C．降低了高速行驶时的空气阻力　　D．A、B、C 三项都是

6．大多数后置发动机是（　　）布置的，以缩短汽车的后悬架。

A．横向　　B．纵向　　C．斜向　　D．水平向

7．全驱动汽车的前后桥都为驱动桥，需要在变速器后面加装（　　）。

A．差速器　　B．动力分配器　　C．分动器　　D．减速器

8．越野车的主要结构特征就是（　　）。

A．发动机前置后驱动　　B．发动机前置前驱动

C．发动机后置后驱动　　D．全轮驱动

9．最早采用全轮驱动的汽车制造公司是（　　）。

A．奥迪　　B．奔驰　　C．宝马　　D．福特

10．汽车传动系最终将发动机输出的动力传递给了（　　）。

A．离合器　　B．变速器　　C．差速器　　D．驱动轮

11．汽车半轴套管折断的原因之一是（　　）。

A．高速行驶　　B．传动系过载

C．严重超载　　D．轮毂轴承润滑不良

12．（　　）在离合器处于接合状态时，可中断发动机与驱动轮之间的动力传递，以满足汽车短暂停车

和滑行情况的需要。

A．离合器　B．变速器　C．差速器　D．主减速器

13．（　　）可以暂时切断发动机与传动系的联系，便于变速器顺利换挡。

A．差速器　B．主减速器　C．离合器　D．半轴

14．（　　）能在变速器的输出轴和驱动桥的输入轴之间有一定夹角和相对位置经常变化的两轴之间传递动力。

A．离合器　B．差速器　C．万向传动装置　D．主减速器

15．发动机纵向传出的转矩经驱动桥后，方向改变（　　），横向传出。

A．60°　B．90°　C．120°　D．180°

16．汽车底盘由传动系、行驶系、转向系和（　　）4 大部分组成。

A．起动系　B．润滑系　C．冷却系　D．驻车制动系

17．东风 EQ1090E 型汽车离合器的主动部分由（　　）组成。

A．飞轮　B．离合器盖　C．压盘　D．A、B、C 三项都是

18．东风 EQ1090E 型汽车离合器的从动部分由（　　）组成。

A．从动盘　B．从动轴　C．压紧装置　D．A、B、C 三项都是

19．双片离合器的接合是逐渐进行的，接合比较柔和，故一般不采用（　　）装置。

A．压紧　B．扭转减振　C．从动盘轴向弹性　D．分离

20．对双片离合器中压盘限位螺钉进行调整需在（　　）。

A．离合器完全分离的情况下进行

B．离合器完全接触的情况下进行

C．离合器完全接触或分离的情况下进行

D．离合器半联动的情况下进行

21．当双片离合器总成安装在飞轮上或使用中发现离合器有拖滞时，应调整（　　）。

A．分离杠杆螺钉　B．压紧弹簧　C．限位调整螺钉　D．传动销

22．膜片弹簧式离合器采用膜片弹簧作为（　　）。

A．回位弹簧　B．传动弹簧　C．压紧弹簧　D．缓冲弹簧

23．由于膜片弹簧的（　　），有利于在提高离合器转矩容量的情况下减少离合器轴向尺寸。

A．轴向尺寸较小而径向尺寸较大　B．轴向尺寸较小而径向尺寸较小

C．轴向尺寸较大而径向尺寸较大　D．轴向尺寸较大而径向尺寸较小

24．离合器的功用不包括（　　）。

A．保证汽车平稳起步　B．便于变速器顺利换挡

C．防止传动系过载　D．承担整车的大部分载重

25．汽车上所使用的摩擦片式离合器基本结构均由主动部分、从动部分、压紧部分和（　　）4 部分组成。

A．压盘　B．从动盘　C．操纵机构　D．离合器盖

26．膜片弹簧离合器的压盘（　　），热容量大，不易产生过热。

A．较大　B．较小　C．较薄　D．较厚

27．属于离合器发抖原因的是（　　）。

A．离合器分离杠杆内端面不在同一平面内

B．压紧弹簧弹力均匀

C．摩擦片表面清洁

D．从动盘表面平整

28．桑塔纳轿车的离合器踏板自由行程为（　　）mm。

A．15～25　B．25～35　C．35～45　D．45～55

29．离合器传动钢片的主要作用是（　　）。

A．将离合器盖的动力传给压盘　B．将压盘的动力传给离合器盖

C．固定离合器盖和压盘　D．减小振动

30．汽车离合器压盘及飞轮表面烧蚀的主要原因是离合器（　　）。

A．打滑　B．分离不彻底

C. 动平衡破坏　　D. 踏板自由行程过大

31. 当膜片弹簧离合器的从动盘磨损后，压盘前移，膜片弹簧对压盘的压力将（　　）。
A. 减小　　B. 增大　　C. 不变　　D. 消失

32. 膜片弹簧式离合器的分离杠杆的平面度误差不得大于（　　）mm。
A. 0.1　　B. 0.3　　C. 0.5　　D. 0.7

33. 如离合器间隙太大，离合器将出现（　　）的故障。
A. 打滑　　B. 分离不开　　C. 发抖　　D. 异响

34. 从动盘摩擦片上的铆钉头至其外平面的距离不得小于（　　）mm。
A. 0.1　　B. 0.2　　C. 0.3　　D. 0.4

35. 汽车离合器液压操纵系统漏油或有空气，会引起（　　）。
A. 离合器打滑　　B. 离合器分离不彻底
C. 离合器异响　　D. 离合器结合不柔合

36. 离合器的从动部分不包括（　　）。
A. 从动盘　　B. 变速器输入轴　　C. 离合器输出轴　　D. 飞轮

37. 膜片弹簧离合器的膜片弹簧可兼起（　　）的作用。
A. 压紧机构　　B. 分离机构　　C. 分离杠杆　　D. 分离套

38. 离合器从动盘钢片破裂会造成（　　）异响。
A. 离合器　　B. 变速器　　C. 驱动桥　　D. 万向传动轴

39. 分离轴承缺少润滑油，会造成（　　）异响。
A. 离合器　　B. 变速器　　C. 变速器壳　　D. 驱动桥

40. 东风 EQ1090 离合器异响的原因有很多，下列（　　）故障不会造成离合器异响。
A. 分离轴承损坏　　B. 从动盘松动
C. 分离轴承缺油　　D. 传动片变形

41. 汽车上所使用的离合器的主动部分与发动机的（　　）相连。
A. 曲轴　　B. 飞轮　　C. 压盘　　D. 拉杆

42. 汽车上所使用的离合器的主动部分不包括（　　）。
A. 飞轮　　B. 压盘　　C. 离合器　　D. 离合器输出轴

43. 离合器踏板的（　　），是分离轴承与分离杠杆处间隙的体现。
A. 全都行程　　B. 自由行程　　C. 最大行程　　D. 最小行程

44. 离合器踏板自由行程过大，会造成离合器（　　）。
A. 打滑　　B. 分离不彻底　　C. 起步发抖　　D. 半结合状态

45. 不属于离合器摩擦片异响原因的是（　　）。
A. 摩擦片硬化　　B. 从动盘毂歪斜
C. 摩擦片铆钉露出　　D. 从动盘表面平整

46. 膜片弹簧离合器通过（　　）将离合器盖与压盘连接起来。
A. 传动销　　B. 传动片　　C. 传动螺栓　　D. 传动块

47. （　　）可使发动机与传动系逐渐结合，保证汽车平稳起步。
A. 离合器　　B. 变速器　　C. 主减速器　　D. 减速器

48. 三轴式变速器的 3 根主要轴分别为（　　）。
A. 第一轴、第二轴、中间轴　　B. 第一轴、第二轴、第三轴
C. 前轴、后轴、中间轴　　D. 第一轴、中间轴、倒挡轴

49. 三轴式变速器的 3 根轴包括（　　）。
A. 第三轴　　B. 中间轴　　C. 倒挡轴　　D. 传动轴

50. 普通齿轮式变速器的换挡装置常见的是（　　）。
A. 直接滑动齿轮式　　B. 间接滑动齿轮式
C. 接合套式　　D. A、B、C 三项都是

51. 与三轴式变速器相比，二轴式变速器取消了（　　）。
A. 中间轴　　B. 第一轴　　C. 第二轴　　D. 倒挡轴

52. 同步器的类型有（　　）。

A．常压式　B．惯性式　C．自行增力式　D．其他各项都是

53．为了保证变速器不自行脱挡或挂挡，在操纵机构中设有（　　）设备。

A．自锁　B．互锁　C．倒挡锁　D．联锁

54．东风 EQ1092 型汽车变速器共有（　　）个挡位。

A．3　B．4　C．5　D．6

55．下列（　　）因素造成变速器乱挡。

A．轮齿磨成锥形　B．自锁装置失效

C．互锁装置失效　D．倒挡锁失效

56．变速器上的（　　）是用于防止自动脱挡。

A．变速杆　B．拨叉　C．自锁装置　D．拨叉轴

57．变速器自锁装置的主要作用是防止（　　）。

A．变速器乱挡　B．变速器跳挡　C．变速器误挂倒挡　D．挂挡困难

58．手动变速器换挡锁止装置磨损，不会导致（　　）。

A．异响　B．挂不上挡　C．脱挡　D．变速器过热

59．变速器（　　）装置可防止同时挂上两个挡。

A．互锁　B．自锁　C．倒挡锁　D．锁止销

60．下列选项不属于汽车普通变速器组成部分的是（　　）。

A．液力变矩器　B．拨叉　C．拨叉轴　D．变速器盖

61．当发动机与离合器处于完全接合状态时，变速器的输入轴（　　）。

A．不转动　B．高于发动机转速

C．低于发动机转速　D．与发动机转速相同

62．变速器通过不同的传动比啮合副改变（换挡），达到变换转速得到不同的（　　），保证汽车克服不同的道路阻力。

A．扭矩　B．力矩　C．转速　D．传动比

63．变速器在换挡过程中，必须使即将啮合的一对齿轮的（　　）达到相同，才能顺利地挂上挡。

A．角速度　B．线速度　C．转速　D．圆周速度

64．装备手动变速器的汽车，可安装（　　）来减小换挡所引起的齿轮冲击。

A．同步器　B．差速器　C．离合器　D．驻车制动器

65．东风 EQ1092 型汽车变速器使用的是（　　）同步器。

A．惯性锁销式　B．惯性锁环式　C．自动增力式　D．强制锁止式

66．变速器挂入传动比大于 1 的挡位时，变速器实现（　　）。

A．减速增扭　B．增扭升速　C．增速增扭　D．减速减扭

67．变速器的组成部分中用于传递转矩并改变转矩方向的是（　　）。

A．壳体　B．同步器　C．齿轮传动机构　D．操纵机构

68．（　　）可以扩大驱动轮转矩和转速的变化范围，以适应汽车经常变化的行驶条件。

A．离合器　B．变速器　C．差速器　D．主减速器

69．（　　）的作用是将两个不同步的齿轮连接起来使之同步。

A．同步器　B．差速器　C．离合器　D．驻车制动器

70．变速器操纵机构由（　　）、拨叉、拨叉轴、锁止装置和变速器盖等组成。

A．变速器操纵杆　B．输入轴　C．变速器壳体　D．控制系统

71．根据《汽车变速器修理技术条件》（GB 5372—1985）技术要求，变速器壳上各承孔轴线的平行度公差允许比原设计规定增加（　　）mm。

A．0.01　B．0.02　C．0.03　D．0.04

72．根据《汽车变速器修理技术条件》（GB 5372—1985）技术要求，各齿轮的啮合印痕应在轮齿啮合面中部，且不小于啮合面的（　　）。

A．55%　B．60%　C．70%　D．75%

73．根据《汽车变速器修理技术条件》（GB 5372—1985）技术要求，变速叉端面对变速叉轴孔轴线的垂直度公差为（　　）mm。

A．0.20　B．0.15　C．0.10　D．0.08

74. 用百分表测量变速器输出轴的径向跳动量，要求不大于（　　）mm，使用极限为 0.06mm。
A. 0.020　　B. 0.025　　C. 0.030　　D. 0.035
75. 用百分表测量变速器输入轴的径向跳动量，要求不大于（　　）mm，使用极限为 0.06mm。
A. 0.020　　B. 0.025　　C. 0.030　　D. 0.035
76. 用百分表测量变速器输入轴的径向跳动量，要求不大于 0.025mm，使用极限为（　　）mm。
A. 0.03　　B. 0.04　　C. 0.05　　D. 0.06
77. 用百分表测量变速器倒挡轴的径向跳动量，要求不大于（　　）mm，使用极限为 0.06mm。
A. 0.020　　B. 0.025　　C. 0.030　　D. 0.035
78. 变速器验收时，各挡噪声均不得高于（　　）dB。
A. 83　　B. 85　　C. 88　　D. 90
79. 变速器常啮合齿轮齿厚磨损不得超过（　　）mm。
A. 0.20　　B. 0.25　　C. 0.30　　D. 0.35
80. 变速器接合齿轮齿厚磨损不得超过（　　）mm。
A. 0.20　　B. 0.25　　C. 0.30　　D. 0.40
81. 变速器竣工验收时，应进行（　　）试验。
A. 有负荷　　B. 无负荷　　C. 热磨合　　D. 无负荷和有负荷
82. 手动变速器中某常啮合齿轮副只更换了一个齿轮，可能导致（　　）。
A. 异响　　B. 挂不上挡　　C. 脱挡　　D. 换挡困难
83. 汽车变速器新更换的齿轮啮合相互不匹配会造成（　　）。
A. 跳挡　　B. 乱挡　　C. 发响　　D. 过热
84. 变速器无负荷试验时，（　　）轴的转速应在 1000～1400r/min 范围内。
A. 第一　　B. 第二　　C. 中间　　D. 倒挡
85. 在任何挡位和车速条件下均有嗞嗞声，说明（　　）。
A. 变速器缺油　　B. 中间轴弯曲
C. 第一轴变形　　D. 啮合齿轮间隙过大
86. 变速器的直接挡的传动比为（　　）。
A. n=0　　B. n=1　　C. n>0　　D. n<1
87. 变速器内同步器的作用是将两个不同步的（　　）连接起来使之同步。
A. 齿轮　　B. 输入轴　　C. 输出轴　　D. 输入轴和输出轴
88. 变速器的输出轴线与驱动桥的输入轴线通常是（　　）的。
A. 在同一个平面　　B. 不在用一平面　　C. 平行　　D. 垂直
89. 拆装变速器油底壳的放油螺栓通常选用（　　）。
A. 内六角扳手　　B. 方扳手　　C. 钩形扳手　　D. 圆螺母扳手
90. 同步器依靠（　　）来实现动力的传递。
A. 摩擦　　B. 啮合　　C. 链条　　D. 齿带
91. 发动机不运转，空挡释放驻车制动，晃动第二轴凸缘，若其晃动量大，则说明（　　）。
A. 第二轴轴承松旷　　B. 齿轮松动　　C. 啮合间隙过大　　D. 壳体变形
92. 自动变速器内（　　）的作用是驻车制动。
A. 单向离合器　　B. 离合器　　C. 驻车制动器　　D. 手动阀
93. 自动变速器内的离合器的作用是（　　）。
A. 连接　　B. 固定　　C. 锁止　　D. 驻车制动
94. （　　）用于控制油路，使自动变速器油只能朝一个方向流动。
A. 主调节阀　　B. 手动阀　　C. 换挡阀　　D. 单向阀
95. 进行自动变速器（　　）时，时间不得超过 5s。
A. 油压试验　　B. 失速试验　　C. 时滞试验　　D. 手动试验
96. 进行自动变速器失速试验时，时间不得超过（　　）s。
A. 5　　B. 10　　C. 15　　D. 20
97. 自动变速器内的单向离合器的作用是（　　）。
A. 连接　　B. 固定　　C. 锁止　　D. 驻车制动

98．自动变速器试验后，应让发动机怠速运转（　　）s 左右，以使自动变速器油温正常。
A．10　B．20　C．30　D．60

99．变速器验收时各密封部位不得漏油，润滑油温度不得超过室温（　　）℃。
A．40　B．50　C．80　D．90

100．（　　）用于检测自动变速器油的温度。
A．自动变速器油温传感器　B．空挡开关
C．车速传感器　D．输入轴转速传感器

101．自动变速器的组成中不包括（　　）。
A．液力变矩器　B．油泵　C．控制系统　D．拨叉

102．（　　）为自动变速器液压系统提供具有一定压力的自动变速器油。
A．油泵　B．变矩器　C．油底壳　D．行星齿轮机构

103．万向传动装置一般由（　　）组成。
A．万向节与传动轴　B．万向节与中间支承
C．中间支承与传动轴　D．万向节与插接器

104．为了消除制造和装配误差及车架变形对传动的影响，在变速器与（　　）之间也常设有万向传动装置。
A．离合器　B．主减速器　C．差速器　D．分动器

105．万向传动装置具体应用在（　　）上。
A．变速器与驱动桥　B．发动机与变速器
C．汽车转向操纵机构　D．离合器和变速器

106．单十字轴万向节在有夹角时，如果主动轴以等角速度转动，从动轴的速度（　　）。
A．快　B．相同　C．慢　D．时快时慢

107．传动的不等速性是指从动轴在一周内（　　）不均。
A．角速度　B．线速度　C．转速　D．车速

108．单万向节传动（　　），将使从动轴及与其相连的传动部件产生扭转振动，影响部件寿命。
A．结构简单　B．刚性连接　C．没有缓冲装置　D．不等速性

109．上海桑塔纳轿车的转向驱动桥采用（　　）万向节。
A．球叉式　B．球笼式　C．双联式　D．三销式

110．球叉式万向节允许最大交角为（　　）度。
A．27～28　B．29～30　C．32～33　D．34～35

111．球笼式万向节允许在轴间最大夹角（　　）度的情况下仍可传递扭矩。
A．35　B．37　C．45　D．47

112．汽车传动系应用最广泛的是十字轴式刚性万向节，其允许相连两轴的最大夹角为（　　）。
A．10°～15°　B．15°～20°　C．20°～25°　D．25°～30°

113．汽车万向传动装置的十字轴万向节主要由十字轴、万向节叉和（　　）组成。
A．套筒　B．滚针　C．套筒和滚针　D．双联叉

114．汽车万向传动装置一般由万向节、（　　）和中间支撑组成。
A．变矩器　B．半轴　C．传动轴　D．拉杆

115．装传动轴时，十字轴轴颈如有压痕，压痕不严重且不在传力面时，可将十字轴由原装配位置旋转（　　）装复。
A．30°　B．60°　C．80°　D．90°

116．对传动轴总成进行动平衡，要求在传动轴两端的最大不平衡值不大于（　　）g·cm。
A．4　B．6　C．8　D．10

117．对于中间支承的检查，当传动轴中间支承的轴向间隙大于（　　）mm 时，应解体中间支承总成。
A．0.1　B．0.3　C．0.5　D．0.7

118．检查传动轴轴管的最大径向跳动量，其值应不大于（　　）mm。
A．0.2　B．0.4　C．0.6　D．0.8

119．解放 CA1092 万向传动装置异响，下列（　　）是异响现象的原因。
A．起步发抖　B．车速变化发抖

C．高速挡小节气门发抖　　D．金属撞击声

120．汽车万向传动装置中，单个普通刚性万向节在有夹角的情况下，不能传递（　　）运动。

A．等圆周　　B．等转速　　C．等角速　　D．等速

121．汽车万向传动装置中间支架的固定螺栓松旷，会导致（　　）。

A．“咔啦咔啦”的撞击声　　B．金属撞击声

C．明显的异响并伴有振抖　　D．明显的异响但无振抖

122．前驱动桥的半轴上均安装（　　）万向节。

A．普通　　B．十字轴　　C．准等速　　D．等速

123．主减速器的圆锥滚子轴承一般都是成对安装使用，装配时应使其具有一定的（　　）。

A．位置　　B．方向　　C．预紧度　　D．润滑

124．主减速器的双曲面齿轮的主、从动齿轮轴线（　　），会降低车辆的重心，提高行驶的稳定性。

A．相交　　B．不相交　　C．平行　　D．垂直

125．单级主减速器结构简单，（　　），广泛应用于中型以下货车及轿车。

A．质量小　　B．体积小　　C．传动效率高　　D．A、B、C 三项都是

126．零件中不属于单级主减速器的零件是（　　）。

A．调整垫片　　B．主动圆锥齿轮　　C．调整螺母　　D．半轴齿轮

127．神龙富康轿车的主减速器属于（　　）结构。

A．单级圆柱齿轮式　　B．单级圆锥齿轮式

C．轮边行星齿轮式　　D．单排行星齿轮式

128．单级主减速器由（　　）齿轮组成。

A．一对圆锥　　B．二对圆锥　　C．一对圆柱　　D．一组行星

129．单级主减速器（　　）齿轮安装在差速器壳上。

A．主动圆锥　　B．从动圆锥　　C．行星　　D．半轴

130．桑塔纳 2000 型轿车主减速器的主、从动齿轮的啮合间隙为（　　）mm。

A．0.15　　B．0.20　　C．0.25　　D．0.30

131．根据《汽车驱动桥修理技术条件》（GB 8825—1988）技术要求，圆锥主动齿轮与突缘键槽的侧隙不大于（　　）mm。

A．0.10　　B．0.20　　C．0.25　　D．0.30

132．根据《汽车驱动桥修理技术条件》（GB 8825—1988）技术要求，圆锥（　　）齿轮与突缘键槽的侧隙不大于 0.20mm。

A．从动　　B．主动　　C．锥　　D．双曲线

133．根据《汽车驱动桥修理技术条件》（GB 8825—1988）技术要求，圆锥主、从动齿轮（　　）为 0.15～0.50mm。

A．长度　　B．宽度　　C．厚度　　D．啮合间隙

134．根据《汽车驱动桥修理技术条件》（GB 8825—1988）技术要求，圆锥主、从动齿轮啮合间隙为（　　）mm。

A．0.15～0.25　　B．0.15～0.35　　C．0.15～0.45　　D．0.15～0.50

135．根据《汽车驱动桥修理技术条件》（GB 8825—1988）技术要求，圆锥主、从动齿轮接触痕迹的长不小于齿长的（　　）%。

A．50　　B．60　　C．70　　D．75

136．根据《汽车驱动桥修理技术条件》（GB 8825—1988）技术要求，圆锥主、从动齿轮接触痕迹的（　　）不小于齿长的 50%。

A．长　　B．宽　　C．高　　D．厚

137．主减速器主、从动锥齿轮啮合印痕可通过（　　）来调整。

A．增减主动锥齿轮前端调整垫片　　B．增减主动锥齿轮后端调整垫片

C．增减从动锥齿轮前端调整垫片　　D．增减从动锥齿轮后端调整垫片

138．正确的主减速器主、从动锥齿轮啮合印痕应位于（　　）。

A．齿长方向偏向大端，齿高方向偏向顶端

B．齿长方向偏向小端，齿高方向偏向顶端

C．齿长方向偏向大端，齿高方向偏向底端
D．齿长方向偏向小端，齿高方向偏向底端

139．正确的主减速器主、从动锥齿轮啮合印痕应位于齿长方向偏向（　　）端，齿高方向偏向顶端。
A．小　B．大　C．中　D．A、B、C 三项均不正确

140．正确的主减速器主、从动锥齿轮啮合印痕应位于齿长方向偏向小端，齿高方向偏向（　　）端。
A．底　B．顶　C．中　D．底、顶、中都不正确

141．当汽车主减速器（　　）折断时，会导致汽车行车中突然出现强烈而有节奏的金属敲击声。
A．圆锥齿轮轮齿　B．行星齿轮齿　C．半轴齿轮轮齿　D．半轴花键

142．主减速器（　　）损坏，可引起汽车在转弯时产生异响，而在直线行驶时没有异响。
A．圆锥齿轮　B．行星齿轮　C．圆柱齿轮　D．轴承

143．汽车主减速器圆锥主动齿轮轴承（　　）会致后桥异响，异响随后桥温度升高而变大。
A．损坏　B．过紧　C．过松　D．磨损

144．主减速器按参与减速传动的（　　）不同可分为单级主减速器和双级主减速器。
A．齿轮个数　B．传动轴个数　C．轴承个数　D．齿轮副数目

145．解放 CA1092 型汽车采用的双级主减速器，其第一级为（　　）。
A．锥齿轮　B．斜齿圆柱齿轮　C．人字齿轮　D．曲齿轮

146．汽车在平整的路面直线行驶时，差速器内的行星齿轮处于（　　）状态。
A．公转　B．自转　C．即公转又自转　D．自由旋转

147．两侧车轮阻力不同时，差速器行星齿轮做（　　）。
A．公转　B．自转　C．公转同时还自转　D．A、B、C 三项都是

148．半轴的功用是将（　　）传来的动力传给车轮。
A．主减速器　B．差速器　C．变速器　D．分动器

149．当汽车左转向时，由于差速器的作用，左右两侧驱动轮转速不同，那么转矩的分配是（　　）。
A．左轮大于右轮　B．右轮大于左轮
C．左、右轮相等　D．右轮为零

150．汽车转弯对，差速器中的行星齿轮（　　）。
A．只公转　B．只自转
C．既公转又自转　D．既不公转又不自转

151．当汽车直线行驶时，差速器（　　）。
A．起减速作用　B．起加速作用　C．起差速作用　D．不起差速作用

152．差速器壳上安装着行星齿轮、半轴齿轮、从动圆锥齿轮和行星齿轮轴，其中不属差速器的是（　　）。
A．行星齿轮　B．半轴齿轮　C．从动圆锥齿轮　D．行星齿轮轴

153．当汽车正常行驶时，差速器不起差速作用时，两半轴（　　）。
A．转速相同　B．差速　C．速度趋于零　D．速度等于零

154．差速器具有转矩平均分配的特点，因此当左轮打滑时，右轮获得的转矩（　　）。
A．大于左轮转矩　B．小于左轮转矩
C．等于左轮转矩　D．等于零

155．为了使轮胎易于拆装，轮辋的中央部设有（　　）。
A．安装槽　B．浅凹坑　C．深凹坑　D．安装孔

156．车轮包括（　　）。
A．轮胎　B．轮辋　C．辐板　D．辐条

157．铝制车轮的特点（　　）。
A．质量轻　B．散热性好　C．不耐腐蚀　D．A、B、C 三项都是

158．轮胎规格 9.00－20ZG 表示（　　）。
A．钢丝子午线高压轮胎　B．钢丝子午线低压轮胎
C．普通棉线低压轮胎　D．尼龙子午线低压轮胎

159．更换扁平率更小的轮胎时，两种轮胎的直径差异应控制在（　　）。
A．2%　B．3%　C．4%　D．5%

160．当转向盘出现抖动、车身出现振动症状时，应（　　）。

A．升高轮胎气压　　B．降低轮胎气压
C．做轮胎动平衡　　D．紧固轮胎螺栓

161．轮胎应当定期做动平衡检查，用（　　）检查。
A．静平衡检测仪　　B．动平衡检测仪
C．扒胎机　　D．测功机

162．有内胎充气轮胎由于帘布层的结构不同可分（　　）。
A．有内胎轮胎和无内胎轮胎　　B．高压轮胎和低压轮胎
C．子午线轮胎和普通斜交轮胎　　D．普通花纹轮胎和混合花纹轮胎

163．轮胎的尺寸 34×7，其中×表示（　　）。
A．低压胎　　B．高压胎　　C．超低压胎　　D．超高压胎

164．汽车轮胎尺寸规格标记在胎侧，比如 9.00R20，其中 R 表示（　　）。
A．无内胎轮胎　　B．普通斜交轮胎　　C．子午线轮胎　　D．混合花纹轮胎

165．轿车的轮辋一般是（　　）。
A．深式　　B．平式　　C．可拆式　　D．圆形式

166．二级维护前检测桑塔纳 LX 型轿车，轮胎气压应符合规定：前轮（　　）kPa，后轮 190kPa；车轮动不平衡量为零。
A．180　　B．200　　C．300　　D．400

167．二级维护前检测桑塔纳 LX 型轿车，轮胎气压应符合规定：前轮 180kPa，后轮（　　）kPa；车轮动不平衡量为零。
A．190　　B．200　　C．300　　D．400

168．二级维护前检测桑塔纳 LX 型轿车，轮胎气压应符合规定：前轮 180kPa，后轮 190kPa；车轮动不平衡量为（　　）g·cm。
A．0　　B．2　　C．3　　D．4

169．汽车左右侧轮胎气压不一致不会导致（　　）。
A．转向沉重　　B．车身倾斜　　C．轮胎磨损　　D．驻车制动跑偏

170．（　　）是汽车轮胎中央磨损的原因。
A．轮胎气压过高　　B．轮胎气压过低
C．车轮转向角不正确　　D．车轮前束不正确

171．（　　）是轮胎异常磨损的原因。
A．减振器性能减弱　　B．连接销松动
C．减振器损坏　　D．单侧悬架弹簧弹力不足

172．（　　）不是轮胎异常磨损的原因。
A．减振器性能减弱　　B．主销后倾角改变
C．轮胎气压不平衡　　D．单侧悬架弹簧弹力不足

173．最大爬坡度是车轮（　　）时的最大爬坡能力。
A．满载　　B．空载　　C．<5t　　D．>5t

174．EQ1092F 车的普通轮胎前束值应为（　　）mm，子午线轮胎的前束值应为 1～3mm。
A．1～5　　B．6～10　　C．11～15　　D．16～20

175．EQ1092F 车的普通轮胎前束值应为 1～5 mm，子午线轮胎的前束值应为（　　）mm。
A．1～3　　B．6～9　　C．11～14　　D．16～29

176．（　　）是外胎帘布的根基。
A．胎圈　　B．胎颈　　C．胎肩　　D．缓冲层

177．若行驶中轮胎爆破，不正确的做法是（　　）。
A．尽可能保持直线行驶　　B．用力踩驻车制动踏板
C．轻踩驻车制动踏板　　D．使汽车缓慢减速

178．汽车轮胎换位应在（　　）时进行。
A．日常维护　　B．一级维护　　C．二级维护　　D．季节性维护

179．充气轮胎的内胎尺寸应比外胎内壁尺寸（　　）。
A．略大　　B．略小　　C．相等　　D．无规定

180．子午线轮胎胎体帘布层线与胎面中心线成（　　）角。

A．0°　　B．30°　　C．60°　　D．90°

181．9.00—20 表示轮胎断面宽度 9 英寸、轮辋直径为 20 英寸的（　　）。

A．高压轮胎　　B．低压轮胎　　C．超高压胎　　D．超低压胎

182．轮胎胎面不包括（　　）。

A．胎冠　　B．胎肩　　C．胎圈　　D．胎侧

183．轮胎缓冲层位于胎面和（　　）之间，质软而弹性大。

A．帘布层　　B．胎肩　　C．胎侧　　D．胎圈

184．低压充气轮胎的胎压是（　　）MPa。

A．>0.5　　B．0.5～0.7　　C．0.15～0.45　　D．<0.15

185．高压充气轮胎的胎压是（　　）MPa。

A．>0.5　　B．0.5～0.7　　C．0.15～0.45　　D．<0.15

186．（　　）是外胎的骨架。

A．胎面　　B．帘布层　　C．缓冲层　　D．胎圈

187．汽车悬架是连接（　　）之间一切传动装置的总称。

A．车轮与车桥　　B．车轮与车架　　C．车架与车桥　　D．钢板弹簧与车架

188．悬架的功能是（　　）。

A．连接车身和车轮，并起到牢固支撑的作用

B．吸收来自路面的冲击

C．稳定行驶状态

D．A、B、C 三项都是

189．非独立悬架的类型为（　　）。

A．钢板弹簧式　　B．双横臂式　　C．麦弗逊式　　D．后摆臂式

190．装有（　　）弹簧的汽车可以调节车架与车轮之间的垂直距离，即可调整车身高度。

A．钢板　　B．螺旋　　C．扭杆　　D．油气

191．悬架主要由（　　）组成。

A．弹性元件　　B．导向装置　　C．减振器　　D．A、B、C 三项都是

192．汽车的弹簧种类有（　　）。

A．钢板弹簧　　B．螺旋弹簧　　C．扭杆弹簧　　D．其他各项都是

193．减振器的减振阻力一般来自于机油流经（　　）时产生的阻力。

A．单向阀　　B．节流阀　　C．节流孔　　D．导流孔

194．减振器与弹簧结合可以（　　）。

A．减轻振动　　B．缓解来自路面的冲击

C．改善乘坐的舒适性　　D．A、B、C 三项都是

195．复动式减振器在（　　）有减振力产生。

A．伸长时　　B．压缩时　　C．伸长和压缩时都　　D．平衡时

196．非独立悬架的结构特点是两侧车轮由（　　）车桥相连，车轮连同车桥一起通过弹性悬架挂在车架下面。

A．一根整体式　　B．两根整体式　　C．两根独立式　　D．A、B、C 三项都是

197．独立悬架的特点是左右车轮单独通过（　　）相连。

A．车桥　　B．悬架　　C．悬架与车桥　　D．车身

198．上海桑塔纳轿车采用的是（　　）独立悬架。

A．烛式　　B．滑柱式　　C．纵臂式　　D．横臂式

199．汽车悬架一般都由弹性元件、（　　）和导向机构 3 部分组成。

A．离合器　　B．减速器　　C．减振器　　D．差速器

200．前悬是汽车最前端至（　　）中心线的距离。

A．前轴　　B．后轴　　C．前轮　　D．后轮

201．桑塔纳 2000 型轿车前悬架采用（　　）。

A．双叉式　　B．撑杆式　　C．拖动臂式　　D．非独立式

202．悬架属于（　　）的组成部分。

A．传动系　　B．行驶系　　C．转向系　　D．驻车制动系

203．对于独立悬架，弹簧的（　　）对乘客的舒适性起主要影响。

A．强度　　B．刚度　　C．自由长度　　D．压缩长度

204．对于非独立悬架，（　　）是影响乘员舒适性的主要因素。

A．钢板弹簧　　B．轴　　C．车轮　　D．轮胎

205．汽车正常行驶时总是偏向行驶方向的左侧或右侧，这种现象称为（　　）。

A．行驶跑偏　　B．驻车制动跑偏　　C．驻车制动甩尾　　D．车轮回正

206．（　　）不是导致汽车钢板弹簧损坏的主要原因。

A．汽车长期超载　　B．材质不符合要求

C．装配不符合要求　　D．未按要求对轮胎进行换位

207．（　　）不是悬架系统损坏引起的常见故障。

A．轮胎异常磨损　　B．后桥异响

C．车身倾斜　　D．汽车行驶跑偏

208．关于悬架系统损坏引起的常见故障，甲认为轮胎异常磨损是悬架系统损坏引起的，乙认为车身倾斜是其中之一，丙认为汽车行驶跑偏是其中之一。看法正确的是（　　）。

A．甲和乙　　B．乙和丙　　C．丙和甲　　D．A、B、C 三项均错

209．根据《汽车前桥及转向系修理技术条件》（GB 8823—1988）的技术要求，前轴钢板弹簧座上 U 形螺栓承孔及定位孔的磨损量不得大于（　　）mm。

A．0.5　　B．1　　C．1.5　　D．2

210．甲说对减振器性能的检查应该在普通工具上进行，乙说一般情况下可通过外观检查有无漏油的地方。你认为二者中正确的是（　　）。

A．甲　　B．乙　　C．甲、乙都正确　　D．甲、乙都不正确

211．拆下减振器，双手紧握减振器的两端，缓缓拉伸和压缩，感觉阻力的大小。甲说如果快速拉伸和压缩时阻力明显减小，说明减振器的减振性能良好，乙说如果快速拉伸和压缩时阻力依然如故，说明减振器的减振性能已损坏。你认为二者中正确的是（　　）。

A．甲　　B．乙　　C．甲、乙都正确　　D．甲、乙都不正确

212．汽车后桥壳上钢板弹簧中定位孔磨损偏移量不得超过（　　）mm。

A．1　　B．2　　C．3　　D．5

213．采用（　　）时，车桥都是断开式的。

A．独立悬架　　B．非独立悬架　　C．单级主减速器　　D．双级主减速器

214．根据（　　）不同车桥可分为整体式和断开式两种。

A．车轮个数　　B．传动形式　　C．半轴　　D．悬架结构

215．主销内倾角的作用除了使车轮自动回正外，另一作用是（　　）。

A．转向操纵轻便　　B．减少轮胎磨损

C．形成车轮回正的稳定力矩　　D．提高车轮工作的安全性

216．在汽车横向垂直平面内，转向节主销中心线（　　）偏离垂线而向内有一个倾斜角，称为主销内倾角。

A．左端　　B．右端　　C．上端　　D．下端

217．车轮前束是为了调整哪一个项目所带来的不良后果而设置的（　　）。

A．主销后倾角　　B．主销内倾角　　C．车轮外倾角　　D．车轮内倾角

218．主销后倾角的作用除了保持汽车直线行驶外，另一作用是（　　）。

A．形成回正的稳定力矩　　B．减少轮胎磨损

C．形成车轮回正的稳定力矩　　D．提高车轮工作的安全性

219．由于主销后倾角的作用，车轮偏转后有自动回正的能力，其与车速的关系是（　　）。

A．车速越高，稳定力矩就越大，车轮偏转后回正的能力也强

B．车速越高，稳定力矩就越小，车轮偏转后回正的能力也弱

C．与车速无关

D．不能确定

220．主销后倾角越大，（　　），转向性变差。

A．直行性越差，转向盘的复位力越强　　B．直行性越强，转向盘的复位力越强

C．直行性越差，转向盘的复位力越差　　D．直行性越强，转向盘的复位力越差

221．车轮（　　）平面与纵向（　　）平面之间的夹角叫作前轮外倾角。

A．旋转　水平　　B．旋转　垂直　　C．外　水平　　D．外　垂直

222．前轮外倾角的数值为（　　）。

A．正值　　B．负值　　C．即可正也可负　　D．A、B、C 三项均对

223．前轮外倾角的作用（　　）。

A．减轻转向盘的操纵力　　B．增加转向盘的操纵力

C．减小转向角　　D．增大转向角

224．左右两前轮之间的距离前后端不相等，其（　　）称为前束值。

A．和值　　B．差值　　C．积值　　D．商值

225．前轮前束可通过改变（　　）来调整。

A．转向轮角度　　B．转向纵拉杆长度　　C．转向横拉杆长度　　D．梯形臂位置

226．前轮前束的作用是（　　）。

A．减轻转向盘的操纵力　　B．形成回正的稳定力矩

C．减少轮胎磨损　　D．防止车轮产生横向滑动

227．（　　）的作用是使汽车直线行驶时保持方向稳定，汽车转弯时前轮自动回正。

A．主销后倾　　B．主销内倾　　C．前轮外倾　　D．前轮前束

228．关于引起高速打摆现象的主要原因，甲认为是车架变形，乙认为是前减振器失效，丙认为是前束过大。以上看法正确的是（　　）。

A．甲和乙　　B．乙和丙　　C．丙和甲　　D．A、B、C 三项均错

229．（　　）不是引起高速打摆现象的主要原因。

A．前轮胎修补、前轮辋变形、前轮毂螺栓短缺引起动不平衡

B．减振器失效，前钢板弹力不一致

C．车架变形或铆钉松动

D．前束过大、车轮外倾角、主销后倾角变小

230．（　　）不是引起低速打摆现象的原因。

A．前束过大、车轮外倾角、主销后倾角变小

B．车架变形或铆钉松动

C．转向器啮合间隙过大

D．转向节主销与衬套间隙过大

231．关于引起低速打摆现象的主要原因，甲认为是前束过大、车轮外倾角、主销后倾角变小，乙认为是转向器啮合间隙过大，丙认为是转向节主销与衬套间隙过大。以上看法正确的是（　　）。

A．甲和乙　　B．乙和丙

C．丙和甲　　D．A、B、C 三项均错

232．（　　）不是行驶中有撞击声或异响的原因。

A．弹簧折断　　B．单侧悬架弹簧弹力不足

C．连接销松动　　D．减振器损坏

233．（　　）是汽车行驶中有撞击声或异响的原因。

A．减振器性能减弱　　B．前悬架移位

C．单侧悬架弹簧弹力不足　　D．弹簧折断

234．关于汽车行驶中有撞击声或异响的原因，甲认为减振器损坏是其中之一，乙认为弹簧折断是其中之一，丙认为单侧悬架弹簧弹力不足是其中之一。以上看法正确的是（　　）。

A．甲和乙　　B．乙和丙　　C．丙和甲　　D．A、B、C 三项均错

235．（　　）不是汽车行驶跑偏的原因。

A．减振器性能减弱　　B．前悬架移位

C．单侧悬架弹簧弹力不足　　D．车架变形

236．越野汽车的前桥属于（　　）。

A．转向桥　　B．驱动桥　　C．转向驱动桥　　D．支承桥

237．关于汽车行驶跑偏的原因，甲认为车架变形是直接原因，乙认为前悬架移位是其中之一，丙认为单侧悬架弹簧弹力不足是其中之一。以上看法正确的是（　　）。

A．甲和乙　　B．乙和丙　　C．丙和甲　　D．A、B、C 三项均错

238．关于行驶跑偏的原因，甲认为两前轮胎气压差过小或磨损程度不一致是行驶跑偏的原因，乙认为前桥变形是其中原因之一，丙认为前轮前束过大或过小是其中原因之一。以上看法不正确的是（　　）。

A．甲　　B．乙　　C．丙　　D．A、B、C 三项均对

239．当汽车直线行驶时后桥无异响，转弯时后桥发出异响，可能是（　　）有故障。

A．主动锥齿轮　　B．从动锥齿轮　　C．后桥内的轴承　　D．差速器内

240．当汽车在行驶中后桥出现连续的“嗷嗷”声响，车速加快声响也加大，滑行时稍有减弱，说明（　　）。

A．圆锥主从动齿啮合间隙过小　　B．圆锥主从动齿啮合间隙过大

C．圆锥主从动齿啮合轮齿折断　　D．半轴花键损坏

241．汽车行驶时，变换车速，如出现“咔啦、咔啦”的撞击声，多半是因为（　　）。

A．轴承磨损松旷　　B．传动轴排列破坏

C．螺栓松动　　D．万向节轴承壳压得过紧

242．行驶中，突然改变速度时，出现一种金属撞击声，一般是因为（　　）。

A．十字轴轴承松旷　　B．连接螺栓松动

C．传动轴等速排列破坏　　D．中间支承轴承散架

243．汽车起步，车身发抖并能听到“咔啦”的撞击声是（　　）异响。

A．万向传动装置　　B．变速器　　C．离合器　　D．驱动桥

244．可以承担整车大部分载重的选项是（　　）。

A．离合器　　B．变速器　　C．万向传动装置　　D．驱动桥

245．解放 CA1092 型汽车主销内倾角为（　　）。

A．6°　　B．10°　　C．8°　　D．4°

246．一般主销内倾角不大于（　　）。

A．5°　　B．8°　　C．10°　　D．12°

247．EQ1092F 车的前轮外倾角为（　　），主销内倾角为 6°。

A．1°　　B．2°　　C．3°　　D．4°

248．EQ1092F 车的前轮外倾角为 1°，主销内倾角为（　　）。

A．3°　　B．4°　　C．5°　　D．6°

249．汽车的前束值一般都小于（　　）mm。

A．5　　B．8　　C．10　　D．12

250．东风 EQ1092 型汽车的前束值为（　　）mm。

A．3～5　　B．1～5　　C．5～6　　D．4～6

251．桑塔纳 2000 型轿车的前束值为（　　）mm。

A．−1～3　　B．2～4　　C．5～8　　D．−1～1

252．前轮、前轴、转向节与（　　）的相对安装位置，称为转向车轮定位。

A．悬架　　B．半轴　　C．车架　　D．车桥

253．转向桥和（　　）属于从动桥。

A．驱动桥　　B．转向驱动桥　　C．支持桥　　D．后桥

254．东风 EQ1092 型汽车的转向桥主要由前轴、转向节、主销和（　　）4 部分组成。

A．轮毂　　B．车轮　　C．转向轴　　D．横拉杆

255．根据《汽车驱动桥修理技术条件》（GB 8825—1988）技术要求，驱动桥钢板弹簧座（　　）减少不应大于 2.0mm。

A．长度　　B．宽度　　C．厚度　　D．粗糙度

256．根据《汽车驱动桥修理技术条件》（GB 8825—1988）技术要求，驱动桥钢板弹簧座厚度减少不应大于（　　）mm。

A．1.0　　B．1.5　　C．2.0　　D．2.5

257．汽车后桥某一部位的齿轮啮合间隙过小，会使汽车在（　　）时发响。

A．下坡　　B．上坡　　C．上、下坡　　D．起步

258．汽车后桥某一部位的齿轮啮合间隙过大，会使汽车在（　　）时发响。

A．下坡　　B．上坡　　C．上、下坡　　D．起步

259．根据《汽车前桥及转向系修理技术条件》（GB 8823—1988）的技术要求，前轴主销孔端面修理后，厚度减少量不得大于（　　）mm。

A．1.0　　B．1.5　　C．2.0　　D．2.5

260．为使转向轻便灵活，在转向节下销孔与前轴拳部下端面装有（　　）。

A．锲形销　　B．推力轴承　　C．轮毂轴承　　D．平面轴承

261．（　　）不属于转向传动机构。

A．转向摇臂　　B．转向节臂　　C．转向轮　　D．转向横拉杆

262．转向轴出现松动，可能的原因是（　　）。

A．转向轴万向节松动　　B．球头节磨损

C．横拉杆端头松动　　D．随动转向臂松动

263．转向驱动桥的转向节轴颈制成中空的，以便（　　）从中穿过。

A．内半轴　　B．外半轴　　C．主销上段　　D．主销下段

264．前轮定位中，影响转向操纵轻便性能的主要是（　　）。

A 主销后倾　　B．主销内倾　　C．前轮外倾　　D．前轮前束

265．汽车转向时，内外转向偏转角间的正确关系是由（　　）来保证的。

A．转向盘　　B．向直拉杆　　C．转向梯形　　D．主销后倾角

266．汽车左转弯时，左轮的偏转角度（　　）右轮的偏转角度。

A．大于　　B．小于　　C．等于　　D．不等于

267．转向机构要求操纵性好、（　　）。

A．复位性好　　B．路面的冲击小　　C．安全性高　　D．A、B、C 三项均是

268．循环球式转向器的第一级传动副是（　　）。

A．转向螺杆与齿条　　B．转向螺杆与转向螺母

C．齿条与齿扇　　D．转向螺母与齿扇

269．循环球式转向器中一般有（　　）级传动副。

A．一　　B．二　　C．三　　D．四

270．循环球式转向器中的转向螺母（　　）。

A．即是第一级传动副的从动件，也是第二级传动副的主动件

B．即是第一级传动副的从动件，也是第二级传动副的从动件

C．即是第一级传动副的主动件，也是第二级传动副的主动件

D．即是第一级传动副的主动件，也是第二级传动副的从动件

271．上海桑塔纳轿车采用（　　）转向器。

A．齿轮齿条式　　B．循环球式　　C．曲柄指销式　　D．蜗杆滚轮式

272．齿轮齿条式转向器的（　　）。

A．正效率高　　B．逆效率高　　C．正、逆效率都高　　D．A、B、C 三项均是

273．（　　）转向器特别适于与麦弗逊悬架配合。

A．齿轮齿条式　　B．循环球式　　C．曲柄指销式　　D．蜗杆滚轮式

274．（　　）与指销构成蜗杆曲柄指销式转向器的传动副。

A．曲柄　　B．蜗杆　　C．螺杆　　D．蜗轮

275．蜗杆曲柄指销式转向器中（　　）。

A．指销是主动件，蜗杆是从动件　　B．指销是主动件，蜗杆是主动件

C．指销是从动件，蜗杆是从动件　　D．指销是从动件，蜗杆是主动件

276．蜗杆曲柄指销式转向器中，其传动副是（　　）。

A．蜗杆和指销　　B．蜗杆和顶销　　C．蜗杆　　D．指销

277．东风 EQ1090E 型汽车的转向横拉杆球头座是（　　）制。

A．钢　　B．铸铁　　C．铝　　D．铜

278．非独立悬架用转向传动机构包括（　　）。

A．转向摇臂　　B．转向直拉杆
C．转向节臂和转向梯形　　D．A、B、C 选项都是

279．转向直拉杆、转向摇臂及转向节臂的连接件是（　　）型铰链。
A．球　　B．椭圆　　C．方　　D．梯

280．独立悬架转向传动机构调整前束时，应（　　）。
A．调整左边一根横拉杆　　B．调整右边一根横拉杆
C．左右两根一起调整　　D．都可以调整

281．前轮采用独立悬架的汽车，转向梯形机构中的横拉杆应是（　　）的。
A．断开式　　B．整体式　　C．组合式　　D．没有特别规定

282．不属于汽车独立悬架中的球头节的选项是（　　）。
A．压缩承载球头节　　B．拉杆承载球头节
C．拉伸承载球头节　　D．非承载球头节

283．双作用叶片泵的转子和定子的中心是重合的，当转子旋转时，叶片由大半径处向小半径处移动，则两叶片间的空间容积逐渐减小而（　　）。
A．排油　　B．吸油　　C．形成真空　　D．压力平衡

284．常压式转向助力器是在汽车转向时，系统内工作油是低压，分配阀此时处于（　　）。
A．全开位置　　B．全闭位置　　C．打开一半　　D．打开三分之一

285．当驾驶员向左转动转向盘时，动力转向齿轮箱通过止回阀的工作油液压力将活塞推向（　　）。
A．左边　　B．右边　　C．左右不定　　D．中间不动

286．在叶轮泵式动力转向装置中，由控制阀控制液压（　　）。
A．输出与输入　　B．高低与流量　　C．高低　　D．流量

287．整体式动力转向装置中的控制阀控制着液压（　　）。
A．输出与输入　　B．高低与流量　　C．高低　　D．流量

288．动力转向齿轮箱由箱体、活塞、蜗杆轴、扇形齿轮轴、扭力杆和第一、二（　　）等组成。
A．阀体　　B．止回阀　　C．储油箱　　D．截断阀

289．（　　）转向器主要由壳体、转向螺杆、摇臂轴、转向螺母等组成。
A．循环球式　　B．齿轮齿条式　　C．蜗杆指销式　　D．双指销式

290．（　　）有利于转向结束后转向轮和转向盘自动回正，但也容易将坏路面对车轮的冲击力传到转向盘，出现“打手”现象。
A．可逆式转向器　　B．不可逆式　　C．极限可逆式　　D．齿轮条式

291．当作用力很容易地由转向盘经转向器传到转向摇臂，而转向摇臂所受路面冲击也比较容易地经转向器到转向盘，这种转向器被称为（　　）转向器。
A．可逆式　　B．不可逆式　　C．极限可逆式　　D．齿轮条式

292．桑塔纳 2000、一汽奥迪、神龙富康轿车的转向系均采用（　　）。
A．液压助力　　B．循环球式　　C．齿轮齿条式　　D．指销式

293．前轴与转向节装配应适度，转动转向节的力一般不大于（　　）N。
A．20　　B．15　　C．10　　D．5

294．汽车转向时，其内轮转向角（　　）外轮转向角。
A．大于　　B．小于　　C．等于　　D．大于或等于

295．（　　）转向器采用齿轮齿条传动原理传递动力。
A．曲柄指销式　　B．循环球式　　C．蜗轮蜗杆式　　D．齿轮齿条式

296．EQ1092 型汽车采用蜗杆指销式转向器时，内轮最大转向角应为（　　）。
A．37°30′　　B．30°30′　　C．34°　　D．38°

297．中型以上越野汽车和自卸汽车多用（　　）转向器。
A．可逆式　　B．不可逆式　　C．极限可逆式　　D．齿轮条式

298．汽车液压动力转向系的原始动力来自（　　）。
A．蓄电池　　B．马达　　C．发动机　　D．油泵

299．转向节各部位螺纹的损伤不得超过（　　）。
A．一牙　　B．二牙　　C．三牙　　D．四牙

300．为避免汽车转向沉重，主销后倾角一般不超过（ ）。

A．2° B．4° C．5° D．3°

301．汽车动力转向系统转向器滑阀内有脏物阻滞会导致汽车（ ）。

A．不能转向 B．左右转向力不一致

C．转向沉重 D．转向发飘

302．动力转向液压助力系统缺少液压油会导致（ ）。

A．行驶跑偏 B．转向沉重 C．驻车制动跑偏 D．不能转向

303．动力转向液压助力系统的转向助力泵损坏会导致（ ）。

A．不能转向 B．转向沉重 C．驻车制动跑偏 D．行驶跑偏

304．（ ）是装备动力转向系的汽车方向发飘的原因。

A．油泵磨损 B．缺液压油或滤油器堵塞

C．油路中有气泡 D．分配阀反作用弹簧过软或损坏

305．（ ）不是动力转向系统方向发飘或跑偏的原因。

A．分配阀反作用弹簧过软或损坏

B．缺液压油或滤油器堵塞

C．流量控制阀被卡住

D．阀体与阀体台阶位置偏移使滑阀不在中间位置

306．关于装备动力转向系统的汽车方向发飘或跑偏的原因，甲认为分配阀反作用弹簧过软或损坏就是方向发飘或跑偏的根本原因，乙认为流量控制阀被卡住是其中之一，丙认为阀体与阀体台阶位置偏移使滑阀不在中间位置是其中之一。以上看法正确的是（ ）。

A．甲和乙 B．乙和丙 C．丙和甲 D．A、B、C 三项均错

307．（ ）不是汽车动力转向左右转向力不一致的原因。

A．缺液压油或滤油器堵塞

B．分配阀的滑阀偏离中间位置

C．分配阀的滑阀虽在中间位置但与阀体台阶的间隙大小不一致

D．滑阀内有脏物阻滞

308．（ ）是汽车动力转向左右转向力不一致的原因。

A．分配阀作用弹簧过软或损坏 B．缺液压油或滤油器堵塞

C．滑阀内有脏物阻滞 D．油泵磨损

309．关于汽车动力转向左右转向力不一致的原因，甲认为分配阀的滑阀偏离中间位置是左右转向力不一致的原因，乙认为分配阀的滑阀虽在中间位置但与阀体台阶的间隙大小不一致是其中之一，丙认为滑阀内有脏物阻滞是其中之一。以上看法正确的是（ ）。

A．甲和乙 B．乙和丙

C．丙和甲 D．A、B、C 三项均错

310．（ ）不是转向沉重的原因。

A．转向梯形横、直拉杆球头配合间隙过小

B．转向器转向轴弯曲或管柱凹瘪相互摩擦

C．前轮前束过大或过小

D．转向器摇臂与衬套间隙过小

311．（ ）是转向沉重的原因。

A．前桥变形

B．前悬架两侧弹簧挠度不一

C．转向器转向轴弯曲与管柱凹瘪相互摩擦

D．前轮前束过大或过小

312．关于转向沉重的原因，甲认为转向器转向轴弯曲或管柱凹瘪相互摩擦就是转向沉重原因，乙认为转向器摇臂与衬套间隙过小是其中原因之一，丙认为转向梯形横、直拉杆球头配合间隙过小是其中原因之一。以上看法正确的是（ ）。

A．甲和乙 B．乙和丙

C．丙和甲 D．A、B、C 三项均错

313. （　　）不是动力转向液压助力系引起的转向沉重的原因。
A. 油泵磨损　　B. 缺液压油或滤油器堵塞
C. 油路中有气泡　　D. 分配阀反作用弹簧过软或损坏
314. （　　）是动力转向液压助力系引起的转向沉重的原因。
A. 油液脏　　B. 缺液压油或滤油器堵塞
C. 分配阀反作用弹簧过软或损坏　　D. 流量控制阀被卡住
315. 转向盘（　　）转动量是指将转向盘转动而车轮不随之摆动这一过程转向盘所转过的角度。
A. 最小　　B. 自由　　C. 最大　　D. 极限
316. EQ1092F 车的转向盘（　　）转动量应为 15°～30°。
A. 最小　　B. 自由　　C. 最大　　D. 极限
317. EQ1092F 车的转向盘自由转动量应为（　　）。
A. 1°～15°　　B. 15°～30°　　C. 30°～45°　　D. 45°～60°
318. 对于最大设计车速小于 100km/h 的机动车，转向盘的最大自由转动量不得大于（　　）。
A. 5°　　B. 10°　　C. 15°　　D. 20°
319. 东风 EQ1092 型汽车转向盘由中间位置向左向右转动的自由量不得超过（　　）。
A. 15°　　B. 25°　　C. 30°　　D. 20°
320. 转向系按使用能源不同分为机械式转向系和（　　）转向系两种。
A. 电液式　　B. 电控液压式　　C. 动力式　　D. 以上均不对
321. （　　）转向器具有结构简单、操作灵敏、维修方便等特点，且被现代轿车广泛应用。
A. 循环球式　　B. 齿轮齿条式　　C. 蜗杆指销式　　D. 单销式
322. （　　）的功用是增大转向盘传到转向轮的转向力矩，并改变力的传递方向。
A. 转向万向节　　B. 转向传动　　C. 转向横拉杆　　D. 转向器
323. （　　）是导致转向沉重的主要原因。
A. 转向轮轮胎气压过高　　B. 转向轮轮胎气压过低
C. 汽车空气阻力过小　　D. 汽车坡道阻力过小
324. 最小转弯半径是转向盘转至极限位置时，（　　）中心平面移动轨迹的半径。
A. 车身　　B. 外侧转向轮　　C. 内侧转向轮　　D. A、B、C 三项均错
325. 转向失控时，需要检查的项目是（　　）。
A. 两前轮胎压　　B. 钢板弹簧是否折断
C. 两侧轴距是否相等　　D. A、B、C 三项均正确
326. 蜗杆指销式转向器按指销的数目不同可分为（　　）。
A. 单销式和三销式　　B. 双销式和三销式
C. 单销式和双销式　　D. 单销式和多销式
327. 汽车必须具备（　　）套相互独立的驻车制动装置。
A. 1　　B. 2　　C. 3　　D. 4
328. 驻车制动器一般控制（　　）。
A. 前二轮　　B. 后二轮　　C. 四轮　　D. 一个前轮，一个后轮
329. 不是驻车制动器的操纵类型的是（　　）。
A. 脚踩式　　B. 手动式　　C. 电控按钮式　　D. 与变速器操纵杆连动
330. 多数货车的驻车制动器安装在（　　）后面。
A. 离合器　　B. 主减速器　　C. 差速器　　D. 变速器
331. 对于允许挂接挂车的汽车，其驻车制动装置必须能使汽车列车在满载状态下停在坡度（　　）% 的坡道上。
A. 2　　B. 5　　C. 8　　D. 12
332. 捷达轿车驻车制动器是（　　）。
A. 气压式　　B. 综合式　　C. 液力式　　D. 人力式
333. 桑塔纳轿车驻车制动器是（　　）。
A. 气压式　　B. 综合式　　C. 液力式　　D. 人力式
334. 驻车制动器多安装在（　　）或分动器之后。

A．离合器　　B．变速器　　C．差速器　　D．主减速器

335．用脚施加于驻车制动操纵装置上的力，对于座位数小于或等于 9 的载客汽车，应不大于（　　）N。

A．100　　B．200　　C．500　　D．700

336．在空载状态下，驻车制动装置应能保证机动车在坡度为 20%、轮胎与路面间的附着系数不小于 0.7 的坡道上正、反两个方向保持固定不动，其时间不应少于（　　）min。

A．2　　B．3　　C．4　　D．5

337．在空载状态下，驻车制动装置应能保证机动车在坡度为（　　）%、轮胎与路面间的附着系数不小于 0.7 的坡道上正、反两个方向保持固定不动，其时间不应少于 5min。

A．10　　B．20　　C．30　　D．40

338．小型汽车的驻车制动器大多与（　　）行车制动器共用一个驻车制动器。

A．前轮　　B．后轮　　C．前轮或后轮　　D．前轮和后轮

339．解放 CA1091 型汽车采用的是（　　）驻车制动器。

A．盘式　　B．鼓式　　C．带式　　D．后轮

340．东风 EQ1092 型汽车采用的是（　　）驻车制动器。

A．盘式　　B．鼓式　　C．带式　　D．自动增力式

341．关于行车制动性能的要求，甲说汽车行车制动、应急制动和驻车制动各系统应以某种方式相连；乙说各种驻车制动系在其中之一失效时，汽车应能正常驻车制动。对于以上说法（　　）。

A．甲正确　　B．乙正确　　C．甲、乙都正确　　D．甲、乙都不正确

342．行车制动在产生最大制动作用时的踏板力，对于座位数小于或等于（　　）的载客汽车，应不大于 500N。

A．5　　B．6　　C．9　　D．11

343．行车制动在产生最大制动作用时的踏板力，对于座位数大于 9 的载客汽车应不大于（　　）N。

A．100　　B．200　　C．500　　D．700

344．总质量不大于 3500kg 的低速货车，在 30km/h 的初速度下采用行车制动系统制动时，满载检验制动距离要求≤（　　）m。

A．9　　B．19　　C．29　　D．39

345．乘用车在 50km/h 的初速度下采用行车制动系统制动时，空载检验制动距离要求≤（　　）m。

A．9　　B．19　　C．29　　D．39

346．（　　）驻车制动器可以在行车制动装置失效后用于应急制动。

A．平衡式　　B．非平衡式　　C．行车　　D．驻车

347．真空助力器与真空增压器相比，结构简单，省略了（　　）。

A．加力气室左腔　　B．加力气室右腔

C．控制阀　　D．辅助缸

348．真空助力器利用发动机产生的负压，为了防止负压消失，在管路中（　　）。

A．安装电磁阀　　B．安装传感器　　C．强化连接　　D．安装单向阀

349．为了使真空助力器的压力增大，可（　　）。

A．加大驻车制动力　　B．提高发动机转速

C．增大管路直径　　D．增大助力器隔膜直径

350．对于真空增压驻车制动传动装置，解除驻车制动时，控制油压下降，（　　）互相沟通，又具有一定的真空度，膜片、推杆、辅助缸活塞都在回位弹簧作用下各自回位。

A．辅助缸　　B．控制阀　　C．加力气室　　D．主缸

351．对于真空增压驻车制动传动装置，解除驻车制动时，控制油压下降，加力气室互相沟通，又具有一定的（　　），膜片、推杆、辅助缸活塞都在回位弹簧作用下各自回位。

A．大气压力　　B．压力　　C．真空度　　D．推力

352．真空助力式液压驻车制动传动装置，加力气室和控制阀组成一个整体，叫作（　　）。

A．真空助力器　　B．真空增压器　　C．空气增压器　　D．空气助力器

353．真空助力式液压驻车制动传动装置，（　　）组成一个整体，叫作真空助力器。

A．加力气室和控制阀　　B．加力气室和主缸

C．主缸和控制阀　　D．真空单向阀和控制阀

354．真空增压驻车制动传动装置比液压驻车制动机构多一套真空增压系统，下列（　　）不是真空增压系统的组成部分。

A．加力气室　　B．辅助缸　　C．控制阀　　D．主缸

355．真空增压驻车制动传动装置比液压驻车制动机构多一套真空增压系统，下列（　　）是真空增压系统的组成部分。

A．加力气室　　B．进气总管　　C．进气歧管　　D．主缸

356．气压驻车制动系统的驻车制动气压压力由（　　）来控制。

A．气筒气压　　B．调压器　　C．驻车制动控制阀　　D．驻车制动气室

357．下面不属于双腔并列膜片式驻车制动控制阀的调整内容的是（　　）。

A．排气间隙　　B．最大驻车制动气压

C．随动气压差　　D．驻车制动间隙

358．在行驶中气压驻车制动力的大小是驾驶员通过（　　）来控制的。

A．空压机　　B．驻车制动气室　　C．继动阀　　D．驻车制动阀

359．比例阀调节（　　）。

A．前轮驻车制动力　　B．后轮驻车制动力

C．四轮驻车制动力　　D．左右驻车制动力

360．说法正确的选项是（　　）。

A．比例阀在达到设定压力前，驻车制动总泵和后驻车制动分泵的驻车制动液压以 1 : 1 比例上升

B．比例阀在超过设定压力后，驻车制动总泵和后驻车制动分泵的驻车制动液压以 1 : 1 比例下降

C．比例阀在超过设定压力后，驻车制动总泵和后驻车制动分泵的驻车制动液压以 1 : 1 比例上升

D．比例阀在超过设定压力后，后驻车制动分泵压力上升快

361．比例阀初始工作设定压力为普通驻车制动情况下的压力与紧急驻车制动情况下的压力（　　）。

A．之差　　B．之和　　C．中间值　　D．之积

362．东风 EQ1090E 型汽车驻车制动踏板自由行程所对应的是气压驻车制动阀的（　　）。

A．调整螺钉与挺杆之间的间隙　　B．排气间隙

C．调整螺钉与壳体之间间隙　　D．以上都要调整

363．气压驻车制动器的驱动力完全由（　　）产生。

A．液压　　B．气压　　C．脚踏板　　D．驻车制动蹄

364．造成气压驻车制动拖滞故障的原因是（　　）。

A．驻车制动阀排气间隙过大　　B．驻车制动阀排气间隙过小

C．驻车制动器回位弹簧断裂或过软　　D．驻车制动蹄与驻车制动鼓配合间隙过大

365．（　　）是气压低引起气压驻车制动系驻车制动失效的原因。

A．车轮驻车制动器失效　　B．驻车制动器进气阀打不开

C．驻车制动气室膜片破裂　　D．空气压缩机传动带打滑

366．（　　）不是无气压或气压低引起气压驻车制动系驻车制动失效的原因。

A．空气压缩机损坏或供气量小　　B．驻车制动气室膜片破裂

C．空气压缩机传动带打滑　　D．单向阀卡滞或驻车制动管路堵塞

367．当汽车气压驻车制动系统储气筒内的气压高于某一值时，气压不足警告灯报警开关触点（　　），警告灯（　　）。

A．分开 不亮　　B．分开 亮　　C．闭合 不亮　　D．闭合 亮

368．当汽车气压驻车制动系统储气筒内的气压低于某一值时，气压不足警告灯报警开关触点（　　），警告灯（　　）。

A．分开 不亮　　B．分开 亮　　C．闭合 不亮　　D．闭合 亮

369．当汽车气压驻车制动系统贮气筒内的气压高于（　　）MPa 时，气压不足警告灯报警开关触点分开，警告灯不亮。

A．0.05　　B．0.15　　C．0.30　　D．0.45

370．采用气压驻车制动系统的机动车，发动机在 75%的标定功率转速下，（　　）min 内气压表的指示气压应从零升至起步气压。

A．1　　B．2　　C．3　　D．4

371．（　　）不是气压驻车制动系统驻车制动不良的原因。

A．驻车制动总泵、驻车制动踏板行程调整不当

B．空气压缩机传动带打滑

C．驻车制动阀调整不当

D．驻车制动蹄摩擦片沾有油污、水，表面结焦炭化或摩擦片碎裂，磨损过大

372．采用气压驻车制动的机动车气压升至 600kPa 且不使用驻车制动的情况下，停止空气压缩机（　　）min 后，其气压的降低值应不大于 10kPa。

A．1　　B．3　　C．5　　D．7

373．采用气压驻车制动的机动车气压升至（　　）kPa 且不使用驻车制动的情况下，停止空气压缩机 3min 后，其气压的降低值应不大于 10kPa。

A．200　　B．400　　C．600　　D．800

374．（　　）是造成无气压引起气压驻车制动系统失效的原因。

A．车轮驻车制动器失效　　B．驻车制动器进气阀打不开

C．驻车制动气室膜片破裂　　D．空气压缩机传动带打滑

375．（　　）不是气压驻车制动跑偏的原因。

A．驻车制动阀调整不当　　B．两前轮车轮驻车制动器间隙不一致

C．车架变形，前轴位移　　D．两前轮直径、花纹不一致

376．气压驻车制动系中的气压调节器上的螺钉旋入时（　　）。

A．气压降低　　B．气压升高　　C．气压不变　　D．不可调

377．（　　）不会导致气压驻车制动系驻车制动性能不良。

A．空气压缩机损坏　　B．驻车制动软管破裂

C．驻车制动气室膜片破裂　　D．驻车制动踏板行程过小

378．东风 EQ1092 型汽车双回路气压驻车制动传动装置由（　　）和控制装置两部分组成。

A．气泵　　B．驻车制动踏板

C．驻车制动杆　　D．驻车制动气室

379．装备气压驻车制动系的汽车气压不足警告灯报警开关安装在（　　）上。

A．储气筒　　B．驻车制动踏板　　C．驻车制动气室　　D．驻车制动器

380．（　　）是气压正常，但气压驻车制动系驻车制动失效的原因。

A．空气压缩机损坏或供气量小　　B．空气压缩机传动带打滑

C．驻车制动气室膜片破裂　　D．单向阀卡滞或驻车制动管路堵塞

381．关于无气压或气压低引起气压驻车制动系驻车制动失效的原因，甲认为空气压缩机传动带打滑就是引起上述故障的原因，乙认为空气压缩机损坏或供气量小是其中之一，丙认为单向阀卡滞或驻车制动管路堵塞是其中之一。以上看法正确的是（　　）。

A．甲和乙　　B．乙和丙　　C．丙和甲　　D．A、B、C 三项均错

382．关于气压正常，但气压驻车制动系驻车制动失效的原因，甲认为驻车制动软管、驻车制动气室膜片破裂是上述故障的原因，乙认为驻车制动器进气阀打不开是其中之一，丙认为驻车制动阀排气阀卡滞、关闭不严是其中之一。以上看法正确的是（　　）。

A．甲和乙　　B．乙和丙　　C．丙和甲　　D．A、B、C 三项均错

383．关于气压驻车制动系驻车制动不良的原因，甲认为驻车制动阀调整不当是其中之一，乙认为驻车制动总泵、驻车制动踏板行程调整不当就是上述故障的原因，丙认为驻车制动蹄摩擦片沾有油污、水，表面结焦炭化或摩擦片碎裂，磨损过大是其中原因。以上看法正确的是（　　）。

A．甲和乙　　B．乙和丙　　C．丙和甲　　D．A、B、C 三项均错

384．关于气压驻车制动跑偏的原因，甲认为前轮驻车制动器室之一膜片破裂、老化是引起上述故障的原因，乙认为两前轮车轮驻车制动器间隙不一致是其中之一，丙认为车架变形、前轴位移是其中之一。以上看法正确的是（　　）。

A．甲和乙　　B．乙和丙　　C．丙和甲　　D．A、B、C 三项均对

385．造成汽车气压驻车制动拖滞故障的原因是（　　）。

A．驻车制动阀排气间隙过大

B．车轮驻车制动器回位弹簧折断或过软

C. 驻车制动凸轮轴或驻车制动蹄轴配合间隙过大

D. 气压过高

386. 在（　　）中，空气助力气室驻车制动时产生的推力，也同踏板力一样直接作用在驻车制动主缸活塞推杆上。

A. 真空助力器　　B. 真空增压器　　C. 空气增压器　　D. 空气助力器

387. （　　）不是气压正常但气压驻车制动系驻车制动失效的原因。

A. 驻车制动器排气阀卡滞，关闭不严　　B. 驻车制动软管、驻车制动气室膜片破裂

C. 驻车制动器进气阀打不开　　D. 空气压缩机传动带打滑

388. （　　）是气压驻车制动系驻车制动不良的原因。

A. 空气压缩机损坏　　B. 驻车制动软管破裂

C. 驻车制动气室膜片破裂　　D. 驻车制动阀调整不当

389. （　　）是气压驻车制动跑偏的原因。

A. 驻车制动总泵、驻车制动踏板行程调整不当

B. 空气压缩机传动带打滑

C. 驻车制动阀调整不当

D. 两前轮轮胎气压不一致

390. 汽车气压驻车制动时有“哽哽”异响或车身发抖应（　　）。

A. 更换摩擦片，光磨驻车制动鼓　　B. 调整蹄片和驻车制动鼓间隙

C. 检查驻车制动气室　　D. 检查驻车制动阀

391. 汽车气压驻车制动排气缓慢或不排气，应检查（　　）。

A. 驻车制动凸轮轴的配合间隙　　B. 驻车制动操纵机构

C. 驻车制动阀　　D. 驻车制动操纵机构和驻车制动阀

392. 液压驻车制动系由主缸、（　　）等组成。

A. 轮缸　　B. 储液室　　C. 推杆　　D. A、B、C 三项都是

393. 载重汽车为获得最大的驻车制动效果，将后轮轮缸直径做得比前轮（　　），同时还将轮缸内径做得比主缸内径大。

A. 大　　B. 小

C. 一样　　D. A、B、C 三项都有可能

394. 液压式驻车制动装置在频繁使用驻车制动器时，其液压系统会（　　）。

A. 驻车制动液沸腾　　B. 驻车制动管路膨胀

C. 气阻　　D. 驻车制动液泄漏

395. 在驻车制动时，液压驻车制动系中驻车制动主缸与驻车制动轮缸的油压是（　　）。

A. 主缸高于轮缸　　B. 主缸低于轮缸

C. 轮缸主缸相同　　D. 不确定

396. （　　）是液压驻车制动系驻车制动不良的原因。

A. 总泵旁通孔或回油孔堵塞　　B. 驻车制动蹄回位弹簧过软、折断

C. 液压驻车制动系统中有空气　　D. 驻车制动管路凹瘪堵塞

397. （　　）不是液压驻车制动系驻车制动不良的原因。

A. 液压驻车制动系统中有空气　　B. 总泵旁通孔堵塞

C. 总泵密封胶圈老化　　D. 驻车制动蹄片磨损过量

398. 汽车液压驻车制动个别车轮驻车制动拖滞是由于（　　）。

A. 驻车制动液太脏或黏度过大　　B. 驻车制动踏板自由行程过小

C. 驻车制动蹄片与驻车制动鼓间隙小　　D. 驻车制动主缸旁通孔堵塞

399. 液压行车驻车制动系在达到规定的驻车制动效能时，座位数大于 9 的载客汽车踏板行程应不得超过（　　）mm。

A. 80　　B. 100　　C. 120　　D. 150

400. 液压行车驻车制动系在达到规定的驻车制动效能时，座位数小于 9 的载客汽车踏板行程应不得超过（　　）mm。

A. 80　　B. 100　　C. 120　　D. 140

401．（　　）是液压驻车制动系统卡死的原因。

A．液压驻车制动系统中有空气

B．总泵旁通孔或回油孔堵塞

C．总泵皮碗、密封胶圈老化、发胀或翻转

D．驻车制动蹄片磨损过量

402．（　　）不是液压驻车制动系统卡死的原因。

A．总泵皮碗、密封胶圈老化、发胀或翻转

B．驻车制动蹄摩擦片与驻车制动鼓间隙过小

C．总泵旁通孔或回油孔堵塞

D．驻车制动管路凹瘪或老化、堵塞

403．（　　）不是真空助力式液压驻车制动传动装置组成部分。

A．加力气室　　B．轮缸　　C．控制阀　　D．主缸

404．关于液压驻车制动系驻车制动不良、失效的原因。甲认为总泵皮碗、密封胶圈老化、发胀或翻转是引起上述故障的原因。乙认为驻车制动蹄片磨损过量是其中之一。丙认为液压驻车制动系中有空气是其中之一。以上看法正确的是（　　）。

A．甲和乙　　B．乙和丙　　C．丙和甲　　D．A、B、C 三项均错

405．对液压驻车制动的汽车，连续踏几次驻车制动踏板后，踏板能升高但踩驻车制动踏板感觉有弹性，是由于（　　）。

A．主缸皮碗破坏、顶翻　　B．液压系有空气或驻车制动液气化

C．液压系有渗漏　　D．驻车制动液牌号不对

406．对液压驻车制动的汽车，连续踏几次驻车制动踏板，始终到底且无力是因为（　　）。

A．驻车制动主缸皮碗损坏、顶翻

B．驻车制动蹄片和驻车制动鼓间隙过大

C．驻车制动系渗入空气或驻车制动液气化

D．驻车制动液牌号不对

407．车用液压驻车制动系中控制驻车制动蹄的液压元件是（　　）。

A．驻车制动总泵　　B．驻车制动分泵

C．驻车制动踏板　　D．推杆

408．双回路液压驻车制动系中任一回路失效，此时（　　）。

A．主腔不能工作　　B．踏板行程减小

C．踏板行程不变　　D．驻车制动效能降低

409．关于空气液压驻车制动传动装置，甲说空气液压驻车制动传动装置有增压式。乙说空气液压驻车制动传动装置有助力式。你认为以上观点（　　）。

A．甲正确　　B．乙正确　　C．甲、乙都正确　　D．甲、乙都不正确

410．液压行车驻车制动系在达到规定的驻车制动效能时，踏板行程不得超过踏板全行程的（　　）。

A．1/4　　B．2/4　　C．3/4　　D．7/8

411．液压行车驻车制动系在达到规定的驻车制动效能时，驻车制动器装有自动调整间隙装置的车辆的踏板行程不得超过踏板全行程的（　　）。

A．1/4　　B．2/4　　C．3/4　　D．4/5

412．液压驻车制动泵的安装程序是安装真空助力器、驻车制动主缸、（　　）和驻车制动踏板。

A．驻车制动传动装置　　B．拉杆

C．驻车制动分泵　　D．驻车制动软管

413．空气液压驻车制动传动装置分为（　　）两种。

A．助压式和增力式　　B．增压式和助力式

C．增压式和增力式　　D．助压式和助力式

414．会导致汽车液压驻车制动不良的是（　　）。

A．驻车制动主缸回油阀密封不良　　B．驻车制动主缸出油阀弹簧过软

C．驻车制动主缸旁通孔堵塞　　D．驻车制动踏板自由行程过小

415．（　　）不装备真空助力式液压驻车制动传动装置。

A．桑塔纳 2000 轿车　　B．奥迪 100 型轿车
C．捷达轿车　　D．跃进 1061 汽车

416．桑塔纳 2000 型轿车的双回路液压驻车制动装置采用的是（　　）配合。
A．前独立式　　B．后独立式　　C．交叉式　　D．非交叉式

417．（　　）不是液压驻车制动系驻车制动失效的原因。
A．液压管路中有空气　　B．总泵回油孔堵塞
C．总泵皮碗老化　　D．驻车制动鼓磨损过量

418．关于液压驻车制动系统卡死的原因，甲认为总泵旁通孔或回油孔堵塞就是引起上述故障的原因，乙认为驻车制动蹄摩擦片与驻车制动鼓间隙过小是其中之一，丙认为驻车制动管路堵塞是其中之一。以上看法正确的是（　　）。
A．甲和乙　　B．乙和丙　　C．丙和甲　　D．A、B、C 三项均错

419．（　　）是驻车制动跑偏的原因。
A．前悬架弹簧弹力不足　　B．轮胎异常磨损
C．减振器性能减弱　　D．单侧悬架弹簧弹力不足

420．关于驻车制动跑偏、甩尾的原因，甲认为车架变形是驻车制动跑偏、甩尾的原因，乙认为单侧悬架弹簧弹力不足是其中之一，丙认为前悬架弹簧弹力不足是其中之一。以上看法正确的是（　　）。
A．甲和乙　　B．乙和丙　　C．丙和甲　　D．A、B、C 三项均错

421．（　　）不是驻车制动跑偏、甩尾的原因。
A．车架变形　　B．前悬架弹簧弹力不足
C．单侧悬架弹簧弹力不足　　D．一侧车轮驻车制动器驻车制动性能减弱

422．（　　）不是驻车制动甩尾的原因。
A．驻车制动阀调整不当
B．两后轮驻车制动间隙不一致
C．两后轮驻车制动气室之一驻车制动管路或插头漏气
D．后桥悬架弹簧弹力不一致

423．（　　）是驻车制动甩尾的原因。
A．驻车制动阀调整不当　　B．两前轮车轮驻车制动器间隙不一致
C．车架变形，前轴位移　　D．后桥悬架弹簧弹力不一致

424．关于驻车制动甩尾的原因，甲认为后桥悬架弹簧弹力不一致就是引起上述故障的原因，乙认为两后轮驻车制动气室之一驻车制动管路或插头漏气是其中之一，丙认为两后轮驻车制动间隙不一致是其中之一。以上看法正确的是（　　）。
A．甲和乙　　B．丙和甲　　C．乙和丙　　D．A、B、C 三项均错

425．（　　）是驻车制动甩尾的原因。
A．前悬架弹簧弹力不足　　B．轮胎异常磨损
C．减振器性能减弱　　D．单侧悬架弹簧弹力不足

426．（　　）是驻车制动拖滞的原因。
A．驻车制动踏板轴卡滞
B．两后轮驻车制动间隙不一致
C．两后轮驻车制动气室之一驻车制动管路或插头漏气
D．后桥悬架弹簧弹力不一致

427．关于驻车制动拖滞的原因，甲认为驻车制动阀排气阀间隙过小或排气阀门橡胶老化、变形而堵塞排气口是引起上述故障的原因，乙认为驻车制动蹄回位弹簧折断或弹力不够是其中之一，丙认为驻车制动踏板轴卡滞是其中之一。以上看法正确的是（　　）。
A．甲和乙　　B．乙和丙　　C．丙和甲　　D．A、B、C 三项均错

428．（　　）不是驻车制动拖滞的原因。
A．驻车制动踏板轴卡滞
B．两轮驻车制动间隙不一致
C．驻车制动阀排气阀间隙过小或排气阀门橡胶老化、变形而堵塞排气口
D．驻车制动蹄回位弹簧折断或弹力不够

429．（　　）的助力源是压缩空气与大气的压力差。

A．真空助力器　　B．真空增压器

C．空气增压器　　D．空气助力器

430．在汽车驻车制动系中，（　　）将驾驶员或其他动力源的作用力传到驻车制动器，同时控制驻车制动器工作，以获得所需的驻车制动力矩。

A．驻车制动蹄　　B．驻车制动鼓

C．驻车制动传动装置　　D．驻车制动缸

431．重型汽车的驻车制动传动装置多采用（　　）。

A．真空助力式液压装置　　B．空气增压装置

C．真空增压式液压装置　　D．助力式液压装置

432．解放 CA1092 型汽车驻车制动鼓工作表面粗糙度 *Ra* 为（　　）μm。

A．10～15　　B．5～10　　C．10～12　　D．2～5

433．（　　）的作用是使储气筒的气压保持在规定范围内，以减小发动机的功率消耗。

A．泄压阀　　B．单向阀　　C．限压阀　　D．调压器

434．安装驻车制动凸轮轴，应使两轴轴向间隙不大于（　　）mm。

A．0.6　　B．0.7　　C．0.65　　D．0.5

435．驻车制动钳体缸筒（　　）误差应不大于 0.02mm。

A．圆度　　B．圆柱度　　C．平面度　　D．粗糙度

436．驻车制动钳体缸筒圆柱度误差应不大于（　　）mm。

A．0.01　　B．0.02　　C．0.03　　D．0.04

437．以下（　　）总成，在 FIAT650 型汽车驻车制动传动装置中装备有此装置。

A．真空动力器　　B．真空增压器　　C．空气增压器　　D．空气助力器

438．（　　）在 30km/h 的初速度下采用应急驻车制动系驻车制动时，驻车制动距离要求≤20m。

A．货车　　B．客车　　C．乘用车　　D．特种车

439．货车在 30km/h 的初速度下采用应急驻车制动系驻车制动时，驻车制动距离要求≤（　　）m。

A．10　　B．20　　C．30　　D．40

440．驻车制动蹄与驻车制动鼓之间的间隙过小，不应调整（　　）。

A．驻车制动踏板高度

B．驻车制动气室压力

C．储气筒压力

D．驻车制动踏板高度、驻车制动气室压力、储气筒压力都对

441．驻车制动蹄与驻车制动鼓之间的间隙过小，将导致（　　）。

A．车辆行驶跑偏　　B．无驻车制动

C．驻车制动时间变长　　D．驻车制动距离变长

442．驻车制动蹄与驻车制动鼓之间的间隙过大，应调整（　　）。

A．驻车制动踏板高度　　B．驻车制动气室压力

C．储气筒压力　　D．驻车制动底板上的偏心支承

443．驻车制动蹄与驻车制动鼓之间的间隙过大，将会导致（　　）。

A．车辆行驶跑偏　　B．驻车制动不良

C．驻车制动时间变长　　D．驻车制动距离变长

444．两前轮车轮驻车制动器间隙不一致会导致汽车（　　）。

A．驻车制动失效　　B．驻车制动跑偏

C．驻车制动过热　　D．轮胎异常磨损

445．东风 EQ1092 型汽车采用的驻车制动控制阀是（　　）。

A．单腔式　　B．串联双腔活塞式

C．并联双腔活塞式　　D．往复式

446．解放 CA1092 型汽车驻车制动系内的气压规定值为（　　）kPa。

A．800～830　　B．700～740　　C．700～800　　D．800～850

447．东风 EQ1092 型汽车的驻车制动气压为（　　）kPa。

A．700～740　B．700　C．750　D．800

448．关于重型车采用的驻车制动增压装置，甲说重型汽车宜采用空气增压装置，乙说重型汽车宜采用助力式液压装置。你认为以上观点（　　）。

A．甲正确　B．乙正确　C．甲、乙都正确　D．甲、乙都不正确

449．驻车制动鼓失圆，将不能导致（　　）。

A．车辆行驶跑偏　B．无驻车制动

C．驻车制动时间变长　D．驻车制动距离变长

450．汽车驻车制动蹄支承销孔与支承销配合间隙不应超过（　　）mm。

A．0.5　B．0.05　C．0.15　D．0.10

451．用游标卡尺分别测量驻车制动蹄支承销与衬套，其配合间隙不应超过（　　）mm。

A．0.30　B．0.25　C．0.35　D．0.40

452．解放 CA1092 型汽车驻车制动蹄支承销与驻车制动底板的配合间隙不大于（　　）mm。

A．0.25　B．0.20　C．0.15　D．0.30

453．驻车制动踏板轴卡滞会导致汽车（　　）。

A．驻车制动拖滞　B．驻车制动甩尾　C．驻车制动失效　D．驻车制动过迟

454．踩下汽车驻车制动踏板时，双腔驻车制动主缸中（　　）。

A．后腔液压先升高

B．前腔液压先升高

C．前后腔同时升高

D．后腔液压先升高、前腔液压先升高、前后腔同时升高都有可能

455．桑塔纳 2000 型轿车后轮驻车制动器驻车制动蹄新摩擦片的厚度为 5mm，磨损极限为（　　）mm。

A．0.30　B．0.25　C．0.35　D．0.2

456．用深度游标卡尺测量，衬片铆钉头距摩擦衬片表面应不小于（　　）mm，衬片厚度应不小于 9mm。

A．0.20　B．0.30　C．0.40　D．0.80

457．鼓式驻车制动器可分为非平衡式、平衡式和（　　）。

A．自动增力式　B．单向助势　C．双向助势　D．双向自动增力式

458．桑塔纳 2000 型轿车前后轮驻车制动力分配为（　　）。

A．4.414∶1　B．4∶1　C．5∶1　D．1∶1

459．解放 CA1092 型汽车驻车制动蹄摩擦衬片表面铆钉头深度不应小于（　　）mm。

A．0.05　B．0.08　C．0.5　D．0.8

460．解放 CA1092 型汽车采用的空气压缩机是（　　）。

A．单缸风冷式　B．双缸风冷式　C．单缸水冷式　D．双缸水冷式

461．东风 EQ1092 型汽车的空气压缩机由（　　）驱动。

A．曲轴皮带轮　B．凸轮轴皮带轮

C．发电机皮带轮　D．飞轮

462．驻车制动钳体缸筒与活塞的（　　）配合间隙应小于 0.15mm。

A．极限　B．理想　C．最小　D．理论

463．双腔驻车制动主缸中，前活塞回位弹簧比后活塞回位弹簧的弹力（　　）。

A．大　B．小

C．相等　D．大、小、相等都可能

464．并列双腔驻车制动主缸中前活塞回位弹簧的弹力（　　）后活塞回位弹簧弹力。

A．大于　B．小于　C．等于　D．大于或等于

465．汽车驻车制动解除时，若排气缓慢或不排气而造成全车驻车制动鼓发热，应检查（　　）。

A．驻车制动气室　B．驻车制动蹄回位弹簧

C．驻车制动操纵机构　D．储气筒

466．桑塔纳 2000 型轿车采用的是（　　）伺服驻车制动装置。

A．真空增压式　B．气压助力式　C．真空助力式　D．涡流增压式

467．驻车制动距离过长，应调整（　　）。

A．驻车制动踏板高度　B．驻车制动气室压力

C. 储气筒压力　　D. 驻车制动底板上的偏心支承

468. 盘式驻车制动器，驻车制动盘固定在（　　）。

A. 轮毂上　　B. 转向节上　　C. 驻车制动鼓上　　D. 活塞上

469. 不是盘式驻车制动器的优点的是（　　）。

A. 散热能力强　　B. 抗水衰退能力强

C. 驻车制动平顺性好　　D. 管路液压低

470. 解放 CA1092 型汽车支承销与底板销孔的配合间隙应为（　　）mm。

A. 0.02～0.085　　B. 0.08～0.085　　C. 0.05～0.10　　D. 0.15～0.25

471. 当主、挂车因故脱挂时，挂车（　　）。

A. 不驻车制动　　B. 自行驻车制动　　C. 停车　　D. 驻车制动力减小

472. 汽车拖带挂车时，解除挂车驻车制动，要（　　）主车驻车制动。

A. 同时或早于　　B. 同时　　C. 晚于　　D. 晚于或同时

473. 桑塔纳 2000 型轿车驻车制动踏板总行程要求不小于（　　）mm。

A. 180　　B. 150　　C. 135　　D. 120

474. 解放 CA1092 型汽车驻车制动鼓工作面的圆度误差不大于（　　）mm。

A. 0.02　　B. 0.025　　C. 0.03　　D. 0.035

475. 总泵旁通孔或回油孔堵塞会导致汽车（　　）。

A. 驻车制动系统过热　　B. 液压驻车制动系统卡死

C. 驻车制动跑偏　　D. 驻车制动甩尾

476. 汽车驻车制动器的旋转元件固装在（　　）上。

A. 车桥　　B. 悬架　　C. 车轮　　D. 传动轴

477. 采用（　　）驻车制动器的驻车制动间隙可不需调整。

A. 盘式　　B. 鼓式　　C. 带式　　D. 弹簧作用式

478. （　　）不是车身倾斜的原因。

A. 车架轻微变形　　B. 单侧悬架弹簧弹力不足

C. 减振器损坏　　D. 轮胎气压不平衡

479. （　　）是车身倾斜的原因。

A. 后桥异响　　B. 主销变形

C. 车架轻微变形　　D. 单侧悬架弹簧弹力不足

480. 关于车身倾斜的原因，甲认为单侧悬架弹簧弹力不足是其中之一，乙认为轮胎气压不平衡是引起上述故障的原因，丙认为减振器损坏是其中之一。以上看法正确的是（　　）。

A. 甲和乙　　B. 乙和丙　　C. 丙和甲　　D. A、B、C 三项均错

481. 东风 EQ1092 型汽车的车架类型属于（　　）。

A. 边梁式　　B. 中梁式　　C. 综合式　　D. 无梁式

482. 汽车车架变形会导致汽车（　　）。

A. 驻车制动跑偏　　B. 行驶跑偏　　C. 驻车制动甩尾　　D. 轮胎变形

483. （　　）是车架与车桥之间一切传动力连接装置的总成。

A. 车轮　　B. 车身　　C. 悬架　　D. 减振器

（二）判断题

1. （　　）桑塔纳轿车的传动形式是发动机后置后驱动。
2. （　　）大多数后置发动机是纵向布置的，以缩短汽车的后悬架。
3. （　　）全轮驱动一般广泛应用于轿车上。
4. （　　）汽车最小离地间隙是汽车在空载时底盘部分最低点与地面间的距离。
5. （　　）汽车传动系的基本功用是将发动机输出的动力传递给各车轮。
6. （　　）发动机纵向传出的转矩经驱动桥后，使其改变 60° 横向传出。
7. （　　）在离合器中防止分离杠杆运动干涉的结构措施只有支点摆动式和重点摆动式两种。
8. （　　）双片离合器的中间压盘能像压盘一样由分离杠杆直接拉动分离。
9. （　　）膜片弹簧离合器在分离时，膜片弹簧会产生反向锥形变形，使压盘与从动盘分离。
10. （　　）膜片弹簧离合器在高速旋转时，压盘的压紧力不会产生变化。

11. （　　）离合器压盘产生裂纹应焊修。
12. （　　）离合器按工作原理不同可分为摩擦片式离合器和液力离合器。
13. （　　）离合器从动盘表面有油污时，应用汽油将其清洁。
14. （　　）离合器摩擦片沾油或磨损过甚会引起离合器打滑。
15. （　　）离合器盖与压盘松动不会有异响发生。
16. （　　）变速器为防止同时挂入两个挡位，必须在操纵机构内装设自锁装置。
17. （　　）上海桑塔纳轿车二轴式变速器共有 3 个前进挡和一个倒挡。
18. （　　）汽车变速器中所有常啮合齿轮均为斜齿轮。
19. （　　）手动变速器操纵机构没有倒挡锁装置。
20. （　　）变速器常啮合齿轮齿厚磨损不得超过 0.25mm。
21. （　　）普通变速器由变速传动机构和变速操纵机构两大部分组成。
22. （　　）变速器在验收时，各挡均不允许有噪声。
23. （　　）变速器第一轴的轴向间隙不大于 0.15mm，其他各轴的轴向间隙不大于 0.20mm。
24. （　　）变速器壳体变形是变速器异响一个重要原因。
25. （　　）自动变速器手动阀的作用是控制阀板内油压，使之不高于某一压力。
26. （　　）自动变速器内的离合器的作用是将某一执行元件固定。
27. （　　）进行自动变速器失速试验后，发动机应立即熄火。
28. （　　）由于转向盘轴线与转向器输入轴轴线能重合，因此可不采用万向传动装置。
29. （　　）为了防止滚针轴承在离心力作用下从万向节叉内脱出，轴承应进行轴向定位。
30. （　　）球叉式万向节由于承载能力大，磨损小，结构紧凑，拆装方便，因此应用越来越广泛。
31. （　　）检查传动轴花键轴与滑动叉花键的配合间隙，最大不得超过 0.4mm。
32. （　　）半轴花键与半轴齿轮及突缘键槽的侧隙不大于原设计规定的 0.30mm。
33. （　　）半轴花键与半轴齿轮及突缘键槽的侧隙不大于原设计规定的 0.15mm。
34. （　　）汽车传动系应用最多的是十字轴式刚性万向节，其允许相连两轴的最大交角为 25°。
35. （　　）等速万向节只能用于转向驱动桥的半轴上。
36. （　　）万向节轴承壳压得过紧是万向轴传动装置异响的原因之一。
37. （　　）万向传动装置一般由万向节、传动轴和中间支撑组成。
38. （　　）主减速器中采用双曲面齿轮的缺点是噪声大、承载能力低。
39. （　　）对于双级主减速器，一般第一级为斜齿圆柱齿轮，第二级为锥齿轮。
40. （　　）主减速器主从动锥齿轮啮合印痕的要求是正车面较倒车面要高。
41. （　　）把驱动桥架空，当差速器壳转速为零时，一侧车轮受外力而转动，则另一侧车轮会以相同的方向转动。
42. （　　）全浮式半轴支承形式中半轴与差速器没有直接联系。
43. （　　）差速器可保证两侧驱动轮在任何道路条件下均能保持纯滚动和等角速转动。
44. （　　）车轮的形状有深底式轮辋、深底式宽轮辋等。
45. （　　）轮胎上标注了轮胎的尺寸。
46. （　　）若在良好的路面上出现侧滑，应检查车轮定位。
47. （　　）EQ1092F 车前轮外倾角为 1°。
48. （　　）二级维护前检测桑塔纳 LX 型轿车，车轮轮胎动不平衡量应为 0。
49. （　　）二级维护前检测桑塔纳 LX 型轿车，轮胎气压应符合规定：前轮 180kPa，后轮 190kPa。
50. （　　）车轮平衡有静平衡和动平衡之分。
51. （　　）两前轮胎气压差过大或磨损程度不一致是行驶跑偏的原因之一。
52. （　　）车轮平衡机用来检测和调校汽车车轮的动静平衡，保证车轮运转安全平稳。
53. （　　）断开式独立悬架的特点是每一侧的车轮全部通过弹性悬架挂在车架（或车身）的下面。
54. （　　）非独立悬架的汽车当一侧车轮因路面不平而跳动时，另一侧车轮不会受影响。
55. （　　）独立悬架的汽车的车桥都是断开式的。
56. （　　）根据形状可将减振器分为单管式和双管式。
57. （　　）单侧悬架弹簧弹力不足是驻车制动跑偏、甩尾的原因之一。
58. （　　）单侧悬架弹簧弹力不足是车身倾斜的原因之一。

59.（　）前悬架移位只是汽车行驶跑偏的原因。
60.（　）装备非独立悬架的汽车，加装钢板弹簧不会影响汽车的性能。
61.（　）悬架主要用于轿车。
62.（　）主销内倾角的车轮自动回正作用与车速密切相关。
63.（　）主销后倾角一般是将前轴连同悬架安装到车架上时，使前轴向后倾斜而形成的。
64.（　）前轮外倾角的作用除了提高前轮工作安全性外，另一作用是使车轮自动回正。
65.（　）前轮前束值是通过改变转向横拉杆长度来调整的。
66.（　）一般主销后倾角越大，行程的稳定力矩越大，故后倾角可任意放大。
67.（　）汽车转向时，外侧转向轮偏转角越大，其转弯半径也越大。
68.（　）循环球式转向器的传动效率高，不易产生“打手”现象。
69.（　）齿轮齿条式转向器由于齿轮直接啮合，因此操纵灵敏度非常高。
70.（　）双销式转向器的指销比单销式的指销磨损大、寿命短。
71.（　）非独立悬架用转向传动机构的各杆件之间都采用球形铰链连接，并设有防止松脱、缓冲吸振、自动消除磨损后间隙等结构措施。
72.（　）与独立悬架配用的转向传动机构，其前束是通过调整直拉杆长度来调整的。
73.（　）装用动力转向装置的汽车转向后，自动回正的能量将大为减弱。
74.（　）在叶轮泵式动力转向装置中控制阀控制液压高低。
75.（　）EQ1092F 车转向盘自由转动量应为 15°～20°。
76.（　）转向器转向轴弯曲或管柱凹瘪相互摩擦是转向沉重的原因之一。
77.（　）流量控制阀被卡住是动力转向方向发飘或跑偏的原因之一。
78.（　）分配阀反作用弹簧过软或损坏就是动力转向方向发飘或跑偏的原因。
79.（　）常流式液压动力转向装置因泄漏大、消耗功率高，目前应用较少。
80.（　）转向操纵机构应转动灵活、无卡滞现象、装配齐全、紧固可靠。
81.（　）电控式动力转向系是在原有机械式转向系组成基础上增设一套液压助力装置。
82.（　）分配阀的滑阀偏离中间位置是可能造成汽车动力转向左右转向力不一致的因素之一。
83.（　）转向器是转向操纵机构的重要组成部分。
84.（　）转向器按结构不同主要有循环球式、齿轮齿条式和螺母螺杆式。
85.（　）机动车转向盘的最大自由转动量对于最大设计车速大于 100km/h 的机动车不得大于 20°。
86.（　）所有汽车的转向轮前束值不能为负值。
87.（　）转向器按结构形式分为齿轮齿条式转向器、循环球式转向器和蜗杆曲柄指销式转向器。
88.（　）机动车转向盘的最大转动量对于最大设计车速大于 100km/h 的机动车不得大于 10°。
89.（　）转向节主销与衬套间隙过大只会引起低速打摆现象的原因。
90.（　）驻车制动装置通常由驾驶员用手操纵。
91.（　）用脚施加于驻车制动操纵装置上的力，对于座位数小于 9 的载客汽车，应不大于 600N。
92.（　）用脚施加于驻车驻车制动操纵装置上的力，对于座位数大于 9 的载客汽车，应不大于 300N。
93.（　）对于允许挂接挂车的汽车，其驻车制动装置必须能使汽车列车在满载状态下时能停在坡度 12%的坡道上。
94.（　）在空载状态下，驻车制动装置应能保证机动车在坡度为 20%、轮胎与路面间的附着系数不小于 0.7 的坡道上正、反两个方向保持固定不动，其时间不应少于 5min。
95.（　）在汽车驻车制动时，不旋转的驻车制动蹄摩擦片对旋转着的驻车制动鼓产生一摩擦力矩，其方向与车轮旋转方向相同。
96.（　）液压驻车制动装置的分管路如果漏油，会使整个驻车制动系失效。
97.（　）气压驻车制动传动装置主要由空压机、储气筒、驻车制动阀、驻车制动气室、调压机构及气压表等组成。
98.（　）鼓式车轮驻车制动器分简单非平衡式、平衡式和简单增力式 3 种。
99.（　）盘式驻车制动器的特点有热稳定性好、抗水衰退能力强、驻车制动时有助势作用。
100.（　）驻车制动器就是一种通过驾驶员操纵使车辆停止或防止车辆移动的驻车制动装置。
101.（　）双管路液压系统中任何一套管路泄漏，都将影响另一套管路的正常工作。
102.（　）双腔并列膜片式驻车制动控制阀的前后桥中都装有一根推杆。

103. （　　）安装 EBD（电子驻车制动力分配）系统的车辆，无须使用比例阀。
104. （　　）真空助力器由加力气室、控制阀两大部分组成。
105. （　　）驻车制动分泵的皮碗用汽油清洗。
106. （　　）浮动钳型盘式驻车制动器的驻车制动间隙由轮缸活塞上的橡胶密封圈实现。
107. （　　）汽车拖带挂车时，解除挂车驻车制动要晚于主车驻车制动。
108. （　　）驻车制动阀调整不当是气压驻车制动系驻车制动不良的原因之一。
109. （　　）汽车驻车制动系中鼓式车轮驻车制动器按张开装置的形式不同可分为简单非平衡式驻车制动器、平衡式驻车制动器和自动增减力式驻车制动器。
110. （　　）行车制动系的踏板自由行程越大越好。
111. （　　）行车制动系的踏板自由行程越小越好。
112. （　　）EQ1092 型汽车支承端蹄鼓间隙值比凸轮端大。
113. （　　）总泵皮碗、密封胶圈老化、发胀或翻转是液压驻车制动系驻车制动不良的原因之一。
114. （　　）行车制动器的功用是使汽车停放可靠，防止汽车滑溜。
115. （　　）驻车制动主缸的作用是将由驻车制动踏板输入的机械推力转变成驻车制动力。
116. （　　）驻车制动阀进气阀打不开是气压正常但气压驻车制动系驻车制动失效的原因之一。
117. （　　）空气助力器与真空助力器的助力作用都是直接增大驻车制动主缸的推力实现的。
118. （　　）如汽车驻车制动跑偏，说明汽车某一侧车轮驻车制动间隙过大。
119. （　　）空气液压驻车制动传动装置分为增压式和助力式两种。
120. （　　）液压驻车制动的汽车由于温度过高驻车制动液汽化而产生气阻会造成驻车制动不良。
121. （　　）对于双管路驻车制动传动装置，当其中一套管路发生驻车制动失效时，另一套管路仍能继续工作，汽车仍具有一定的驻车制动能力。
122. （　　）桑塔纳 2000 型轿车前轮采用的是浮动钳型盘式驻车制动器。
123. （　　）驻车制动传动装置按驻车制动管路的布置可分为单管路驻车制动传动装置和双管路驻车制动传动装置。
124. （　　）气压驻车制动传动装置的特点是驻车制动踏板行程较长。
125. （　　）桑塔纳 2000 型轿车驻车制动鼓内径磨损不得超过 1mm。
126. （　　）液压驻车制动系排气要在装车之前。
127. （　　）空气压缩机损坏或供气量小是无气压或气压低引起气压驻车制动系驻车制动失效的原因之一。
128. （　　）客车在 30km/h 的初速度下采用应急驻车制动系驻车制动时，驻车制动距离要求≤40m。
129. （　　）总泵旁通孔或回油孔堵塞是液压驻车制动系统卡死的原因之一。
130. （　　）装备储气筒或真空罐的机动车均应采用双向阀或相应的保护装置。
131. （　　）汽车气压驻车制动系的空气压缩机组装后，可直接装车。
132. （　　）真空助力式液压驻车制动传动装置，驻车制动时真空加力气室产生的推力同踏板力一样直接作用在驻车制动主缸的活塞推杆上。
133. （　　）真空助力式液压驻车制动传动装置中，加力气室和主缸组成一个整体，叫作真空助力器。
134. （　　）由于真空增压器所产生的助力也较大，为此重型汽车采用空气增压装置。
135. （　　）如驻车制动鼓过热，说明驻车制动蹄与驻车制动鼓之间的间隙可能过小。
136. （　　）前后独立方式的双回路液压传动装置，由双腔主缸通过两套独立回路分别控制车轮驻车制动器。
137. （　　）用弓形内径规测量驻车制动鼓内圆面的圆度误差，不得超过规定值。
138. （　　）盘式驻车制动器外廓尺寸小，防泥沙和防水性能好，因而得到广泛应用。
139. （　　）气压驻车制动系中气压调节器上的螺钉旋入时气压降低。
140. （　　）东风 EQ1092 型汽车驻车制动蹄与驻车制动鼓的驻车制动间隙为 0.35mm。
141. （　　）盘式车轮驻车制动器均装有间隙自调机构，不需要专门调整。
142. （　　）汽车驻车制动凸轮轴与底板支座承孔的配合间隙不得大于 0.05mm。
143. （　　）液压行车驻车制动系在达到规定的驻车制动效能时，座位数大于 9 的载客汽车踏板行程应不得超过 100mm。
144. （　　）总质量不大于 3500kg 的低速货车在 30km/h 的初速度下采用行车驻车制动系驻车制动时，

满载检验驻车制动距离要求≤8m。

145.（　　）车身倾斜是悬架系统损坏引起的常见故障之一。

参考答案：

（一）选择题

1. C	2. D	3. D	4. D	5. D	6. A	7. C	8. D	9. A
10. D	11. C	12. B	13. C	14. C	15. B	16. D	17. D	18. D
19. C	20. B	21. C	22. C	23. A	24. D	25. C	26. D	27. A
28. A	29. A	30. A	31. A	32. C	33. B	34. C	35. B	36. D
37. C	38. A	39. A	40. D	41. B	42. D	43. B	44. B	45. D
46. B	47. A	48. A	49. B	50. D	51. A	52. D	53. A	54. D
55. C	56. C	57. B	58. D	59. A	60. A	61. D	62. A	63. D
64. A	65. A	66. A	67. C	68. B	69. A	70. A	71. B	72. B
73. A	74. B	75. B	76. D	77. B	78. C	79. B	80. D	81. D
82. A	83. C	84. A	85. A	86. B	87. A	88. C	89. A	90. A
91. A	92. C	93. A	94. D	95. B	96. A	97. C	98. D	99. A
100. A	101. D	102. A	103. A	104. B	105. A	106. D	107. A	108. D
109. B	110. C	111. D	112. B	113. C	114. C	115. D	116. D	117. B
118. D	119. D	120. C	121. A	122. D	123. C	124. B	125. D	126. D
127. B	128. A	129. B	130. A	131. B	132. B	133. D	134. D	135. A
136. A	137. B	138. B	139. A	140. B	141. A	142. B	143. B	144. D
145. A	146. A	147. C	148. B	149. C	150. C	151. D	152. C	153. A
154. C	155. C	156. B	157. D	158. B	159. B	160. C	161. B	162. C
163. B	164. C	165. A	166. A	167. A	168. A	169. D	170. A	171. D
172. A	173. A	174. A	175. A	176. C	177. B	178. C	179. B	180. D
181. B	182. C	183. A	184. C	185. B	186. B	187. C	188. D	189. A
190. C	191. D	192. D	193. C	194. D	195. C	196. A	197. C	198. A
199. C	200. A	201. B	202. B	203. B	204. A	205. A	206. B	207. B
208. B	209. B	210. B	211. B	212. A	213. A	214. D	215. A	216. C
217. C	218. A	219. A	220. B	221. B	222. B	223. A	224. B	225. C
226. D	227. A	228. A	229. D	230. B	231. B	232. B	233. D	234. A
235. A	236. C	237. B	238. A	239. D	240. A	241. A	242. A	243. A
244. D	245. C	246. B	247. A	248. D	249. C	250. B	251. A	252. C
253. C	254. A	255. C	256. C	257. B	258. A	259. C	260. B	261. C
262. A	263. B	264. B	265. C	266. A	267. D	268. B	269. B	270. A
271. A	272. C	273. A	274. B	275. D	276. A	277. A	278. D	279. A
280. C	281. A	282. B	283. A	284. B	285. A	286. B	287. B	288. B
289. A	290. A	291. A	292. C	293. C	294. A	295. C	296. A	297. C
298. C	299. B	300. D	301. B	302. B	303. B	304. D	305. B	306. B
307. A	308. C	309. B	310. C	311. C	312. B	313. D	314. B	315. B
316. B	317. B	318. C	319. A	320. C	321. B	322. D	323. B	324. B
325. D	326. C	327. B	328. B	329. D	330. D	331. D	332. D	333. D
334. B	335. C	336. D	337. B	338. B	339. A	340. B	341. C	342. C
343. D	344. A	345. B	346. D	347. D	348. D	349. D	350. C	351. C
352. A	353. A	354. D	355. A	356. C	357. D	358. D	359. B	360. A
361. C	362. B	363. B	364. C	365. D	366. B	367. A	368. D	369. D
370. D	371. B	372. B	373. C	374. D	375. A	376. B	377. D	378. A

379. A	380. C	381. B	382. B	383. C	384. B	385. B	386. D	387. D
388. D	389. D	390. A	391. D	392. D	393. A	394. C	395. C	396. C
397. B	398. C	399. D	400. C	401. B	402. A	403. B	404. B	405. B
406. A	407. B	408. D	409. C	410. C	411. D	412. B	413. B	414. C
415. D	416. C	417. B	418. B	419. D	420. A	421. B	422. A	423. D
424. C	425. D	426. A	427. B	428. B	429. C	430. C	431. B	432. B
433. D	434. B	435. B	436. B	437. D	438. A	439. B	440. D	441. A
442. D	443. B	444. B	445. C	446. A	447. A	448. A	449. B	450. B
451. A	452. C	453. A	454. A	455. B	456. D	457. A	458. A	459. C
460. B	461. A	462. A	463. A	464. A	465. C	466. C	467. D	468. A
469. D	470. A	471. B	472. A	473. A	474. B	475. B	476. C	477. A
478. A	479. D	480. C	481. A	482. B	483. C			

（二）判断题

1. ×	2. ×	3. ×	4. ×	5. ×	6. ×	7. ×	8. ×	9. √
10. √	11. ×	12. √	13. ×	14. √	15. ×	16. ×	17. ×	18. √
19. ×	20. √	21. √	22. ×	23. ×	24. √	25. ×	26. ×	27. ×
28. ×	29. √	30. ×	31. √	32. ×	33. √	34. ×	35. ×	36. √
37. √	38. ×	39. ×	40. √	41. ×	42. ×	43. ×	44. √	45. √
46. √	47. √	48. √	49. √	50. √	51. √	52. √	53. √	54. ×
55. √	56. √	57. √	58. √	59. ×	60. ×	61. ×	62. ×	63. √
64. ×	65. √	66. ×	67. ×	68. ×	69. √	70. ×	71. √	72. ×
73. ×	74. √	75. ×	76. √	77. √	78. ×	79. ×	80. √	81. ×
82. √	83. ×	84. ×	85. √	86. ×	87. √	88. ×	89. ×	90. √
91. ×	92. ×	93. √	94. √	95. ×	96. ×	97. √	98. ×	99. ×
100. √	101. ×	102. ×	103. √	104. √	105. ×	106. √	107. ×	108. √
109. ×	110. ×	111. ×	112. ×	113. √	114. ×	115. ×	116. √	117. √
118. ×	119. √	120. √	121. √	122. √	123. √	124. ×	125. √	126. ×
127. √	128. √	129. √	130. ×	131. ×	132. √	133. ×	134. ×	135. √
136. √	137. √	138. √	139. ×	140. ×	141. √	142. ×	143. ×	144. ×
145. √								

第二节　汽车底盘检修

一、选择题

1. 离合器分离叉松旷，会使离合器（　　）。
   A. 异响　　B. 振动　　C. 操纵沉重　　D. 打滑
2. 上海桑塔纳轿车离合器踏板自由行程为（　　）。
   A. 10～15mm　　B. 15～25mm　　C. 25～30mm　　D. 30～40mm
3. 离合器分离不彻底的原因有（　　）。
   A. 踏板自由行程太大　　B. 压紧弹簧弹力不均
   C. 液压式离合器液压系统内有空气　　D. A、B、C 三项都是
4. 离合器压盘修整并与曲轴组合后，应进行（　　）试验。
   A. 静平衡　　B. 动平衡　　C. 压力　　D. 疲劳
5. 离合器压紧弹簧过软会使离合器（　　）。
   A. 异响　　B. 分离不彻底　　C. 操纵沉重　　D. 打滑
6. 东风 EQ1090E 型汽车离合器从动盘铆钉头至衬片工作表面的距离是（　　）mm。
   A. 1　　B. 1.3　　C. 1.8　　D. 2
7. 变速器的自锁装置失效，将引起变速器（　　）。

A．跳挡　B．乱挡　C．异响　D．换挡困难

8．变速器的互锁装置失效，将引起变速器（　　）。

A．跳挡　B．乱挡　C．异响　D．换挡困难

9．变速器盖与箱体扣合时，应使齿轮与拨叉处于（　　）位置。

A．一挡　B．二挡　C．空挡　D．倒挡

10．变速器齿轮正常的磨损规律是（　　）。

A．齿轮齿面磨损比花键磨损快　B．滑动齿轮比常啮合齿轮磨损慢

C．齿轮齿面磨损比花键磨损慢　D．齿轮齿面磨损与花键磨损相同

11．变速器的齿轮齿面磨损后，会成（　　）。

A．球形　B．圆形　C．椭圆形　D．锥形

12．倒挡齿轮一般使用（　　）。

A．平齿轮　B．斜齿轮　C．双曲面锥齿轮　D．锥齿轮

13．变速器内的轴承严重磨损或间隙过大，会使轴在转动时跳动，易造成变速器（　　）。

A．跳挡　B．乱挡　C．换挡困难　D．分离不清

14．变速器壳与盖结合面翘曲变形可以用（　　）检查。

A．游标卡尺　B．厚薄规　C．千分尺　D．深度尺

15．针对变速器采用加热方法安装轴承，轴承应在恒温箱或油槽中加热至（　　）。

A．10℃～50℃　B．60℃～100℃　C．110℃～150℃　D．160℃～200℃

16．变速器第二轴前轴承异响，在发动机起动（　　），挂挡前就可听见。

A．前　B．时

C．后　D．A、B、C 三项均对

17．三轴式齿轮变速器中间轴齿轮的旋转方向为（　　）。

A．在汽车前进时与第一轴相同

B．在汽车倒退时与第一轴相同

C．在汽车前进时与第一轴相反，倒退时与第一轴相同

D．在汽车前进和倒退时都与第一轴相反

18．手动变速器第二轴（输出轴）轴向间隙过大会产生（　　）。

A．脱挡　B．起步困难　C．乱挡　D．传递转矩变小

19．主减速器的圆锥主动齿轮轴承的轴向间隙应不大于（　　）。

A．0.01mm　B．0.05mm　C．0.20mm　D．0.50mm

20．主减速器内的圆锥主、从动齿轮的啮合间隙为（　　）mm。

A．0.1～0.3　B．0.2～0.6　C．0.7～1.0　D．1.1～1.4

21．主动锥齿轮轮齿上涂以红色颜料，往复转动主动锥齿轮，从动齿轮轮齿正转和逆转工作面上的印迹应位于齿高的中间偏于小端，并占齿面宽度（　　）以上。

A．40%　B．50%　C．60%　D．70%

22．主减速器在调整时必须首先保证有正确的（　　）。

A．啮合面积　B．啮合位置　C．啮合间隙　D．啮合印痕

23．对于装有格里森齿轮的主减速器，调整主传动器齿轮啮合印痕应（　　）。

A．在正中　B．偏向大端　C．偏向小端　D．偏两端

24．主减速器圆锥滚子轴承预紧度的调整必须在（　　）。

A．齿轮啮合调整之前进行

B．齿轮啮合调整之后进行

C．按主减速器圆锥滚子轴承预紧度－齿轮啮合调整－主减速器圆锥滚子轴承预紧度次序进行

D．按齿轮啮合调整－主减速器圆锥滚子轴承预紧度－齿轮啮合调整次序进行

25．差速器齿轮齿面的局部剥落部位应不超过齿高的（　　）。

A．1/2　B．1/3　C．2/3　D．1/4

26．差速器借助于（　　）固定在差速器壳上。

A．螺母　B．铆钉　C．花键　D．轴承

27．两个轮胎同时以 500r/min 的速度运转，其中一个车轮速度突然为 0，另一个齿轮为（　　）r/min。

A．0　　B．250　　C．500　　D．1000

28．东风汽车主减速器齿侧间隙是调整差速器轴承（　　）即移动从动齿轮的位置来达到的。

A．调整螺母　　B．调整螺钉　　C．调整垫片　　D．调整垫块

29．解放 CA1091 汽车的差速器轴承预紧度是利用（　　）来调整的。

A．差速器轴承左右环形调整螺母　　B．差速器轴承内侧的调整垫片

C．主传动器壳与侧盖的调整垫片　　D．差速器轴承外侧的调整垫片

30．CA1091 汽车主减速器的从动圆锥齿轮的轴承预紧度用（　　）进行调整。

A．调整垫片　　B．转动调整螺母　　C．转动调整螺栓　　D．改变隔圈厚度

31．（　　）广泛采用可变传动比齿轮齿条式转向器。

A．小客车　　B．货车　　C．货车　　D．大客车

32．桑塔纳采用（　　）齿轮齿条式机械转向器。

A．可变传动比　　B．定传动比　　C．角传动比　　D．齿轮传动比

33．汽车转向时，转动转向盘时感到沉重费力的原因是（　　）。

A．转向器蜗杆上、下轴承过紧　　B．转向器蜗杆上、下轴承过松

C．转向器蜗杆上、下轴承时松时紧　　D．转向器蜗杆上、下轴承符合标准

34．若蜗杆滚轮式转向器中的滚轮与蜗杆在两端处啮合间隙小，而中间很松旷时，则说明（　　）。

A．啮合间隙调整不当　　B．滚轮磨损过大

C．制造或安装不当　　D．轴承预紧度调整不当

35．循环球式转向器的钢球拆下后应（　　）。

A．将全部钢球清洗后放在一起　　B．按轨道清洗，分开放置

C．测量后，按直径大小放置　　D．测量后，按质量大小放置

36．涡轮与蜗杆的啮合间隙必须适当，若间隙过大，将造成（　　）。

A．转向灵活　　B．直线行驶稳定

C．转向沉重　　D．转向不流回、直线行驶不稳定

37．在安装转向传动机构的转向垂臂时，应使转向盘处于（　　）。

A．直行位置　　B．左转极限位置　　C．右转极限位置　　D．任一位置

38．为使汽车行驶方向依据驾驶员意向改变和保持汽车稳定的行驶线，主要由转向系统中的（　　）两大部分保证。

A．转向装置和转向传动机构　　B．转向盘和转向器

C．转向器和转向节臂　　D．转向节臂和转向轮

39．液压动力转向系中，当滑阀在阀体中移动时，可使动力缸活塞在两腔（　　）推动下来回运动，以起到转向助力作用

A．相等油压　　B．油压差　　C．相反油压　　D．相同方向油压

40．汽车载荷增加时，（　　）能自动调节车身高度。

A．横向扭力杆　　B．螺旋弹簧　　C．空气弹簧　　D．减振器

41．汽车悬架系中的横向稳定杆在（　　）时起作用。

A．车身上下垂直振动　　B．汽车转弯

C．车身纵向摆动　　D．倒车时

42．在汽车独立悬架中，（　　）可代替螺旋弹簧。

A．横向稳定杆　　B．下摆臂支撑杆　　C．减振器　　D．扭力杆

43．车架裂纹较长且在受力很大处，宜采用的焊修方法是（　　）。

A．直接焊修法　　B．挖补焊修法　　C．加强腹板焊修法　　D．铆焊结合法

44．单向作用式减振器的减振作用发生在（　　）中。

A．压缩行程　　B．伸张行程　　C．压缩和伸张行程　　D．任何工况

45．减振器以一定角度安装的目的不是（　　）。

A．延长使用寿命　　B．改善垂直稳定性

C．抑制加速时的冲击　　D．抑制驻车制动时的冲击

46．驻车制动器的驻车制动蹄张开时，径向位移量最大的部位是（　　）。

A．活动端　　B．支承端　　C．中部　　D．距活动端三分之一处

47. 驻车制动器检测时，要求驻车制动蹄衬片半径（　　）驻车制动鼓半径。
A. 等于　　B. 大于　　C. 小于　　D. 不确定
48. 汽车行驶中，将驻车制动踏板踩到底，仍无驻车制动效果的原因是（　　）。
A. 个别轮驻车制动气室失效
B. 驻车制动系统中无气压
C. 各驻车制动轮驻车制动鼓与驻车制动蹄间隙过小
D. 各驻车制动轮驻车制动鼓与驻车制动蹄间隙过大
49. 维修盘式驻车制动器时，以下说法哪些正确（　　）。
A. 应使用螺丝刀将活塞撬出缸筒
B. 应当通过放气螺钉向缸筒施加压缩空气，将活塞推出
C. 应注意调整好驻车制动间隙
D. 调整驻车制动力大小
50. 在对驻车制动盘检修时，不必（　　）。
A. 检查驻车制动盘端面跳动量　　B. 检查驻车制动盘厚度
C. 测量驻车制动盘直径　　D. 测量驻车制动盘平面度
51. 除了（　　）选项外，其余都是常用的双管路驻车制动主缸维修的步骤。
A. 为拆下后活塞总成，将前活塞限位螺栓拧下
B. 用脱脂溶剂清洗驻车制动主缸
C. 将缸内的锈全部除掉
D. 更换所有的皮碗和密封
52. 液压驻车制动踏板自由行程反映了（　　）。
A. 驻车制动蹄与驻车制动鼓间隙　　B. 总泵推杆与活塞之间间隙
C. 驻车制动凸轮轴凸轮偏转角度　　D. 驻车制动凸轮轴磨损程度
53. 液压驻车制动总泵装配前各零件应用（　　）彻底清洗。
A. 汽油　　B. 煤油　　C. 碱溶液　　D. 酒精
54. 液压驻车制动系的驻车制动主缸与活塞的配合间隙一般不得超过（　　）mm。
A. 0.15　　B. 0.25　　C. 0.35　　D. 0.45
55. 东风 EQ1090E 型汽车驻车制动踏板的自由行程为（　　）。
A. 5～10mm　　B. 10～15mm　　C. 20～25mm　　D. 25～30mm
56. 东风 EQ1090E 型汽车气压驻车制动控制阀的排气间隙应为（　　）左右。
A. 0.5mm　　B. 1mm　　C. 1.5mm　　D. 2mm
57. CA1091 型汽车的气压驻车制动系采用（　　）驻车制动阀。
A. 串列双腔活塞式　　B. 并列双腔活塞式　　C. 并列双腔膜片式　　D. 串列双腔膜片式
58. 检修真空助力器时，其中橡胶制件应使用（　　）彻底清洗。
A. 汽油　　B. 煤油　　C. 碱溶液　　D. 驻车制动液
59. 就车检验真空助力器时，发动机应运转数分钟后熄火，用同样的力踩驻车制动踏板数次，踏板的剩余高度应（　　）。
A. 不变　　B. 一次比一次升高
C. 一次比一次降低　　D. 一次高一次低
60. 装有真空助力驻车制动系的汽车驻车制动踏板行程过大的原因可能是（　　）。
A. 真空阀泄漏　　B. 驻车制动主缸内的推杆调整不正确
C. 驻车制动液液面太低　　D. 驻车制动时用力太大
61. 拉紧驻车制动手柄后，能使汽车在（　　）坡道上驻车制动停车。
A. 1%　　B. 5%　　C. 20%　　D. 30%
62. 下列几种形式的驻车制动传动机构当中，（　　）仅用在驻车制动上。
A. 机械式　　B. 液压式　　C. 气动式　　D. 复合式
63. 下列选项中，（　　）不是造成驻车制动器失效或无法保持驻车制动的原因。
A. 拉索调整不当　　B. 后轮驻车制动器调整不当
C. 驻车制动蹄磨损量过大　　D. 驻车制动系统中的液压系统内有空气

二、判断题

1. （　　）东风 EQ1090 汽车的离合器从动盘花键毂在安装时，长毂应朝向变速器。
2. （　　）将东风 EQ1090E 型汽车分离杠杆的球形螺母旋入，则踏板自由行程将减小。
3. （　　）变速器内的变速叉弯扭后，可用火焰校正法校正。
4. （　　）变速器齿轮或齿套沿齿长方向磨成锥形后，易造成变速器换挡困难。
5. （　　）对于变速器壳体不重要处的裂纹可采用黏结法修复。
6. （　　）安装变速器轴承时，轴承内圈圆角较大的一侧必须朝向齿轮。
7. （　　）汽车在转向时，出现异响多为主减速器齿轮啮合间隙过大所致。
8. （　　）调整主减速器时，应先调啮合印痕，再调轴承预紧度，最后调啮合间隙。
9. （　　）汽车在转向时出现异响，就是差速器行星齿轮啮合间隙过大所造成的。
10. （　　）无轴间差速器的四轮驱动汽车分动器在高挡时，既可两轮驱动，亦可四轮驱动。
11. （　　）循环球式机械转向器壳体与侧盖产生裂纹时需更换。
12. （　　）机械双销式转向器摇臂轴主销轴承预紧度是利用主销上的调整螺母来调整的。
13. （　　）转向横、直拉杆球头调整过紧或缺油将造成高速摆振。
14. （　　）钢板弹簧的 U 型螺栓未拧紧，将易导致钢板断裂。
15. （　　）装配筒式减振器油封时，应把外表面有圆角的一端朝向储油缸螺母。
16. （　　）当驻车制动器的驻车制动蹄回位弹簧两端拉钩断裂后，可重新弯钩继续使用。
17. （　　）驻车制动蹄片与驻车制动鼓各处的间隙应尽可能调至相等。
18. （　　）液压驻车制动系的液压主缸推杆与活塞的间隙过小，将使驻车制动过迟。
19. （　　）东风 EQ1090E 型汽车驻车制动阀的调整项目有排气间隙、最大驻车制动气压、前后腔的气压差。
20. （　　）真空助力器的检验方法有就车检验法和仪表检验法两种。
21. （　　）驻车制动器扇形齿轮上的齿牙和棘爪有断裂可黏结修复。

参考答案：

（一）选择题

1. C	2. B	3. D	4. B	5. D	6. C	7. A	8. B	9. C
10. A	11. D	12. A	13. A	14. B	15. B	16. C	17. D	18. A
19. B	20. B	21. C	22. D	23. C	24. A	25. B	26. D	27. D
28. A	29. A	30. A	31. A	32. B	33. A	34. B	35. B	36. D
37. A	38. A	39. B	40. C	41. B	42. D	43. C	44. B	45. A
46. C	47. B	48. B	49. B	50. C	51. A	52. B	53. D	54. A
55. B	56. C	57. A	58. D	59. B	60. B	61. C	62. A	63. D

（二）判断题

1. √	2. √	3. ×	4. ×	5. √	6. √	7. ×	8. ×	9. ×
10. ×	11. √	12. √	13. ×	14. √	15. √	16. ×	17. ×	18. ×
19. √	20. √	21. ×						

第五章 汽车电气设备与电子控制装置

第一节　汽车电气设备

（一）选择题

1．汽车电气回路的电流从（　　）出发。
A．蓄电池正极　B．蓄电池负极　C．负荷　D．车身负极

2．电气回路的电流流回（　　）。
A．蓄电池正极　B．蓄电池负极　C．负荷　D．车身负极

3．电气回路的电流从蓄电池正极出发流经（　　）到蓄电池负极。
A．电压　B．电动势　C．电磁场　D．负荷

4．蓄电池的符号中长的一端表示（　　）。
A．正极　B．负极　C．连接点　D．隔断点

5．线束上允许通过的电流同截面积成（　　）。
A．正比　B．反比　C．与面积无关　D．不确定

6．温度越高，线束上允许通过的电流（　　）。
A．越大　B．越小　C．不变　D．先变大，后变小

7．线束中的电线通过（　　）加以区分。
A．符号　B．字母　C．数字　D．颜色

8．（　　）不是由蓄电池电源供电。
A．双跳紧急灯　B．遥控门锁　C．防盗系统　D．空调系统

9．ACC 又称附属电源，当起动机开关接通时，为了降低蓄电池负荷，ACC 处于（　　）状态。
A．导通　B．关闭　C．间歇性通断　D．先关闭，后导通

10．（　　）不是由点火开关控制的电源。
A．ACC 附属电源　B．点火电源
C．起动电源　D．蓄电池电源

11．乘用车使用（　　）蓄电池。
A．6V　B．12V　C．24V　D．36V

12．卡车使用（　　）蓄电池。
A．6V　B．12V　C．24V　D．36V

13．发动机起动时，蓄电池（　　）。
A．为起动机提供较大的电能　B．向点火装置供电
C．向燃油装置供电　D．其他各项都是

14．发动机起动时提供电能的是（　　）。
A．发电机　B．起动机　C．电气负荷　D．蓄电池

15．向蓄电池充电的是（　　）。
A．起动机　B．发动机　C．发电机　D．电气负荷

16．蓄电池的作用就是将电能转化为（　　）。

A．机械能　　B．化学能　　C．物理能　　D．核能

17．铅蓄电池由（　　）构成。

A．阳极板　　B．阴极板　　C．电解液　　D．A、B、C 选项都是

18．蓄电池电槽内部被分为（　　）个单元。

A．2　　B．4　　C．6　　D．8

19．蓄电池放电时，硫酸分解成（　　）。

A．氢气和水　　B．氢气和硫酸根　　C．氢离子和硫酸根　　D．水和硫酸根

20．蓄电池放电时，（　　）。

A．硫酸浓度降低，电动势下降　　B．硫酸浓度升高，电动势下降

C．硫酸浓度降低，电动势升高　　D．硫酸浓度升高，电动势升高

21．蓄电池充电时，（　　）。

A．硫酸浓度降低，电动势下降　　B．硫酸浓度升高，电动势下降

C．硫酸浓度降低，电动势升高　　D．硫酸浓度升高，电动势升高

22．蓄电池电解液的主要成分是（　　）。

A．硝酸　　B．硫酸　　C．盐酸　　D．碳酸

23．完全放电，20℃环境中蓄电池电解液的比重大约是（　　）。

A．1.12　　B．1.20　　C．1.24　　D．1.28

24．完全充电，20℃环境中蓄电池电解液的比重大约是（　　）。

A．1.12　　B．1.20　　C．1.24　　D．1.28

25．放电容量的单位是（　　）。

A．安培秒　　B．安培分　　C．安培小时　　D．安培天

26．蓄电池长期不用，其电容量将（　　）。

A．升高　　B．下降　　C．不变　　D．波动

27．不是“自行放电”而蓄电池没电的原因是（　　）。

A．电解液不纯　　B．蓄电池长期存放

C．正负极柱导通　　D．电解液不足

28．为保证车辆顺利起动，起动电流稳定值应该为 100～150A，蓄电池内阻不大于（　　）mΩ，稳定电压不小于 9V。

A．5　　B．10　　C．20　　D．50

29．为保证车辆顺利起动，起动电流稳定值应该为 100～150A，蓄电池内阻不大于 20mΩ，稳定电压不小于（　　）V。

A．3　　B．6　　C．9　　D．12

30．为保证车辆顺利起动，起动电流稳定值应该为（　　）A，蓄电池内阻不大于 20mΩ，稳定电压不小于 9V。

A．20～50　　B．50～100　　C．100～150　　D．150～200

31．橡胶壳蓄电池电解液液面高度应高出极板（　　）mm。

A．5～10　　B．10～15　　C．15～20　　D．20～25

32．按蓄电池生产厂家的要求或气温条件，在蓄电池内加注规定密度的电解液，静置 6～8h 后，再将液面高度调整到高出极板（或防护片）顶部（　　）mm。

A．5～10　　B．10～15　　C．15～20　　D．20～25

33．按蓄电池生产厂家的要求或气温条件，在蓄电池内加注规定密度的电解液，静置（　　）h 后，再将液面高度调整到高出极板（或防护片）顶部 10～15mm。

A．6～8　　B．5～10　　C．15～20　　D．20～25

34．一般技术状况良好的蓄电池，单格电压应在 1.5V 以上，并在 5s 内保持稳定。若 5s 内下降至（　　）V，说明存电量足。

A．1.3　　B．1.5　　C．1.7　　D．1.9

35．一般技术状况良好的蓄电池，单格电压应在 1.5V 以上，并在 5s 内保持稳定。若（　　）s 内下降至 1.7V，说明存电量足。

A. 1 B. 3 C. 5 D. 7

36. 在充电完成 2h 后测量电解液相对密度，若不符合要求，可用蒸馏水（过高时）或相对密度为 1.4 的（　　）（过低时）调整。

A. 稀硝酸 B. 浓硝酸 C. 稀硫酸 D. 浓硫酸

37. 在充电完成 2h 后测量电解液相对密度，若不符合要求，可用（　　）（过高时）或相对密度为 1.4 的稀硫酸（过低时）调整。

A. 蒸馏水 B. 井水 C. 河水 D. 雪水

38. 当蓄电池液面高度正常时，传感器的铅棒上的电位为（　　）V，警告灯（　　）。

A. 8 亮 B. 8 不亮 C. 6 亮 D. 6 亮

39. 如下对蓄电池安全操作正确的是（　　）。

A. 配制电解液时应将硫酸倒入水中

B. 配制电解液时应将水倒入硫酸中

C. 观看检查电解液用的仪器时应远离电解液加注口

D. 蓄电池壳上可以放置较轻的物体

40. 为保证车辆顺利起动，起动前蓄电池电压应不小于（　　）V。

A. 6 B. 8 C. 10 D. 12

41. 当蓄电池液面高度低于极限值时，传感器的铅棒（　　）正电位，警告灯（　　）。

A. 无 亮 B. 有 不亮 C. 无 不亮 D. 有 亮

42. 一般技术状况良好的蓄电池，单格电压应在（　　）V 以上，并在 5s 内保持稳定。

A. 0.5 B. 1.0 C. 1.5 D. 2.0

43. 蓄电池电解液的浓度应为（　　）g/cm^3。

A. 1.84 B. 1.90 C. 2.00 D. 2.8

44. 一般夏季行驶（　　）天，应检查电解液的液面高度。

A. 5～6 B. 10～12 C. 12～14 D. 14～16

45. 一般冬季行驶（　　）天，应检查电解液的液面高度。

A. 5～10 B. 10～15 C. 15～20 D. 20～25

46. 一般每行驶（　　）km 或冬季行驶 10～15 天，夏季行驶 5～6 天，应检查电解液的液面高度。

A. 200 B. 500 C. 1000 D. 1500

47. 对储存期超过两年的干式铅蓄电池，使用前应补充充电，充电时间应在（　　）小时。

A. 2～3 B. 3～5 C. 5～10 D. 10

48. 蓄电池液面过低警告灯开关的传感器通常安装在由正极桩算起第（　　）个单格内。

A. 1 B. 2 C. 3 D. 4

49. 汽车蓄电池与发电机并联，同属于汽车的（　　）。

A. 高压电源 B. 低压电源 C. 用电设备 D. 以上都不对

50. （　　）夹在相邻正、负极板之间，防止两者短路。

A. 外壳 B. 连接壳 C. 隔板 D. 极桩

51. 发电机产生（　　）相交流电。

A. 一 B. 二 C. 三 D. 四

52. 交流发电机由定子和（　　）组成。

A. 转子 B. 整流器 C. 稳压器 D. A、B、C 三项都是

53. 整流回路使用（　　）将三相交流转变成直流。

A. 二极管 B. 齐纳二极管 C. 三极管 D. 晶体管

54. 整流器一般使用（　　）个二极管。

A. 1～3 B. 3～6 C. 6～9 D. 9～12

55. 发电机的电压过高时，（　　）。

A. 三极管切断，线圈断电，发电机不再发电

B. 三极管切断，线圈通电，发电机不再发电

C. 三极管导通，线圈断电，发电机不再发电

D. 三极管导通，线圈通电，发电机不再发电

56．发电机的电压过低时，（　　）。

A．三极管切断，线圈断电，发电机发电

B．三极管切断，线圈通电，发电机发电

C．三极管导通，线圈断电，发电机发电

D．三极管导通，线圈通电，发电机发电

57．装于汽车发电机内部的调节器是（　　）。

A．FT61 型　　B．JFT106 型　　C．集成电路调节器　　D．晶体调节器

58．解放 CA1091 型汽车发电机空转时，在转速不大于 1150r/min 的条件下，电压为（　　）V。

A．11　　B．12　　C．13　　D．14

59．东风 EQ1090 型汽车发电机空转时，在转速不大于 1150r/min 的条件下，电压为（　　）V。

A．11　　B．12　　C．13　　D．14

60．交流电的有效值是根据（　　）来确定的。

A．电流　　B．电压　　C．最大值　　D．热效应

61．交流发电机单相桥式硅整流器每个二极管在一个周期内的导通时间为（　　）周期。

A．1/2　　B．1/3　　C．1/4　　D．1/6

62．汽车行驶时，充电指示灯由亮转灭，说明（　　）。

A．发电机处于他励状态　　B．发电机处于自励状态

C．充电系统有故障　　D．发电机有故障

63．中心引线为负极、管壳为正极的二极管是（　　）。

A．负极二极管　　B．励磁二极管　　C．正极二极管　　D．稳压二极管

64．交流发电机的（　　）是产生交流电动势的。

A．定子　　B．转子　　C．铁心　　D．线圈

65．（　　）的作用是将定子绕组产生的三相交流电变为直流电。

A．转子总成　　B．硅二极管　　C．整流器　　D．电刷

66．电压调节器触点控制的电流是发电机的（　　）。

A．励磁电流　　B．电枢电流　　C．充电电流　　D．点火电压

67．硅整流发电机的中性点电压等于发电机极柱直流输出电压的（　　）。

A．1/2　　B．2/3　　C．1/3　　D．1/4

68．验收发电机时，检查其有无机械和电路故障，可采取（　　）试验。

A．负载　　B．起动　　C．空转　　D．手动

69．发电机转子端隙应不大于（　　）mm。

A．0.10　　B．0.20　　C．0.25　　D．0.30

70．（　　）可导致发电机异响。

A．发电机轴承润滑不良　　B．碳刷过短

C．定子短路　　D．转子短路

71．（　　）可导致发电机异响。

A．转子与定子之间碰擦　　B．碳刷过短

C．定子短路　　D．转子短路

72．关于发电机异响故障，甲说可能是传动带松紧度调整不当，乙说可能是发电机轴承润滑不良。你认为以上观点（　　）。

A．甲正确　　B．乙正确　　C．甲、乙都正确　　D．甲、乙都不正确

73．关于发电机异响故障，甲说发电机异响故障的原因可能是转子与定子之间碰擦；乙说可能是发电机风扇或传动带盘与壳体碰撞。你认为以上观点（　　）。

A．甲正确　　B．乙正确　　C．甲、乙都正确　　D．甲、乙都不正确

74．关于充电电流不稳故障的原因，甲说可能是发电机内部定子或转子线圈某处有断路或短路；乙说可能是电压调节器有关线路板松动或搭铁不良。你认为以上观点（　　）。

A．甲正确　　B．乙正确　　C．甲、乙都正确　　D．甲、乙都不正确

75．关于充电电流不稳故障的原因，甲说可能是风扇传动带打滑，乙说可能是充电系统连接导线接触不良。你认为以上观点（　　）。

A．甲正确　　B．乙正确　　C．甲、乙都正确　　D．甲、乙都不正确

76．关于充电电流不稳故障的症状，甲说是发动机在中速以上运转，电流表指示充电电流忽大忽小；乙说是发动机在中速以上运转，电流表指示时充时放，指针摆动大。你认为以上观点（　　）。

A．甲正确　　B．乙正确　　C．甲、乙都正确　　D．甲、乙都不正确

77．关于充电电流不稳故障的症状，甲说是发动机在中速以上运转，电流表指示充电电流忽大忽小；乙说是发动机在中速以上运转，充电指示灯忽明忽暗。你认为以上观点（　　）。

A．甲正确　　B．乙正确　　C．甲、乙都正确　　D．甲、乙都不正确

78．交流发电机过载时，（　　）可协同发电机向用电设备供电。

A．分电器　　B．电动机　　C．蓄电池　　D．起动机

79．触点式调节器可分为（　　）。

A．内搭铁式和外搭铁式　　B．晶体管式和集成电式

C．单级式和双级式　　D．单级式和多级式

80．起动机运转利用了（　　）。

A．磁力线　　B．电磁力　　C．电场　　D．磁场

81．在碳刷和换向器的作用下，可以保证流过的电流与磁场保持（　　）。

A．恒定　　B．随机　　C．交变　　D．每 90°变化一次

82．起动机工作符合（　　）。

A．左手螺旋法则　　B．右手螺旋法则　　C．弗莱明左手法则　　D．弗莱明右手法则

83．起动电机由励磁线圈、电枢、（　　）组成。

A．超越离合器　　B．碳刷

C．换向器　　D．以上 A、B、C 三项都是

84．由于励磁线圈要流过强电流，故采用（　　）带制成。

A．铁　　B．铝　　C．铜　　D．镁

85．起动机内的碳刷有 4 个，每个碳刷之间夹角（　　）。

A．90°　　B．120°　　C．150°　　D．180°

86．起动机上的小齿轮与飞轮之间锁死时，供给电流将达到（　　）A。

A．100～200　　B．200～300　　C．300～400　　D．400～500

87．起动机的工作顺序是吸引线圈和保持线圈通电，（　　），主触点闭合，起动机起动。

A．小齿轮运转　　B．小齿轮不动　　C．小齿轮伸出　　D．小齿轮回缩

88．如果起动机不工作，在蓄电池点火开关正常的情况下，首先应该检查（　　）。

A．吸引线圈　　B．小齿轮　　C．主触点　　D．励磁线圈

89．汽车起动机电磁开关通电，活动铁芯完全吸入驱动齿轮时，驱动齿轮与止推环之间的间隙一般为（　　）mm。

A．1.5～2.5　　B．5　　C．5～10　　D．5～7

90．起动机电磁开关吸拉线圈的电阻值为（　　）Ω。

A．1.5～2.6　　B．1.6～2.6　　C．2.6～2.7　　D．2.7～2.9

91．汽车起动机电磁开关将起动机主电路接通后，活动铁芯靠（　　）线圈产生的电磁力保持在吸合位置上。

A．吸拉　　B．保持　　C．吸拉和保持　　D．A、B、C 三项都不是

92．起动机的驱动齿轮与止推垫之间的间隙应为（　　）mm。

A．1～4　　B．1～2　　C．0.5～1　　D．0.5～0.9

93．汽车发动机需要传递较大转矩且起动机尺寸较大时，应使用（　　）式单向离合器。

A．滚柱　　B．摩擦片　　C．弹簧　　D．带式

94．起动机在做全驻车制动试验时，除测试电流、电压外，还应测试（　　）。

A．转速　　B．转矩　　C．功率　　D．电阻值

95．起动发动机时，每次接通起动机的时间不应超过（　　）s。

A．5　　B．10　　C．15　　D．20

96．起动机换向器圆周上径向跳动量超过 0.05mm，应在（　　）上修复。

A．车床　　B．压力机　　C．磨床　　D．铣床

97．东风 EQ1090 型汽车起动机全驻车制动试验时，电流不应大于（　　）A。

A．120　　B．240　　C．360　　D．650

98．起动系的功用是将（　　）的电能转变为机械能，产生转矩，起动发动机。

A．发电机　　B．蓄电池　　C．电容器　　D．点火线圈

99．现代汽车较多采用的起动机是（　　）。

A．直接操纵式　　B．惯性啮合式　　C．移动电枢啮合式　　D．强制啮合式

100．起动机电枢轴弯曲超过（　　）mm 时，应进行校正。

A．0.05　　B．0.10　　C．0.15　　D．0.25

101．起动机的空转试验不得超过（　　）min。

A．0.5　　B．1　　C．1.5　　D．2

102．小功率起动机广泛使用的是（　　）式离合器。

A．滚柱　　B．摩擦片　　C．弹簧　　D．带式

103．关于起动机不能与飞轮结合的故障，甲说故障的原因主要在起动机的控制部分，乙说原因主要在主回路接触盘的行程过小。你认为以上观点（　　）。

A．甲正确　　B．乙正确　　C．甲、乙都正确　　D．甲、乙都不正确

104．关于起动机不能与飞轮结合的故障，甲说故障的原因主要在起动机的控制部分，乙说故障的原因主要在起动机的操纵部分。你认为以上观点（　　）。

A．甲正确　　B．乙正确　　C．甲、乙都正确　　D．甲、乙都不正确

105．关于起动机不能与飞轮结合故障，甲说故障的原因主要是起动机的电磁开关不良，乙说故障原因主要是起动机的电流过小。你认为以上观点（　　）。

A．甲正确　　B．乙正确　　C．甲、乙都正确　　D．甲、乙都不正确

106．关于起动机运转无力的故障，甲说原因可能是起动机轴承过松，乙说原因可能是起动机轴承过紧。你认为以上观点（　　）。

A．甲正确　　B．乙正确　　C．甲、乙都正确　　D．甲、乙都不正确

107．关于起动机运转无力故障的原因，甲说可能是起动机电枢轴弯曲与磁极碰擦，乙说可能是电枢绕组或磁场绕组短路。你认为以上观点（　　）。

A．甲正确　　B．乙正确　　C．甲、乙都正确　　D．甲、乙都不正确

108．关于起动机运转无力故障的原因，甲说可能是蓄电池亏电太多，乙说可能是起动电路插头松动。你认为以上观点（　　）。

A．甲正确　　B．乙正确　　C．甲、乙都正确　　D．甲、乙都不正确

109．关于起动机运转无力故障的症状，甲说是起动机运转缓慢无力，不能带动发动机正常运转；乙说是接通起动开关，起动机只是“咔嗒”一声响，而不转动。你认为以上观点（　　）。

A．甲正确　　B．乙正确　　C．甲、乙都正确　　D．甲、乙都不正确

110．起动机一般由（　　）、传动机构和控制装置等部分组成。

A．交流电动机　　B．直流串励式电动机

C．发电机　　D．电容器

111．（　　）起动机由驾驶员旋动点火开关或按下起动按钮直接参与控制，或通过起动继电器控制电磁开关接通或切断起动机电路。

A．电磁操纵式　　B．直接操纵式　　C．惯性啮合式　　D．移动电枢啮合式

112．（　　）是汽车发动机不能起动的原因。

A．低压电路断路　　B．供油不足

C．混合气过稀　　D．混合气过浓

113．火花塞采用陶瓷绝缘体，提高了（　　）。

A．绝缘性能　　B．耐热性能　　C．热传导性能　　D．A、B、C 三项都是

114．火花塞中嵌入（　　）芯，可迅速散发热量。

A．铜　　B．碳　　C．铁　　D．铝

115．火花塞电极的材料有（　　）。

A．铂　　B．铱　　C．普通合金　　D．A、B、C 三项都是

116．火花塞的自我净化温度在（　　）℃左右。

A. 350　　B. 450　　C. 550　　D. 650

117. 如果电极部位温度过高，达到大约（　　）℃，会在发出火花之前提前将混合气体点燃，引起电极熔化、绝缘体破损等。

A. 750　　B. 850　　C. 950　　D. 1050

118. 火花塞的性能要求（　　）。

A. 绝缘性能良好，机械强度高　　B. 完全密封

C. 电极周围的温度要适中　　D. A、B、C 三项都是

119. 火花塞根据（　　）来分类。

A. 着火性能　　B. 散发热量　　C. 绝缘性能　　D. 密封性能

120. 低热值型火花塞适用于（　　）。

A. 低速连续行驶，小负荷缓慢行驶　　B. 高速连续行驶，小负荷缓慢行驶

C. 低速连续行驶，大负荷缓慢行驶　　D. 高速连续行驶，大负荷缓慢行驶

121. 火花塞分为冷型、（　　）。

A. 温型　　B. 热型　　C. 冷热型　　D. A、B、C 三项都是

122. 提高着火性能的方法就是（　　）。

A. 扩大火花塞间隙　　B. 缩小中心电极

C. 增加中心电极伸出量　　D. 其他各项都是

123. 火花塞的接地极采用（　　）可以提高着火性能。

A. T 形槽　　B. V 形槽　　C. U 形槽　　D. Z 形槽

124. 火花塞的中心电极采用（　　）可以提高着火性能。

A. T 形槽　　B. V 形槽　　C. U 形槽　　D. Z 形槽

125. 点火系的功用是将电源供给的（　　）V 低压电变为高压电，并根据发动机的工作顺序与点火时间的要求，适时、准确地将高压电送到各气缸火花塞。

A. 6　　B. 12　　C. 24　　D. 36

126. 汽油机分电器中的（　　）由分火头和分电器盖组成。

A. 配电器　　B. 断电器　　C. 点火提前装置　　D. 电容器

127. （　　）的作用是按发动机的工作顺序依次分配高压电至各缸火花塞上。

A. 分火头　　B. 断电器　　C. 点火线圈　　D. 点火器

128. （　　）的作用是把高压导线送来的高压电放电，击穿火花塞两电极间的空气，产生电火花，引燃气缸内的混合气体。

A. 分电器　　B. 点火线圈　　C. 电容器　　D. 火花塞

129. 桑塔纳 DQ171 型点火线圈二次绕组的电阻为（　　）Ω。

A. 1 400～2 500　　B. 2 400～3 500　　C. 3 400～4 500　　D. 4 400～5 500

130. 关于火花塞检测，甲说定期或在对某缸火花塞性能有怀疑时，可进行单缸断火试验。乙说根据发动机运转情况判断火花塞的好坏，若性能不良或有明显损坏时，一般应予更换。对于以上说法（　　）。

A. 甲正确　　B. 乙正确　　C. 甲、乙都正确　　D. 甲、乙都不正确

131. 桑塔纳 2000GLS 型轿车 JV 型发动机分电器触发叶轮的叶片在空隙时，霍尔传感器信号发生器的输出电压值为（　　）V。

A. 0.3～0.4　　B. 0.5～0.6　　C. 0.5～0.7　　D. 0.5～0.8

132. 桑塔纳 2000GLS 型轿车 JV 型发动机分电器触发叶轮的叶片不在空隙时，霍尔传感器信号发生器的输出电压值为（　　）V。

A. 1～5　　B. 2～9　　C. 3～10　　D. 4～11

133. 桑塔纳 2000GLS 型轿车 JV 型发动机怠速转速在（800±50）r/min 时，点火提前角应为（　　）。

A. 11°～13°　　B. 11°～12°　　C. 10°～11°　　D. 9°～10°

134. 进行汽车二级维护前，检查发动机的转速为（　　）r/min 时，点火提前角应为 13°±1°。

A. 600　　B. 800　　C. 1 000　　D. 1 200

135. 进行汽车二级维护前，检查发动机的转速为 800r/min 时，点火提前角应为（　　）。

A. 3°　　B. 5°　　C. 7°　　D. 9°

136. 进行汽车二级维护前，检查发动机的转速为（　　）r/min 时，点火提前角应为 9°。

A．200　　B．400　　C．600　　D．800

137．进行汽车二级维护前，检查发动机的转速为（　　）r/min 时，点火电压应为 8～10kV。

A．200　　B．400　　C．600　　D．800

138．进行汽车二级维护前，检查发动机的转速为 800r/min 时，点火电压应为（　　）kV。

A．2～4　　B．4～6　　C．6～8　　D．8～10

139．（　　）的作用是控制点火线圈一次侧电路的通断，配合点火线圈完成升压任务。

A．配电器　　B．电容器　　C．断电器　　D．电阻器

140．（　　）的作用是减小起动后点火线圈的电流。

A．分火头　　B．断电器　　C．点火线圈　　D．附加电阻

141．一般来说，普通火花塞中心电极与侧电极之间的间隙为（　　）mm。

A．0.35～0.45　　B．0.45～0.55　　C．0.50～0.60　　D．0.70～0.90

142．传统点火系中，分电器的电容容量一般为（　　）。

A．0.15～0.20μF　　B．0.15～0.25μF　　C．0.15～0.25F　　D．0.15～0.25mF

143．检查分电器轴与衬套之间的间隙，分电器轴与衬套的正常配合间隙为（　　）mm，最大不得超过 0.07mm。

A．0.01～0.02　　B．0.02～0.04　　C．0.04～0.06　　D．0.06～0.08

144．检查分电器轴与衬套之间的间隙，分电器轴与衬套的正常配合间隙为 0.02～0.04mm，最大不得超过（　　）mm。

A．0.02　　B．0.05　　C．0.07　　D．0.09

145．拆下火花塞，观察绝缘体裙部颜色，为（　　）且电极有被烧蚀痕迹，则选用的火花塞为热型。

A．浅褐色　　B．黑色　　C．灰白色　　D．棕色

146．拆下火花塞，观察绝缘体裙部颜色，为（　　）并且干净，说明选型正确。

A．浅褐色　　B．黑色　　C．灰白色　　D．棕色

147．拆下火花塞，观察绝缘体裙部颜色，为（　　）说明选用火花塞为冷型。

A．浅褐色　　B．黑色　　C．灰白色　　D．棕色

148．（　　）是导致发动机缺火的原因。

A．火花塞损坏　　B．点火器失效　　C．点火线圈失效　　D．点火开关失效

149．JV 发动机分电器安装在发动机的（　　）。

A．前端　　B．后端　　C．侧面　　D．下面

150．CA1091 分电器安装在发动机的（　　）。

A．前端　　B．后端　　C．侧面　　D．上方

151．离心提前装置在分电器轴固定不动时，使凸轮向其（　　）转至极限，放松时应立即回原位。

A．工作方向　　B．正向　　C．反向　　D．侧向

152．当线圈中通电时，电磁继电器的上衔铁带动活动触点与固定（　　）接通。

A．常开触点　　B．常闭触点　　C．铁芯　　D．A、B、C 三项都是

153．（　　）用于控制点火线圈初级绕组的搭铁。

A．点火模块　　B．高压线　　C．分电器　　D．火花塞

154．点火模块用于控制点火线圈初级绕组的（　　）。

A．搭铁　　B．电源　　C．电阻　　D．电感

155．高速发动机普遍采用（　　）火花塞。

A．标准型　　B．突出型　　C．细电极型　　D．铜心宽热值型

156．丰田威驰发动机采用的是（　　）点火线圈。

A．开磁路　　B．闭磁路　　C．A、B 都正确　　D．A、B 都不正确

157．断电器触点有轻度烧蚀，可用（　　）号砂纸打磨。

A．00　　B．100　　C．200　　D．500

158．用数字式万用表的（　　）挡检查点火线圈的电阻。

A．欧姆　　B．电压　　C．千欧　　D．兆欧

159．发动机工作时，火花塞绝缘体裙部的温度应保持在（　　）。

A．200℃～300℃　　B．300℃～400℃

C．500℃～600℃ D．600℃～700℃

160．对于桑塔纳 2000GLS 型轿车 JV 型发动机，使用数字式万用表的黑笔搭铁，红笔搭接电子点火控制端子，查看（ ）大小是否符合技术要求，可判断点火控制器等故障。

A．电流 B．电压 C．电阻 D．电流或电压

161．断电器触点闭合期间对应的分电器（ ）转角称为触点闭合角。

A．曲轴 B．转子 C．凸轮轴 D．驱动轴

162．断电器触点闭合期间对应的分电器凸轮轴转角称为（ ）。

A．分电器重叠角 B．触点闭合角 C．触点提前角 D．触点滞后角

163．桑塔纳 2000 型轿车的点火系为（ ）式电子点火系。

A．磁感应 B．霍尔 C．光电 D．脉冲

164．一般来说，高能点火系采用的火花塞中心电极与侧电极之间的间隙为（ ）mm。

A．0.35～0.45 B．0.45～0.55 C．0.70～0.90 D．1.10～1.30

165．为保证点火可靠，一般要求点火系统提供高压电为（ ）V。

A．12 B．5 000～8 000 C．8 000～10 000 D．15 000～20 000

166．对于桑塔纳 2000GLS 型轿车 JV 型发动机点火提前角，可旋松分电器固定螺钉，旋转分电器盘直到校准到（ ）为止。

A．8°～10° B．10°～12° C．11°～13° D．13°～14°

167．六缸发动机怠速运转不稳，拔下第二缸高压线后，运转状况无变化，故障在（ ）。

A．第二缸 B．相邻缸 C．中央高压线 D．化油器

168．无触点电子点火系采用点火信号传感器取代传统点火系中的（ ）。

A．断电触点 B．配电器 C．分电器 D．点火线圈

169．（ ）附装在分电器外壳上，与断电器触点并联，其作用是减小断电器断开时产生的电火花，防止触点烧蚀，提高二次电压。

A．配电器 B．电容器 C．断电器 D．电阻器

170．因磁脉冲式转速传感器的转子有 24 个凸齿，故分电器轴转一圈产生（ ）个脉冲信号。

A．12 B．24 C．36 D．48

171．东风 EQ1090E 型汽车装用的附加电阻线电阻值约为（ ）Ω。

A．1 B．1.25 C．1.5 D．1.7

172．进行汽车二级维护前，检查分电器的触点闭合角应为（ ）。

A．30°～36° B．36°～42° C．42°～48° D．48°～54°

173．将 220V 交流试灯接在点火线圈一次绕组两端的接线柱上，灯亮，表示（ ）故障。

A．有断路 B．有搭铁 C．无断路 D．有断路或搭铁

174．发动机相邻两高压分线插错，将会造成（ ）。

A．动力不足 B．起动困难 C．不能起动 D．运转不稳

175．为确保安全，更换点火模块前应采取的措施是（ ）。

A．拆下蓄电池负极导线 B．拆下蓄电池正极导线

C．拆下蓄电池 D．关闭点火开关

176．桑塔纳 2000 型轿车采用的电子点火模块具有恒能点火功能，初级电流恒定为（ ）A。

A．2.5 B．4.5 C．6.5 D．7.5

177．进行桑塔纳 2000GLS 型轿车 JV 型发动机点火提前角的检测，需要发动机冷却水温至少达到（ ）℃，油温达到 60℃。

A．60 B．70 C．80 D．90

178．无触点式点火按工作原理可分为磁脉冲式、（ ）。

A．光电式 B．霍尔式 C．电磁振荡式 D．感应式

179．应用最多的点火系是磁脉冲式和（ ）。

A．光电式 B．霍尔式 C．电磁振荡式 D．感应式

180．上海桑塔纳轿车使用的点火系是（ ）。

A．光电式 B．霍尔式 C．电磁振荡式 D．磁脉冲式

181．为了提高（ ），在无触点全晶体管点火的基础上，开发了电子点火控制装置。

A．发动机转速　　B．点火提前角精度　　C．怠速稳定性　　D．爆燃性能

182．电子点火控制装置最核心的部件是（　　）。

A．ECU　　B．传感器　　C．点火线圈　　D．高压线

183．电子点火控制装置的优点是（　　）。

A．提高了点火能量和工作可靠性　　B．点火提前角控制更准确

C．使发动机的动力性和经济性达到最佳　　D．其他各项都是

184．独立点火的优点有（　　）。

A．不需高压线　　B．实现小型化

C．独立控制各缸的点火提前角　　D．A、B、C 三项都是

185．独立点火与同时点火相比，省去了（　　）。

A．点火器　　B．高压线　　C．火花塞　　D．传感器

186．关于发动机缺火，甲说发动机分电器失效可导致发动机缺火，乙说发动机点火器损坏可导致发动机缺火。二人中正确的是（　　）。

A．甲　　B．乙　　C．甲、乙都正确　　D．甲、乙都不正确

187．关于发动机缺火，甲说发动机点火线圈失效可导致发动机缺火，乙说发动机点火器损坏可导致发动机缺火。二人中正确的是（　　）。

A．甲　　B．乙　　C．甲、乙都正确　　D．甲、乙都不正确

188．关于低速断火故障，甲说原因可能是可燃混合气过浓，乙说原因可能是电容器断路。你认为以上观点（　　）。

A．甲正确　　B．乙正确　　C．甲、乙都正确　　D．甲、乙都不正确

189．关于低速断火故障，甲说原因可能是可燃混合气过浓，乙说原因可能是电容器工作不良。你认为以上观点（　　）。

A．甲正确　　B．乙正确　　C．甲、乙都正确　　D．甲、乙都不正确

190．关于低速断火故障，甲说原因可能是火花塞间隙过大，乙说原因可能是电容器工作不良。你认为以上观点（　　）。

A．甲正确　　B．乙正确　　C．甲、乙都正确　　D．甲、乙都不正确

191．关于低速断火故障，甲说原因可能是火花塞间隙过小，乙说原因可能是电容器工作不良。你认为以上观点（　　）。

A．甲正确　　B．乙正确　　C．甲、乙都正确　　D．甲、乙都不正确

192．关于高压无火故障，甲说原因可能是分电器盖中心碳极脱落，乙说原因可能是火花塞工作不良。你认为以上观点（　　）。

A．甲正确　　B．乙正确　　C．甲、乙都正确　　D．甲、乙都不正确

193．关于高压无火故障，甲说原因可能是分火头漏电，乙说原因可能是分电器盖漏电。你认为以上观点（　　）。

A．甲正确　　B．乙正确　　C．甲、乙都正确　　D．甲、乙都不正确

194．关于高压无火故障，甲说原因可能是点火线圈次级线圈断路，乙说原因可能是点火线圈次级线圈短路。你认为以上观点（　　）。

A．甲正确　　B．乙正确　　C．甲、乙都正确　　D．甲、乙都不正确。

195．关于火花塞间歇性跳火故障的原因，甲说是点火顺序不对，乙说是点火电压不足。你认为以上观点（　　）。

A．甲正确　　B．乙正确　　C．甲、乙都正确　　D．甲、乙都不正确

196．关于火花塞间歇性跳火故障的原因，甲说是个别缸高压线断路，乙说是点火正时不对。你认为以上观点（　　）。

A．甲正确　　B．乙正确　　C．甲、乙都正确　　D．甲、乙都不正确

197．关于火花塞间歇性跳火故障的原因，甲说是个别缸高压线断路，乙说是点火电压不足。你认为以上观点（　　）。

A．甲正确　　B．乙正确　　C．甲、乙都正确　　D．甲、乙都不正确

198．关于火花塞间歇性跳火故障的原因，甲说是分电器盖漏电，乙说是点火正时不对。你认为以上观点（　　）。

A．甲正确　　B．乙正确　　C．甲、乙都正确　　D．甲、乙都不正确

199．HCFC 类制冷剂包括 R22、R123、（　　）等。

A．R133　　B．R143　　C．R153　　D．R163

200．（　　）类制冷剂包括 R11、R12、R13、R113、R114 及 R115 等。

A．CFA　　B．CFB　　C．CFC　　D．CFD

201．（　　）最大的特点是不含氯原子，ODP 值为 0，GWP 也很低，为 0.25～0.26。

A．HFC12　　B．HFC13　　C．HFC14　　D．HFC134a

202．（　　）最大的特点是不含氯原子，ODP 值为 0，GWP 也很低，为 0.5～0.6。

A．HFC12　　B．HFC13　　C．HFC14　　D．HFC134a

203．CFC12 对大气臭氧层的破坏作用最大，臭氧层破坏系数（ODP）值为（　　），温室效应（GWP）值达 3 左右。

A．1　　B．2　　C．3　　D．4

204．（　　）对大气臭氧层的破坏作用最大，臭氧层破坏系数（ODP）值为 1，温室效应（GWP）值达 3 左右。

A．CFC1O　　B．CFC11　　C．CFC12　　D．CFC13

205．CFC12 对大气臭氧层的破坏作用最大，臭氧层破坏系数（ODP）值为 1，温室效应（GWP）值达（　　）左右。

A．1　　B．2　　C．3　　D．4

206．制冷剂离开压缩机时的状态为（　　）。

A．低压过热蒸气　　B．低压过冷蒸气　　C．高压过热蒸气　　D．高压过冷蒸气。

207．（　　）在汽车制冷系中冷却吸热、冷凝放热，起着极其重要的作用。

A．制冷剂　　B．冷凝剂　　C．化学试剂　　D．冷却液

208．检查汽车空调压缩机性能时，应使发动机转速达到（　　）r/min。

A．1 000　　B．1 500　　C．1 600　　D．2 000

209．在汽车制冷循环系统中，被吸入压缩机的制冷剂是（　　）状态。

A．低压液体　　B．高压液体　　C．低压气体　　D．固体

210．在汽车空调系统中，（　　）将系统的低压侧与高压侧分隔开。

A．空调压缩机　　B．干燥罐　　C．蒸发器　　D．冷凝器

211．制冷剂进入压缩机时的状态为（　　）。

A．低压过热蒸气　　B．低压过冷蒸气

C．高压过热蒸气　　D．高压过热蒸气

212．进行空调压缩机检查时，每年加制冷剂的同时应补加（　　）g 同类冷冻机油。

A．10～20　　B．20～30　　C．30～40　　D．40～50

213．在汽车空调系统中，为制冷循环提供动力的部件是（　　）。

A．冷凝器　　B．压缩机　　C．储液干燥器　　D．蒸发器

214．汽车空调系统中，电磁离合器的作用是用来控制（　　）之间的动力传递。

A．发动机与电磁离合器　　B．发动机与压缩机

C．压缩机与电磁离合器　　D．压缩机与起动机

215．关于膨胀阀，甲说膨胀阀安装于驾驶室内，乙说膨胀阀安装于蒸发器旁。你认为以上观点（　　）。

A．甲正确　　B．乙正确　　C．甲、乙都正确　　D．甲、乙都不正确

216．关于膨胀阀，甲说膨胀阀位于蒸发器入口侧，乙说膨胀阀可将系统的高压侧与低压侧隔离开来。你认为以上观点（　　）。

A．甲正确　　B．乙正确　　C．甲、乙都正确　　D．甲、乙都不正确

217．关于调整膨胀阀调节螺钉，甲说顺时针方向拧，内弹簧减弱，开度增大；反之开度减小。乙说拧一圈，温度变化 1℃，一般在 1/2～1 圈范围内微调，切忌乱拧。你认为以上观点（　　）。

A．甲正确　　B．乙正确　　C．甲、乙都正确　　D．甲、乙都不正确

218．关于冷凝器，甲说制冷剂离开冷凝器时并不总是 100%的液体，乙说少量制冷剂可能以气态离开冷凝器。你认为以上观点（　　）。

A．甲正确　　B．乙正确　　C．甲、乙都正确　　D．甲、乙都不正确

219．关于冷凝器，甲说气体状态的载热制冷剂在冷凝器中得到液化，乙说气体状态的载热制冷剂在冷凝器中得到冷凝。你认为以上观点（　　）。

A．甲正确　　B．乙正确　　C．甲、乙都正确　　D．甲、乙都不正确

220．关于蒸发器，甲说蒸发器安装在车辆驾驶室内用于冷却室内空气，乙说蒸发器安装在车辆驾驶室内用于除去空气中湿气。你认为以上观点（　　）。

A．甲正确　　B．乙正确　　C．甲、乙都正确　　D．甲、乙都不正确

221．关于蒸发器，甲说制冷剂在此吸热并蒸发，乙说载热空气被强迫通过蒸发器的组件从而吸收空气热量。你认为以上观点（　　）。

A．甲正确　　B．乙正确　　C．甲、乙都正确　　D．甲、乙都不正确

222．关于蒸发器，甲说蒸发器管件间如严重脏污会导致制冷效果不良，乙说蒸发器管件间如严重脏污会导致空气中水分在蒸发器处冷却后流入驾驶室内。你认为以上观点（　　）。

A．甲正确　　B．乙正确　　C．甲、乙都正确　　D．甲、乙都不正确

223．（　　）用来吸收汽车空调系统制冷剂中的水分。

A．储液干燥器　　B．冷凝器　　C．膨胀阀　　D．蒸发器

224．在汽车制冷循环系统中，经膨胀阀送往蒸发器管道中的制冷剂是（　　）状态。

A．高温高压液体　　B．低温低压液体　　C．低温高压气体　　D．高温低压液体

225．汽车空调系统低压压力开关在（　　）时起作用。

A．系统压力过高　　B．系统压力过低

C．过高或过低　　D．A、B、C 三项都不是

226．使用汽车空调时，下列（　　）影响制冷效果。

A．乘客过多　　B．汽车快速行驶　　C．大负荷　　D．门窗关闭不严

227．汽车空调操纵面板上的 A/C 开关是用来控制（　　）系统的。

A．采暖　　B．通风　　C．制冷　　D．转换

228．在汽车空调的组成部件中，（　　）可以根据制冷负荷自动调节制冷剂的流量，达到控制车内温度的目的。

A．压缩机　　B．冷凝器　　C．膨胀阀　　D．蒸发器

229．用汽车万用表测量空调出风口湿度时，温度传感器应放在（　　）。

A．驾驶室内　　B．驾驶室外　　C．高压管路内　　D．风道内

230．关于冷凝器检修，甲说如果仅是外表积污引致冷凝器散热片被堵塞，应用水清洗；乙说用压缩空气吹，同时注意不要损伤冷凝器散热片。你认为以上观点（　　）。

A．甲正确　　B．乙正确　　C．甲、乙都正确　　D．甲、乙都不正确

231．关于冷凝器检修，甲说如果是冷凝器泄漏，可在泄漏处焊补；乙说如果是冷凝器导管脏堵或导管外部折瘪，可将该处剖开修理，然后进行焊补。你认为以上观点（　　）。

A．甲正确　　B．乙正确　　C．甲、乙都正确　　D．甲、乙都不正确

232．关于蒸发器检修，甲说应清洁排泄管路，并清除积聚底板的水分；乙说如属泄漏，应对泄漏处进行焊补。你认为以上观点（　　）。

A．甲正确　　B．乙正确　　C．甲、乙都正确　　D．甲、乙都不正确

233．关于膨胀阀检修，甲说如果膨胀阀开度过大，一般高、低压侧压力均高，外表有结霜、结冰现象；乙说如果膨胀阀开度过小，一般高、低压侧压力均低且制冷不足。你认为以上观点（　　）。

A．甲正确　　B．乙正确　　C．甲、乙都正确　　D．甲、乙都不正确

234．关于空调压缩机不运转故障，甲说原因可能是空调系统内无制冷剂，乙说原因可能是传动皮带过松。你认为以上观点（　　）。

A．甲正确　　B．乙正确　　C．甲、乙都正确　　D．甲、乙都不正确

235．关于空调压缩机不运转故障，甲说原因可能是电磁离合器皮带盘与压力板接合面磨损严重而打滑，乙说原因可能是电磁离合从动压力板连接半圆键松脱。你认为以上观点（　　）。

A．甲正确　　B．乙正确　　C．甲、乙都正确　　D．甲、乙都不正确

236．关于空调压缩机不运转故障，甲说原因可能是空调系统内无制冷剂，乙说原因可能是电源线路断路。你认为以上观点（　　）。

A．甲正确　　B．乙正确　　C．甲、乙都正确　　D．甲、乙都不正确

237．关于空调压缩机不运转故障，甲说原因可能是空调熔断丝熔断，乙说原因可能是电源线路断路。你认为以上观点（　　）。

A．甲正确　　B．乙正确　　C．甲、乙都正确　　D．甲、乙都不正确

238．关于空调压缩机不停转故障，甲说原因可能是空调调节器故障，乙说原因可能是蒸发器传感器故障。你认为以上观点（　　）。

A．甲正确　　B．乙正确　　C．甲、乙都正确　　D．甲、乙都不正确

239．关于空调压缩机不停转故障，甲说原因可能是空调继电器故障，乙说原因可能是空调开关故障。你认为以上观点（　　）。

A．甲正确　　B．乙正确　　C．甲、乙都正确　　D．甲、乙都不正确

240．关于空调压缩机不停转故障，甲说原因可能是空调控制线路短路故障，乙说原因可能是空调开关故障。你认为以上观点（　　）。

A．甲正确　　B．乙正确　　C．甲、乙都正确　　D．甲、乙都不正确

241．关于汽车电流表，甲说电流表指示“-”时为蓄电池放电，乙说电流表指示“+”时为发电机向蓄电池充电。你认为以上观点（　　）。

A．甲正确　　B．乙正确　　C．甲、乙都正确　　D．甲、乙都不正确

242．关于汽车电流表，甲说电流表指示值表明发电机是否正常工作，乙说电流表指示值表明蓄电池充电状况。你认为以上观点（　　）。

A．甲正确　　B．乙正确　　C．甲、乙都正确　　D．甲、乙都不正确

243．关于汽车电流表检修，甲说电流表只允许通过较小电流，乙说电喇叭的电流不通过电流表。你认为以上观点（　　）。

A．甲正确　　B．乙正确　　C．甲、乙都正确　　D．甲、乙都不正确

244．关于汽车电流表检修，甲说不同型号的发电机应配用不同量程的电流表，乙说电流表应串联在蓄电池和发电机之间且接线极性不可错。你认为以上观点（　　）。

A．甲正确　　B．乙正确　　C．甲、乙都正确　　D．甲、乙都不正确

245．关于电压表检修，甲说车载电压表显示的数值为蓄电池或发电机的端电压，乙说车载电压表显示的数值为点火系的高压电压。你认为以上观点（　　）。

A．甲正确　　B．乙正确　　C．甲、乙都正确　　D．甲、乙都不正确

246．关于电压表检修，甲说电压表用来指示发电机和蓄电池的端电压；乙说电热式电压表结构简单，在接通或切断电源时，指针摆动较迟缓，要待指针指示稳定后才可读数。你认为以上观点（　　）。

A．甲正确　　B．乙正确　　C．甲、乙都正确　　D．甲、乙都不正确

247．关于电压表检修，甲说应使用万用表确认电压表读数是否准确，乙说可使用检测仪确认电压表读数是否准确。你认为以上观点（　　）。

A．甲正确　　B．乙正确　　C．甲、乙都正确　　D．甲、乙都不正确

248．关于电压表检修，甲说车载电压表读数不一定准确，乙说车载电压表的读数仅供参考。你认为以上观点（　　）。

A．甲正确　　B．乙正确　　C．甲、乙都正确　　D．甲、乙都不正确

249．关于燃油表指示，甲说如燃油表指示“F”，表明油箱内的燃油为满箱；乙说如燃油表指针位于红色区域，表明油箱内的燃油为空箱。你认为以上观点（　　）。

A．甲正确　　B．乙正确　　C．甲、乙都正确　　D．甲、乙都不正确

250．关于燃油表检修，甲说在安装传感器时，与油箱搭铁必须良好；乙说传感器的电阻末端必须搭铁，这样可以避免因滑片与电阻接触不良导致产生火花而引起火灾。你认为以上观点（　　）。

A．甲正确　　B．乙正确　　C．甲、乙都正确　　D．甲、乙都不正确

251．关于燃油表指示，甲说如燃油表指示“F”，表明油箱内的燃油为满箱；乙说如燃油表指示“E”表明油箱内的燃油为半箱。你认为以上观点（　　）。

A．甲正确　　B．乙正确　　C．甲、乙都正确　　D．甲、乙都不正确

252．关于燃油表指示，甲说如燃油表指示“F”，表明油箱内的燃油为满箱；乙说如燃油表指示“E”，表明油箱内的燃油为空箱。你认为以上观点（　　）。

A．甲正确　　B．乙正确　　C．甲、乙都正确　　D．甲、乙都不正确

253．关于车速里程表，甲说车速里程表的车速表动力源来自变速器的输入轴；乙说车速里程表由汽车

的变速器软轴驱动仪表的主动轴。你认为以上观点（　　）。

A. 甲正确　　B. 乙正确　　C. 甲、乙都正确　　D. 甲、乙都不正确

254. 关于车速里程表，甲说车速里程表的动力源来自变速器的输出轴，乙说车速里程表由汽车的变速器软轴驱动仪表的主动轴。你认为以上观点（　　）。

A. 甲正确　　B. 乙正确　　C. 甲、乙都正确　　D. 甲、乙都不正确

255. 关于车速里程表检修，甲说磁感应式车速里程表的结构中没有电路连接，乙说磁感应式车速里程表由汽车的变速器软轴驱动仪表的主动轴。你认为以上观点（　　）。

A. 甲正确　　B. 乙正确　　C. 甲、乙都正确　　D. 甲、乙都不正确

256. 汽车灯具一般安装在（　　）。

A. 车身前部　　B. 车身侧面　　C. 车身后部　　D. A、B、C 三项都是

257. 车身侧面一般安装有（　　）。

A. 转向信号灯　　B. 雾灯　　C. 示宽灯　　D. 驻车制动灯

258. （　　）不装在车身后部。

A. 驻车制动灯　　B. 照明灯　　C. 倒车灯　　D. 牌照灯

259. 在城市夜间行驶，一般（　　）。

A. 打开近光灯　　B. 打开示宽灯

C. 打开远光灯　　D. 不用照明灯，依靠路灯照明

260. 示宽灯的作用是（　　）。

A. 夜间行驶时提醒对方车辆宽度　　B. 夜间倒车时显示车辆宽度

C. 夜间进入车库时显示车辆宽度　　D. 夜间在路边停车时显示车辆宽度

261. 倒车灯的灯光颜色是（　　）。

A. 红色　　B. 橙色　　C. 白色　　D. 淡黄色

262. 电喇叭上的触点为（　　）式。

A. 常开　　B. 常闭　　C. 半开半闭　　D. 处于任意状态

263. 电喇叭上共鸣片、膜片、衔铁及（　　）刚性连为一体。

A. 上铁芯　　B. 下铁芯　　C. 弹簧　　D. 按钮

264. 关于喇叭声响不正常故障，甲说原因可能是喇叭支架松动，乙说原因可能是喇叭电路电阻过大。你认为以上观点（　　）。

A. 甲正确　　B. 乙正确　　C. 甲、乙都正确　　D. 甲、乙都不正确

265. 关于喇叭声响不正常故障，甲说原因可能喇叭支架松动，乙说原因可能是蓄电池存电不足。你认为以上观点（　　）。

A. 甲正确　　B. 乙正确　　C. 甲、乙都正确　　D. 甲、乙都不正确

266. 关于喇叭声响不正常故障，甲说原因可能是喇叭线圈烧坏，乙说原因可能是喇叭支架松动。你认为以上观点（　　）。

A. 甲正确　　B. 乙正确　　C. 甲、乙都正确　　D. 甲、乙都不正确

267. 关于喇叭声响不正常故障，甲说原因可能是喇叭线圈烧坏，乙说原因可能是蓄电池存电不足。你认为以上观点（　　）。

A. 甲正确　　B. 乙正确　　C. 甲、乙都正确　　D. 甲、乙都不正确

268. 关于喇叭长鸣故障，甲说原因可能是喇叭继电器触点烧结，乙说原因可能是喇叭继电器触点弹簧片弹力过弱。你认为以上观点（　　）。

A. 甲正确　　B. 乙正确　　C. 甲、乙都正确　　D. 甲、乙都不正确

269. 关于喇叭长鸣故障，甲说原因可能是喇叭按钮回位弹簧过弱，乙说喇叭长鸣故障的原因可能是喇叭按钮短路。你认为以上观点（　　）。

A. 甲正确　　B. 乙正确　　C. 甲、乙都正确　　D. 甲、乙都不正确

270. 关于喇叭长鸣故障，甲说原因可能是喇叭按钮回位弹簧过弱，乙说原因可能是喇叭按钮回位弹簧折断。你认为以上观点（　　）。

A. 甲正确　　B. 乙正确　　C. 甲、乙都正确　　D. 甲、乙都不正确

271. 关于喇叭长鸣故障，甲说原因可能是喇叭继电器触点烧结，乙说原因可能是喇叭继电器短路。你认为以上观点（　　）。

A．甲正确 B．乙正确 C．甲、乙都正确 D．甲、乙都不正确

272． 关于喇叭不响故障，甲说原因可能是喇叭按钮接触不良，乙说原因可能是喇叭衔铁气隙过大。你认为以上观点（ ）。

A．甲正确 B．乙正确 C．甲、乙都正确 D．甲、乙都不正确

273．关于喇叭不响故障，甲说原因可能是喇叭线圈烧坏，乙说原因可能是喇叭电源线路短路。你认为以上观点（ ）。

A．甲正确 B．乙正确 C．甲、乙都正确 D．甲、乙都不正确

274．关于喇叭不响故障，甲说原因可能是继电器触点烧蚀，乙说原因可能是气隙过大。你认为以上观点（ ）。

A．甲正确 B．乙正确 C．甲、乙都正确 D．甲、乙都不正确

275．关于喇叭触点经常烧坏故障，甲说原因可能是喇叭触点间隙调整过小，乙说原因可能是喇叭线圈匝间短路。你认为以上观点（ ）。

A．甲正确 B．乙正确 C．甲、乙都正确 D．甲、乙都不正确

276．关于喇叭触点经常烧坏故障，甲说原因可能是电容量过大，乙说原因可能是电容量过小。你认为以上观点（ ）。

A．甲正确 B．乙正确 C．甲、乙都正确 D．甲、乙都不正确

277．关于喇叭触点经常烧坏故障，甲说原因可能是电容断路，乙说原因可能是电容量过小。你认为以上观点（ ）。

A．甲正确 B．乙正确 C．甲、乙都正确 D．甲、乙都不正确

278．关于喇叭触点经常烧坏故障，甲说原因可能是电容量过大，乙说原因可能是电容断路。你认为以上观点（ ）。

A．甲正确 B．乙正确 C．甲、乙都正确 D．甲、乙都不正确

279．电喇叭是用（ ）控制金属膜片振动面发声的装置。

A．电流 B．电压 C．电磁 D．磁力

280．（ ）会导致左后侧电动车窗不能升降。

A．熔断器故障 B．前乘客侧开关故障

C．左后乘客侧开关故障 D．右后乘客侧开关故障

281．（ ）会导致前排乘员侧电动车窗不能升降。

A．熔断器故障 B．前乘客侧开关故障

C．左后乘客侧开关故障 D．右后乘客侧开关故障

282（ ）会导致所有电动车窗都不能升降。

A．熔断器故障 B．前乘客侧开关故障

C．左后乘客侧开关故障 D．右后乘客侧开关故障

283．（ ）会导致所有电动车窗都不能升降。

A．主开关故障 B．前乘客侧开关故障

C．左后乘客侧开关故障 D．右后乘客侧开关故障

284．（ ）会导致所有车门锁都不能工作。

A．熔断器故障 B．左侧电动车门锁电路断路

C．右侧电动车门锁故障 D．左后侧电动车门锁故障

285．（ ）会导致所有车门锁都不能工作。

A．电源导线断路 B．左侧电动车门锁电路断路

C．右侧电动门锁故障 D．右侧后电动车门锁故障

286．（ ）会导致所有车门锁都不能工作。

A．电源故障 B．左侧电动车门锁电路断路

C．右侧电动车门锁故障 D．左侧后电动车门锁故障

287．（ ）会导致前排乘员电动座椅不能动。

A．熔断器故障 B．主控开关搭铁不良

C．主控开关搭铁线断路 D．乘员侧开关故障

288．（ ）会导致驾驶员电动座椅不能动。

A．熔断器故障　　B．主控开关搭铁不良
C．主控开关搭铁线断路　　D．驾驶员侧开关故障

289．（　　）会导致所有电动座椅都不能动。
A．熔断器故障　　B．驾驶员侧开关故障
C．左后乘客侧开关故障　　D．右后乘客侧开关故障

290．（　　）不能导致所有电动座椅都不能动。
A．熔断器故障　　B．搭铁不良
C．搭铁线断路　　D．右后乘客侧开关故障

291．（　　）只能导致右侧电动后视镜不能动。
A．熔断器故障　　B．右侧电动机电路断路
C．左侧后视镜电动机故障　　D．左侧后视镜电动机故障

292．（　　）只能导致左侧电动后视镜不能动。
A．熔断器故障　　B．右侧电动机电路断路
C．右侧后视镜电动机故障　　D．左侧后视镜电动机故障

293．（　　）不会导致所有电动后视镜都不能动。
A．熔断器故障　　B．开关故障
C．搭铁不良　　D．左侧后视镜电动机故障

294．（　　）会导致所有电动后视镜都不能动。
A．熔断器故障　　B．左侧电动机电路断路
C．右侧后视镜电动机故障　　D．左侧后视镜电动机故障

（二）判断题

1．（　　）当发电机的端电压高于蓄电池的电压时，蓄电池可以储存电能。

2．（　　）蓄电池一般由 3 个或 6 个单体电池串联而成。

3．（　　）一般技术状况良好的蓄电池，单格电压应在 1.5V 以上，并在 5s 内保持稳定。

4．（　　）一般技术状况良好的蓄电池，单格电压应在 1.5V 以上，并在 5s 内保持稳定。若 5s 内下降至 1.5V，说明存电量足。

5．（　　）汽车蓄电池与发电机并联，同属于汽车的高压电源。

6．（　　）蓄电池上的通气孔应经常保持清洁。

7．（　　）蓄电池的极板有正极板和负极板两种，正、负极板均由极桩和活性物质组成。

8．（　　）当蓄电池外壳为塑料时，呈半透明状，电解液液面应在厂方标明的上刻线之上。

9．（　　）初充电第一阶段的充电电流为额定容量的 1/15。

10．（　　）发电机内部定子或转子线圈某处有断路或短路会导致充电电流不稳。

11．（　　）在发动机运转及汽车行驶的大部分时间里，由发电机向各用电设备供电。

12．（　　）发电机通过空转试验可检查是否有故障。

13．（　　）检测发电机整流器的性能应选用万用表“二极管”挡。

14．（　　）硅二极管具有单向导电性。

15．（　　）发电机在发动机各种运转状态下都不能向蓄电池充电。

16．（　　）发电机调节器是调节发电机电压的。

17．（　　）交流发电机的电磁不需他励。

18．（　　）交流电的有效值是根据其热效应来确定的。

19．（　　）硅整流发电机利用硅二极管整流。

20．（　　）起动机的电刷在电刷架内应滑动自如。

21．（　　）起动机电枢轴弯曲与磁极碰擦会导致起动机运转无力。

22．（　　）电枢绕组或磁场绕组短路会导致起动机运转无力。

23．（　　）起动机一般由直流串励式电动机、传动机构、控制装置等部分组成。

24．（　　）每次接通汽车起动机时间不得超过 5s。

25．（　　）东风 EQ1090 型汽车起动机空转试验时，转速应不低于 5 000r/min，电流应不大于 90A，电压为 12V。

26．（　　）直接操纵式起动机被现代汽车广泛采用。

27. （　　）为保证车辆顺利起动，起动电流稳定值应该为 100～150A。
28. （　　）为保证车辆顺利起动，起动电流稳定值应该为 100～150A，蓄电池内阻应不大于 20mΩ。
29. （　　）点火模块用于控制点火线圈的次级绕组。
30. （　　）进行汽车二级维护前，检测分电器重叠角，国家标准规定分电器重叠角应不大于 9°。
31. （　　）用正时灯检查发动机点火提前角，应将正时记号对正上止点 11°～13° 的地方。
32. （　　）发动机的点火提前角一般为 11°～13°。
33. （　　）高压无火故障的原因可能是火花塞工作不良。
34. （　　）高压无火故障的原因可能是分电器盖中心碳极脱落。
35. （　　）高压电路的电源是点火线圈的二次绕组，负载为火花塞间隙。
36. （　　）低速断火故障的原因可能是电容器工作不良。
37. （　　）磁感应式点火系统点火信号传感器转子与定子爪极间隙应为 0.4mm。
38. （　　）断电器触点闭合时，高压电路接通。
39. （　　）进行汽车二级维护前，检查发动机的转速为 800r/min 时，点火电压应为 8～10kV。
40. （　　）断电器由一对触点和凸轮组成，其作用是周期性接通和切断低压电路。
41. （　　）桑塔纳发动机火花塞电极间隙应为 0.7～0.8mm。
42. （　　）通过用数字式万用表的欧姆挡测量点火控制器端子的电压，可检查电子点火控制器的故障。
43. （　　）桑塔纳 2000 型轿车采用的电子点火模块内部为先进的混合集成电路。
44. （　　）电容器的作用是吸收触点打开时点火线圈初级绕组产生的自感电动势，减少触点火花，保护触点。
45. （　　）闭磁路式点火线圈多用于电子点火系。
46. （　　）将 220V 交流试灯一端接点火线圈低压线柱，一端接外壳，如灯亮则表示有断路故障。
47. （　　）用万用表检查发动机电子点火控制器端子电阻可以确定点火控制器或有关电路故障。
48. （　　）发动机曲轴转速与分电器的转速比为 2∶1。
49. （　　）一般的爆燃是因为燃烧室内油气点火后，火焰波尚未完全扩散，未燃烧的混合气因为高温而自燃。
50. （　　）热型火花塞适用于中低速低压缩比的小功率发动机。
51. （　　）桑塔纳发动机中央高压线电阻应为 2～2.8kΩ。
52. （　　）曲轴位置传感器检测曲轴转角信号输入 ECU 作为点火控制主控信号，而不作为喷射信号。
53. （　　）有熄火征兆或着火后又逐渐熄火一般是因为发动机电路故障。
54. （　　）毫无着火征兆一般属于发动机电路故障。
55. （　　）进行跳火试验时，若中央高压线末端对分火头跳出火花，表明分火头已击穿。
56. （　　）火花塞间歇性跳火的原因是点火顺序不对。
57. （　　）火花塞间歇性跳火的原因是点火电压不足。
58. （　　）检查并调整火花塞的间隙，测量时应用塞尺。
59. （　　）冷型火花塞热值小。
60. （　　）冬季采暖时，必须打开汽车 A/C 开关。
61. （　　）电磁离合器皮带盘与压力板接合面磨损严重而打滑会导致空调压缩机不运转故障。
62. （　　）电磁离合器从动压力板连接半圆键松脱会导致空调压缩机不运转故障。
63. （　　）进行空调系统检修时，抽真空之前应进行泄漏检查。
64. （　　）在蒙特利尔协议书中，CFC134a 被列为第二批禁用物质。
65. （　　）如发现空调压缩机排气压力过高，不能正常制冷，冷凝器导管外部有结霜、结冰现象，说明冷凝器导管内部脏堵。
66. （　　）装复蒸发器时，膨胀阀和感温包要敷好保温材料，蒸发器内要加注一定量的冷冻机油。
67. （　　）汽车空调温度控制器又称温度调节器、恒温器等。
68. （　　）制冷系如果制冷剂泄漏速度很慢，对冷冻机油泄漏影响不大。
69. （　　）更换汽车空调压缩机时，空调压缩机皮带要同时进行更换。
70. （　　）如果膨胀阀开度过小，一般高、低压侧压力均低且制冷不足。
71. （　　）HFD 类制冷剂包括 R23、R32、R41、R125、R134、R143 及 R152。
72. （　　）空调调节器故障会导致空调压缩机不运转故障。

73.（　　）蒸发器传感器故障会导致空调压缩机不运转故障。
74.（　　）磁感应式车速里程表的结构中没有电路连接。
75.（　　）喇叭触点经常烧坏故障的原因可能是喇叭线圈匝间短路。
76.（　　）电喇叭的触点为常开式，喇叭继电器的触点为常闭式。
77.（　　）喇叭声响不正常故障的原因可能是蓄电池存电不足。
78.（　　）喇叭不响故障的原因可能是喇叭衔铁气隙过大。
79.（　　）左后乘客侧开关故障会导致左右后侧电动车窗都不能升降。
80.（　　）前排乘客侧门锁开关导线断路会导致前排乘客侧电动门锁不能锁定。
81.（　　）驾驶员侧门锁开关故障会导致驾驶员侧电动门锁不能工作。
82.（　　）车门锁起动器故障会导致不能用驾驶员侧车门锁按钮锁定一扇车门。
83.（　　）电动后视镜熔断器故障能导致所有电动后视镜都不能动。
84.（　　）左侧电动后视镜电极故障能导致所有电动后视镜不能动。

参考答案：

（一）选择题

1. A	2. B	3. D	4. A	5. A	6. B	7. D	8. D	9. B
10. D	11. B	12. C	13. D	14. D	15. C	16. B	17. D	18. C
19. C	20. A	21. D	22. B	23. A	24. D	25. C	26. B	27. D
28. C	29. C	30. C	31. B	32. B	33. A	34. C	35. C	36. C
37. A	38. B	39. A	40. D	41. A	42. C	43. A	44. A	45. B
46. C	47. C	48. C	49. B	50. C	51. C	52. D	53. A	54. C
55. A	56. D	57. C	58. C	59. C	60. D	61. A	62. B	63. A
64. A	65. C	66. A	67. C	68. C	69. B	70. A	71. A	72. C
73. C	74. C	75. C	76. C	77. C	78. C	79. C	80. B	81. A
82. C	83. D	84. C	85. A	86. C	87. C	88. A	89. B	90. C
91. B	92. A	93. B	94. B	95. A	96. A	97. D	98. B	99. A
100. B	101. B	102. A	103. C	104. C	105. C	106. C	107. C	108. C
109. C	110. B	111. B	112. A	113. D	114. A	115. D	116. B	117. C
118. D	119. B	120. A	121. B	122. D	123. C	124. B	125. B	126. A
127. A	128. D	129. B	130. C	131. A	132. B	133. A	134. D	135. D
136. D	137. D	138. D	139. C	140. D	141. D	142. B	143. B	144. C
145. C	146. A	147. B	148. A	149. C	150. C	151. A	152. A	153. A
154. A	155. D	156. B	157. A	158. A	159. C	160. B	161. C	162. B
163. B	164. D	165. D	166. C	167. A	168. A	169. B	170. B	171. D
172. B	173. C	174. D	175. D	176. D	177. C	178. B	179. B	180. B
181. B	182. A	183. D	184. D	185. B	186. A	187. D	188. C	189. C
190. C	191. C	192. C	193. C	194. C	195. B	196. A	197. C	198. A
199. A	200. C	201. A	202. D	203. A	204. C	205. C	206. C	207. A
208. B	209. C	210. A	211. A	212. B	213. B	214. B	215. C	216. C
217. C	218. C	219. C	220. A	221. C	222. C	223. A	224. C	225. B
226. D	227. C	228. C	229. D	230. C	231. C	232. C	233. A	234. C
235. C	236. C	237. C	238. C	239. C	240. C	241. C	232. C	243. C
244. C	245. A	246. C	247.C	248. C	249. A	250. C	251. A	252. A
253. B	254. C	255. C	256. D	257. A	258. B	259. A	260. A	261. C
262. B	263. A	264. C	265. C	266. B	267. B	268. C	269. C	270. C
271. C	272. C	273. C	274. C	275. C	276. C	277. C	278. C	279. C
280. C	281. B	282. A	283. A	284. A	285. A	286. A	287. D	288. D

289. A　290. D　291. B　292. D　293. D　294. A

（二）判断题

1. √	2. √	3. √	4. ×	5. ×	6. √	7. ×	8. ×	9. √
10. √	11. √	12. √	13. √	14. √	15. ×	16. ×	17. ×	18. √
19. √	20. √	21. √	22. √	23. √	24. √	25. √	26. ×	27. √
28. √	29. ×	30. √	31. ×	32. ×	33. √	34. √	35. √	36. √
37. √	38. ×	39. √	40. √	41. √	42. ×	43. √	44. √	45. √
46. ×	47. ×	48. √	49. √	50. √	51. ×	52. ×	53. ×	54. ×
55. √	56. ×	57. ×	58. √	59. √	60. ×	61. √	62. √	63. √
64. ×	65. √	66. √	67. √	68. √	69. √	70. ×	71. √	72. ×
73. ×	74. √	75. √	76. ×	77. √	78. √	79. ×	80. √	81. √
82. √	83. √	84. ×						

第二节　汽车电子控制装置

（一）选择题

1. 常见的保护装置是指（　　）。
A. 继电器　B. 开关　C. 熔断器　D. 电磁阀
2. 熔断器的容量大约是负荷电流的（　　）倍。
A. 1　B. 1.5　C. 5　D. 10
3. 某负荷的电流为 10A，熔断器应配置（　　）A。
A. 5　B. 10　C. 15　D. 30
4. 常见的通断装置是指开关和（　　）。
A. 电磁阀　B. 传感器　C. 熔断器　D. 继电器
5. 继电器是利用作用在线圈上的（　　）开闭其触点，以便接通和断开电源。
A. 磁力线　B. 磁场　C. 电磁力　D. A、B、C 三项都不是
6. 如下关于继电器的说法，错误的是（　　）。
A. 能够缩短流过大电流回路的电线，并能将开关设置在远离需要接通和断开的回路的地方
B. 能够实现各装置操作的自动化或远距离操作
C. 能够使用触点容量小的开关
D. 能够替代熔断器
7. 爆振传感器安装在（　　）。
A. 气缸体上　B. 油底壳上　C. 离合器上　D. 变速器上
8. 车速传感器安装在（　　）。
A. 气缸体上　B. 油底壳上　C. 离合器上　D. 变速器上
9. 光耦合型车轮转速传感器装在（　　）。
A. 分电器内　B. 凸轮轴前　C. 飞轮上　D. 组合仪表内
10. 氧化锆型氧传感器的输出特性与（　　）有关。
A. 排气压力　B. 排气温度
C. 气体中氧含量　D. 气体中的二氧化碳含量
11. 爆振传感器的拧紧力矩为（　　）N·m。
A. 5　B. 10　C. 15　D. 20
12. 为确保安全，更换霍尔传感器前应采取的措施是（　　）。
A. 拆下蓄电池负极导线　B. 拆下蓄电池正极导线
C. 拆下蓄电池　D. 关闭点火开关
13. 半导体压力传感器的硅膜片一面接触的是真空室压力，一面接触的是（　　）压力。
A. 排气管　B. 进气歧管　C. 空气　D. 燃油
14. 霍尔传感器的检测应在（　　）电子点火控制器及连接导线检查都正常的情况下进行。

A．点火线圈　　B．火花塞　　C．分电器　　D．火花塞或分电器

15．ROM 表示（　　）。

A．随机存储器　　B．只读存储器　　C．中央处理器　　D．转换器

16．（　　）不是电控发动机燃油喷射系统的组成部分。

A．空气系统　　B．燃油系统　　C．控制系统　　D．空调系统

17．电控汽油喷射发动机运转不稳是指发动机转速处于（　　）情况时发动机运转都不稳定，有抖动现象。

A．怠速　　B．任一转速　　C．中速　　D．加速

18．将非电信号转换为可测电信号的电子器件是（　　）。

A．放大器　　B．整流器　　C．继电器　　D．传感器

19．发动机微机控制系统主要由信号输入装置、（　　）、执行器等组成。

A．传感器　　B．电子控制单元（ECU）

C．中央处理器（CPU）　　D．存储器

20．ECU 主要包括（　　）两部分。

A．输入回路和输出回路　　B．转换器和执行器

C．输入回路和微型计算机　　D．硬件和软件

21．（　　）是车用电子控制系统的输出装置。

A．输入回路　　B．A/D 转换器　　C．执行器　　D．微型计算机

22．与传统化油器发动机相比，装有电控燃油喷射系统的发动机（　　）性能得以提高。

A．综合　　B．有效　　C．调速　　D．负荷

23．电控燃油喷射发动机在运转时，严禁将（　　）从电路中断开。

A．蓄电池　　B．传感器　　C．点火线圈　　D．电动汽油泵

24．ECU 可为传感器提供（　　）V 的参考电压。

A．5　　B．9　　C．12　　D．5、9、12 都对

25．电控汽油喷射发动机回火是指汽车行驶中，发动机有时回火，动力（　　）。

A．明显下降　　B．不变　　C．有所下降　　D．下降或不变

26．电控汽油喷射发动机（　　）是指发动机进气歧管处有可燃混合气燃烧产生异响的现象。

A．回火　　B．放炮　　C．行驶无力　　D．失速

27．电控燃油喷射系统中的怠速旁通阀是（　　）系统组成部分。

A．供气　　B．供油　　C．控制　　D．空调

28．电控汽油喷射发动机起动困难是指（　　）起动困难。

A．热车　　B．冷车

C．常温　　D．热车、冷车、常温

29．对电控燃油喷射发动机进行燃油压力检测时，应将油压表接在供油管和（　　）之间。

A．燃油泵　　B．燃油滤清器　　C．分配油管　　D．喷油器

30．电控燃油喷射（EFI）主要包括对喷油量、喷射正时、燃油停供和（　　）的控制。

A．燃油泵　　B．点火时刻　　C．怠速　　D．废气再循环

31．电控发动机控制系统中，（　　）存放了发动机各种工况的最佳喷油持续时间。

A．电控单元　　B．执行器　　C．温度传感器　　D．压力调节器

32．与传统化油器发动机相比，装有电控燃油喷射系统的发动机功率提高了（　　）%。

A．5～10　　B．10～15　　C．15～20　　D．20

33．（　　）不是电控燃油系统的电子控制系统组成部分。

A．节气门位置传感器　　B．曲轴位置传感器

C．怠速旁通阀　　D．进气压力传感器

34．车用压力传感器主要是指（　　）压力传感器。

A．排气管　　B．进气歧管　　C．空气　　D．燃油

35．微型计算机的组成不包括（　　）。

A．CPU　　B．I/O　　C．A/D 转换器　　D．存储器

36．（　　）是发动机电控燃油喷射系统执行机构中的一个关键部件。

A．ECU　　B．电磁喷油器　　C．电磁继电器　　D．A/D 转换器

37．磁脉冲式转速与曲轴位置传感器安装在（　　）。

A．曲轴前　　B．分电器内　　C．凸轮轴前　　D．飞轮上

38．车轮转速传感器用来检查汽车行驶速度，向 ECU 输入车速信号，控制发动机转速，实现（　　）控制。

A．低速断油　　B．常速断油　　C．超速断油　　D．怠速

（二）判断题

1．（　　）怠速控制阀不受发动机电控单元的控制。

2．（　　）电控汽油喷射发动机回火是指汽车运行中，排气消声器有放炮声，动力不足。

3．（　　）在电控汽车车身上进行焊修时，应先断开电脑电源。

4．（　　）符号 RAM 表示只读存储器。

5．（　　）采用电控燃油喷射系统可使发动机综合性能得以提高。

6．（　　）当电控发动机出现故障，必须将蓄电池从电路中断开，用“解码器”进行测试。

7．（　　）对电控燃油喷射发动机进行燃油压力检测时，须关闭点火开关，将油压表接在供油管和分配管之间。

8．（　　）空气压力传感器是电控发动机空气供给系统中的重要部件。

9．（　　）电控发动机采用氧传感器反馈控制能进一步精确控制点火时刻。

10．（　　）电控发动机燃油泵工作电压应该用模拟式万用表检测。

11．（　　）桑塔纳 2000G1S 型轿车 JV 型发动机霍尔传感器输出电压在 0～9V 变化。

12．（　　）可以用数字式万用表检查电控发动机电路及燃油泵是否有故障。

13．（　　）凸轮轴位置传感器向 ECU 输入凸轮轴转速信号，是点火和燃油喷射的主控信号。

14．（　　）ECU 是汽车上的一种电子综合控制装置。

参考答案：

（一）选择题

1．C	2．B	3．C	4．D	5．C	6．D	7．A	8．D	9．D
10．B	11．D	12．A	13．B	14．A	15．B	16．D	17．B	18．D
19．B	20．D	21．C	22．A	23．A	24．D	25．A	26．A	27．A
28．D	29．C	30．A	31．A	32．A	33．C	34．B	35．C	36．B
37．B	38．C							

（二）判断题

1．×	2．×	3．√	4．×	5．√	6．×	7．√	8．×	9．×
10．×	11．√	12．√	13．×	14．√				

第六章 汽车整车维护及其他

第一节 汽车整车维护

（一）选择题

1．二级维护前点火系的检测诊断项目包括（　　）。

A．点火提前角　　B．分电器　　C．点火高压　　D．A、B、C 三项都是

2．二级维护前对发动机机械进行检测诊断，要求（　　）。

A．对发动机总成进行拆检　　B．对缸体进行拆检

C．对缸盖进行拆检　　D．进行不解体检测

3．发动机有异响，在二级维护前（　　）。

A．对发动机进行解体　　B．准确判断异响的部位

C．调整气门间隙　　D．测量机油压力

4．气缸压力反映了（　　）。

A．发动机的密封性能　　B．发动机的润滑性能

C．发动机的冷却性能　　D．发动机分点火性能

5．曲轴箱窜气量反映（　　）。

A．气门与气门座的磨损情况　　B．气缸垫的密封情况

C．机油的损耗情况　　D．活塞组的磨损情况

6．燃油供给系压力反映（　　）。

A．发动机的功率　　B．喷油器的喷油脉宽

C．燃油供给系的工作情况　　D．燃油泵的好坏

7．检测气缸压力，要求（　　）。

A．节气门关闭　　B．发动机达到工作温度

C．发动机转速达到 50 转/分　　D．数值取平均值

8．万用表测量电流强度时，首先选取（　　）。

A．最小量程　　B．中间量程　　C．最大量程　　D．最大、最小都要

9．冷却液测量仪可显示冷却液的（　　）。

A．比重　　B．浓度

C．低温安全使用温度　　D．A、B、C 三项都是

10．燃油喷射式桑塔纳发动中心的点火提前角是上止点前（　　）。

A．6° 左右　　B．12° 左右　　C．24° 左右　　D．36° 左右

11．对于大众乘用车，用拇指和食指捏紧正时皮带，应刚好能扭转（　　）。

A．60　　B．90　　C．120　　D．150

12．桑塔纳燃油喷射系统供油压力应为（　　）kPa。

A．200～240　　B．240～280　　C．280～320　　D．320～360

13．尾气排放物主要包含 CO、HC、（　　）。

A．CO_2　　B．H_2O　　C．NO_x　　D．CO_2、H_2O、NO_x

14．维修企业检测尾气排放的指标是（　　）。

A．CO、HC　　B．CO、HC、CO_2

C．CO、HC、NO_x　　D．CO、HC、CO_2、NO_x

15．二级维护车辆的尾气排放中 CO 的含量应≤（　　）%。

A．0.1　　B．0.5　　C．1　　D．4.5

16．发动机二级维护竣工后，用诊断仪检测发动机 ECU，要求（　　）。

A．允许有不多于 3 个故障码存在　　B．允许有不多于两个故障码存在

C．允许有偶发性故障码存在　　D．不允许有故障码存在

17．发动机二级维护竣工后，对发动机的工作状况（　　）。

A．允许有轻微断火　　B．允许有轻微回火

C．允许有轻微放炮　　D．允许有轻微的正时齿轮、气门脚响

18．发动机二级维护竣工后，无负荷功率应不小于额定值的（　　）%。

A．60　　B．70　　C．80　　D．90

19．底盘的技术状况会影响发动机的（　　）。

A．动力　　B．功率　　C．排放　　D．动力传递和燃油消耗

20．车轮定位参数直接影响汽车行驶的（　　）。

A．加速性能　　B．驻车制动性能　　C．燃油消耗　　D．稳定性和安全性

21．转向盘（　　）反映了转向盘、转向轴、转向机、转向杆、转向节及转向轮各部件的传动间隙。

A．自由转动量　　B．转向角　　C．转向力矩　　D．转向半径

22．轮胎偏磨，反映了（　　）。

A．前束失准　　B．内倾角过小　　C．外倾角过大　　D．后倾角过大

23．（　　）会造成转向沉重。

A．前束失准　　B．内倾角过小　　C．外倾角过大　　D．后倾角过大

24．离合器的自由行程应为（　　）mm。

A．0～15　　B．15～25　　C．25～35　　D．35～45

25．前束可以通过（　　）来测量。

A．卷尺　　B．皮尺　　C．侧滑量　　D．车轮定位

26．转向轮的横向侧滑量实际上是一种（　　）的动态检测。

A．前束　　B．外倾角　　C．后倾角　　D．车轮定位

27．反映驻车制动性能的主要参数有车轮驻车制动力、车轮驻车制动力平衡、（　　）。

A．车轮阻滞力　　B．驻车制动踏板力　　C．驻车驻车制动力　　D．A、B、C 三项都是

28．大众乘用车盘式驻车制动器驻车制动片的磨损极限是（　　）mm（包括底板）。

A．5　　B．7　　C．9　　D．11

29．大众乘用车轮毂轴承的轴向间隙为<（　　）mm.

A．0.1　　B．0.3　　C．0.5　　D．0.7

30．轮胎的花纹应≥（　　）mm。

A．1　　B．1.2　　C．1.4　　D．1.6

31．桑塔纳转向盘的最大自由转动量从中间位置向左向右转动应≤（　　）。

A．5　　B．10　　C．15　　D．20

32．转向轮的横向侧滑量应≤（　　）m/km。

A．1　　B．3　　C．5　　D．7

33．在平坦干燥混凝土路面上以 30km/h 的速度开始滑行到停止，其滑行距离应≥（　　）m。

A．150　　B．250　　C．350　　D．450

34．电机电刷的极限长度为（　　）mm。

A．3　　B．5　　C．7　　D．9

35．桑塔纳用高率放电计测试蓄电池（负载电流为 200A），在 5s 内端电压应≥（　　）V。

A．9　　B．9.6　　C．10　　D．10.6

36．以下喇叭不符合标准的是（　　）。

A. 音乐喇叭　B. 电子喇叭　C. 警笛喇叭　D. A、B、C 三项都是

37. 对蓄电池进行充电，如果充电后电解液的比重仍低于（　　），需更换蓄电池。

A. 1.20　B. 1.22　C. 1.24　D. 1.26

38. 对于与风挡洗涤器联动的雨刮器，确认洗涤器喷出液体后，关闭开关，雨刮器应工作（　　）次。

A. 0　B. 1～2　C. 3～4　D. 5～6

39. 具有钥匙联锁的车辆，自动变速器操纵杆在（　　）挡位时，钥匙可以拔出。

A. P　B. N　C. R　D. D

40. 广泛使用的前大灯测试仪是（　　）。

A. 聚光式　B. 滤光式　C. 投光式　D. 背光式

41. 利用前大灯测试仪前要做（　　）检查。

A. 轮胎气压　B. 透镜污染情况　C. 测试仪的水准　D. A、B、C 三项都是

42. 喇叭音量测试仪应放在车辆前端（　　）m 高处。

A. 1，1　B. 1，2　C. 2，1　D. 2，2

43. 喇叭的音量应在（　　）dB。

A. 90～100　B. 90～105　C. 90～115　D. 90～125

44. 侧式前大灯，每个灯的发光强度为（　　）cd。

A. 10 000　B. 12 000　C. 14 000　D. 16 000

45. 车速表进行误差测量，车速表上显示 40km/h 时，测试仪读取值应在（　　）km/h。

A. 30～50　B. 35～44　C. 37～43　D. 40～45

46. 发动机高压无火，说明（　　）。

A. 传感器故障　B. 高低压电路故障

C. ECU 故障　D. A、B、C 三项都有可能

47. 电控喷射燃油系统不供油，说明（　　）。

A. 燃油泵故障　B. 燃油系统电路故障

C. ECU 故障　D. A、B、C 三项都有可能

48. 柴油机不易起动，检查时可扳动手泵试验，当向上提手泵时，感觉有吸力，松手后手泵自动回位，说明（　　）。

A. 滤清器堵塞　B. 输油泵出油阀堵塞

C. 油箱出油管堵塞　D. 输油泵滤网堵塞

49. 点火系引起怠速不稳的原因是（　　）。

A. 点火能量不足　B. 火花塞工作不良

C. 点火正时不对　D. A、B、C 三项都是

50. 燃油供给系引起怠速不稳的原因是（　　）。

A. 系统压力异常　B. 喷油器堵塞

C. 喷油器开启时间异常　D. A、B、C 三项都是

51. 引起怠速不稳的原因有（　　）。

A. 气门脚异响　B. ABS 系统故障　C. 怠速马达故障　D. 节气门开度过大

52. 属于预防性维护作业的是（　　）。

A. 日常维护　B. 一级维护　C. 二级维护　D. 三级维护

53. 汽车（　　）的行驶里程为 2 000～3 000km。

A. 日常维护　B. 一级维护　C. 二级维护　D. 三级维护

54. （　　）由维修企业进行，以清洁、紧固、润滑为中心内容。

A. 日常维护　B. 一级维护　C. 二级维护　D. 三级维护

55. 汽车（　　）的行驶里程为 10 000～15 000km。

A. 日常维护　B. 一级维护　C. 二级维护　D. 三级维护

56. 汽车二级维护的行驶里程为（　　）km。

A. 5 000～10 000　B. 10 000～15 000　C. 20 000～30 000　D. 30 000～40 000

57. 属于二级维护内容的是（　　）。

A. 检查、调整转向节　B. 更换活塞环

C．更换活塞销　　　　　　　　　　D．检查曲轴轴向间隙

58．（　　）由维修企业进行，以检查、调整为中心内容。

A．日常维护　　　B．一级维护　　　C．二级维护　　　D．三级维护

（二）判断题

1．（　　）二级维护前发动机的检测诊断项目是点火系。

2．（　　）通过二级维护前发动机的检测诊断确定发动机二级维护附加项目。

3．（　　）汽油机和柴油机的气缸压力表是一样的。

4．（　　）不同车型的二级维护工艺规范会有差异。

5．（　　）二级维护车辆的尾气排放要符合排放标准。

6．（　　）发动机二级维护竣工验收要求发动机准备齐全有效。

7．（　　）汽车底盘的技术状况关系到汽车行驶中的操控性和安全性。

8．（　　）对传动系统进行不解体检测来确定附加作业项目。

9．（　　）底盘输出功率可反映汽车传动系的机械损失，从而鉴定汽车底盘的技术状况。

10．（　　）离合器的工作状况要求不打滑、不抖动、分离彻底、无异响。

11．（　　）车辆驻车制动性能必须符合 GB 7258－1997 中的 6.15 条款规定。

12．（　　）前大灯的亮度是越亮越好。

13．（　　）对蓄电池的电解液要进行比重测量。

14．（　　）万用表是电气常用诊断设备之一。

15．（　　）喇叭的音量越响越好。

16．（　　）起动机带动发动机运转，运转轻快但不能发动，是起动困难的现象之一。

17．（　　）发动机怠速不稳的故障现象是中、高速运转良好，但松开加速踏板发动机就熄火。

18．（　　）二级维护由维修企业进行，以清洁、紧固、润滑为中心内容。

19．（　　）汽车二级维护的行驶里程为 2 000～3 000km。

20．（　　）汽车日常维护的行驶里程为 2 000～3 000km。

参考答案：

（一）选择题

1．D	2．B	3．B	4．A	5．D	6．C	7．B	8．C	9．D
10．B	11．B	12．C	13．D	14．A	15．D	16．D	17．D	18．C
19．D	20．D	21．A	22．A	23．D	24．B	25．D	26．D	27．D
28．B	29．A	30．D	31．B	32．C	33．B	34．B	35．B	36．D
37．C	38．B	39．A	40．A	41．D	42．C	43．C	44．B	45．B
46．D	47．D	48．C	49．D	50．D	51．C	52．A	53．B	54．B
55．C	56．B	57．A	58．C					

（二）判断题

1．×	2．√	3．×	4．√	5．√	6．√	7．√	8．√	9．√
10．√	11．×	12．×	13．√	14．√	15．×	16．√	17．√	18．×
19．×	20．×							

第二节　其他

（一）选择题

1．（　　）与血液中的血红蛋白结合，会形成碳氧血红蛋白，使这部分血红蛋白失去送氧的能力，使人体缺氧。

A．CO　　　B．HC　　　C．NO_x　　　D．微粒

2．若弯曲度超过 0.03mm，摆差超过（　　）mm，应予冷压校直。

A. 0.02　　B. 0.05　　C. 0.06　　D. 0.08

3. 待修件是指具有较好（　　）的零件。

A. 修理工艺　　B. 修理价值　　C. 使用价值　　D. 几何形状

4. 解放 CA1092 型汽车支承销与底板销孔的配合间隙应为（　　）mm。

A. 0.02～0.085　　B. 0.08～0.085　　C. 0.05～0.10　　D. 0.15～0.25

5. 排放物中危害眼、呼吸道和肺的是（　　）。

A. CO　　B. HC　　C. NO　　D. NO_2

6. 齿长磨损不得超过原齿长的（　　）%。

A. 20　　B. 25　　C. 30　　D. 35

7. 滚动轴承的代号由（　　）构成。

A. 基本代号、前置代号、后置代号　　B. 内径代号、前置代号、后置代号

C. 基本代号、类型代号、内径代号　　D. 类型代号、前置代号、后置代号

8. 齿轮的工作面腐蚀斑点及剥落面积超过齿面的（　　），或齿轮出现裂纹，应予更换。

A. 1/8　　B. 1/4　　C. 3/8　　D. 1/2

9. 用手工刮削的轴承要求接触面积不小于轴承内部面积的（　　）%。

A. 45　　B. 60　　C. 75　　D. 90

10. 步进电动机的转子用（　　）制成。

A. 钢　　B. 铁　　C. 电磁铁　　D. 永久磁铁

11. 汽车基础件产生变形的主要原因是受到（　　）应力作用。

A. 内　　B. 外　　C. 内、外　　D. 其他

12. （　　）用来清除风窗玻璃上的雨水、雪或尘土，确保驾驶员能有良好的视野。

A. 电动刮水器

B. 风窗玻璃清洗装置

C. 风窗除霜装置

D. 电动刮水器、风窗玻璃清洗装置风窗除霜装置都不对

13. 就车式平衡机按（　　）原理工作。

A. 静平衡　　B. 动平衡

C. 平衡块　　D. 静平衡、动平衡、平衡块均不对

14. 双速刮水器的控制开关在（　　）位置时电动机转速较低。

A. “0”挡　　B. “II”挡　　C. “I”挡　　D. 任何挡位

15. 检测汽油车废气时，应清除取样探头上残留的（　　），以保证检测的准确性。

A. CO　　B. HC　　C. CO 和 HC　　D. NO

（二）判断题

1. （　　）汽油车废气排放检测方法采用自由加速的方法。

2. （　　）在用汽油车废气排放标准为 CO 小于 4.5%，HC 小于 1200ppm。

参考答案：

（一）选择题

1. A　2. B　3. B　4. A　5. D　6. C　7. A　8. B　9. C

10. D　11. C　12. A　13. A　14. C　15. B

（二）判断题

1. √　2. ×

第七章 安全生产与环境保护

第一节　安全生产

（一）选择题

1. 有了足够的知识和技能，才能对车辆进行（　　）。
   A. 整理　　B. 清洁　　C. 驾驶　　D. 维修
2. 在维修过程中，要向客户（　　）维修内容。
   A. 隐瞒　　B. 欺瞒　　C. 解释　　D. 推诿
3. 维修人员的工作服要（　　）。
   A. 有个性　　B. 统一　　C. 有随意性　　D. 注意颜色搭配
4. 工作服不能（　　）。
   A. 整洁　　B. 无破损　　C. 无绽线　　D. 有硬物裸露
5. 维修人员应穿着（　　）。
   A. 安全鞋　　B. 旅游鞋　　C. 皮鞋　　D. 布鞋
6. 维修人员头发不得（　　）。
   A. 染发　　B. 剃光头　　C. 修剪整齐　　D. 脏乱
7. 维修人员的胡须要求（　　）。
   A. 每日剃净　　B. 留八字胡　　C. 留长胡　　D. 依个人习惯处理
8. 维修人员的手指甲（　　）。
   A. 可以涂指甲油　　B. 可以美甲　　C. 可以留长指甲　　D. 要修剪短
9. 姓名牌上要清楚醒目地显示维修人员的（　　）。
   A. 姓名　　B. 年龄　　C. 工龄　　D. 爱好
10. 姓名牌上无须显示（　　）。
    A. 姓名　　B. 工号　　C. 职务　　D. 年龄
11. 工作服口袋里可以放（　　）。
    A. 手机　　B. 钥匙　　C. 工具　　D. 抹布
12. 客户来维修车辆，应（　　）。
    A. 让客户把车停在门口　　B. 有专人引导车辆停到指定区域
    C. 客户车辆随意停　　D. 雇人为客户停车
13. 对于停车场地，说法正确的是（　　）。
    A. 要划分停车场地　　B. 停车场地可有可无
    C. 客户是上帝，车辆随便停　　D. 客户是上帝，专人负责停放车辆
14. 停车场地不需要划分的是（　　）。
    A. 客户停车场　　B. 待修车辆停车场
    C. 竣工车辆停车场　　D. 对外出租停车场
15. 对维修人员而言，一般（　　）。

A．可在接待室闲谈　　B．可在接待室吃饭
C．可在接待室休息　　D．不得进入接待室

16．如下接待室要求错误的是（　　）。
A．无灰尘　　B．无垃圾　　C．保持干净　　D．放激烈的音乐

17．接待室不应摆放的是（　　）。
A．杂志　　B．报纸　　C．宣传资料　　D．维修手册

18．下列不属于工作物品的是（　　）。
A．茶杯　　B．工具　　C．设备　　D．配件

19．工具使用后应放在（　　）。
A．地上　　B．口袋里　　C．维修车辆里　　D．规定的位置

20．总成修理室对照明的要求是（　　）。
A．足够的照明　　B．不需要
C．无所谓　　D．为节约能源，少量照明

21．总成修理室从事精度很高的发动机、变速器的拆装工作，要避免（　　）。
A．足够的照明　　B．齐全的工具
C．完好的量具　　D．油污满地

22．对在总成修理室换下的配件，应（　　）。
A．堆在一起　　B．装给别的客户
C．卖给别的修理厂　　D．及时报废并销毁

23．场地出现油污，应（　　）。
A．及时处理　　B．到下班处理
C．不处理　　D．汇报领导，派人来处理

24．发现场地出现脏乱现象，正确的措施是（　　）。
A．及时处理　　B．假装没空间
C．不处理　　D．汇报领导，派人来处理

25．为保证维修质量，应在场地内张贴（　　）。
A．维修流程　　B．维修工艺　　C．安全提示　　D．数据标准值

26．危险品仓库的电器应采用（　　）。
A．民用电器　　B．工业用电器　　C．防爆电器　　D．通用电器

27．危险品仓库应保持（　　）。
A．良好的通风　　B．整洁的场地
C．整齐的摆放　　D．A、B、C 三项都是

28．对于喷涂用的稀释剂、固化剂和油脂，（　　）。
A．可以混放　　B．油脂放在下，稀释剂、固化剂放在上
C．在同一仓库，但必须分开摆放　　D．不能放在同一仓库

29．维修人员应按（　　）操作。
A．领导的命令　　B．客户的要求　　C．自己的想法　　D．操作指示

30．操作指示来自（　　）。
A．领导　　B．同伴　　C．客户　　D．业务接待员

31．业务接待员应按（　　）制定操作指示。
A．领导的指示　　B．客户的需求　　C．自己的想象　　D．维修人员的想法

32．维修人员在操作前要准备好（　　）。
A．场地　　B．工具　　C．配件　　D．其他各项都是

33．维修人员在操作前不需准备（　　）。
A．饮食　　B．场地　　C．工具　　D．配件

34．维修人员在操作前不需要了解（　　）。
A．收费　　B．工作要求　　C．工作方法　　D．工作标准

35．维修人员在工作时要（　　）。
A．正确　　B．迅速　　C．安全　　D．A、B、C 三项都是

36. 维修人员在操作时要避免（　　）。
A. 正确　B. 迅速　C. 安全　D. 蛮干
37. 维修人员遇到模棱两可的工作应（　　）。
A. 按领导指示干　B. 按客户要求干
C. 按专业人员指示干　D. 按自己想法干
38. 维修作业标准来自（　　）。
A. 维修手册　B. 领导的建议
C. 同事们的意见　D. 自己的想法
39. 维修作业时，应执行（　　）。
A. 维修手册　B. 领导的建议
C. 同事们的意见　D. 自己的想法
40. 维修作业时，如下错误的说法是（　　）。
A. 不准按自己的标准来判断　B. 不准凭感觉来操作
C. 不准按领导的意见来操作　D. 不准按维修手册来操作
41. 维修结束后，要进行（　　）。
A. 自检　B. 互检　C. 总检　D. 自检、互检、总检
42. 维修结束后，无须进行（　　）。
A. 自检　B. 互检　C. 总检　D. 客户检验
43. 对更换下来的配件，应（　　）。
A. 扔掉　B. 卖掉
C. 给客户查看并做说明　D. 用掉
44. 安全服装是为了（　　）。
A. 防止灾害　B. 提高工作效率
C. 方便工作　D. A、B、C 三项都是
45. 不是安全服装的特点的是（　　）。
A. 防止灾害　B. 美观、个性化　C. 提高工作效率　D. 方便工作
46. 安全着装要求（　　）。
A. 长短随意　B. 大小随意
C. 胖瘦随意　D. 尽量避免露出皮肤
47. 涉及安全方面的事情，要（　　）。
A. 打报告请示　B. 听领导指示
C. 听安全员指示　D. 首先自己确认安全
48. 如下对待涉及安全方面事情的态度，正确的是（　　）。
A. 不得依靠他人来做　B. 听之任之
C. 相互推诿　D. 无所谓
49. 在维修操作前要确认（　　）。
A. 场地、设备安全　B. 车辆安全
C. 人员安全　D. A、B、C 三项都是
50. 两人一起工作时，对涉及安全方面的工作，要（　　）。
A. 听领导指示　B. 相互提醒
C. 派安全员监督　D. 请第三方同事检查
51. 两人一起工作时，可能涉及安全方面的工作有（　　）。
A. 起动发动机　B. 使用举升机举升或下降车辆
C. 在举升机上驱动车轮　D. 其他各项都是
52. 两人一起工作时，可不涉及安全方面的工作是（　　）。
A. 发动机静态检查　B. 起动发动机
C. 使用举升机举升或下降车辆　D. 在举升机上驱动车轮
53. 需要戴防护眼镜的工作是（　　）。
A. 使用砂轮机　B. 喷涂

C．更换驻车制动盘　　D．更换离合器

54．需要戴防护面罩的工作是（　　）。

A．喷涂　　B．使用砂轮机　　C．使用钻床　　D．清洗作业

55．如下对待使用安全装置的态度正确的是（　　）。

A．随意使用　　B．不使用

C．让别人使用　　D．自己按规定使用

56．属于安全装置的是（　　）。

A．配合千斤顶一起使用的支架　　B．举升机的挡块

C．砂轮机的挡板　　D．其他各项都是

57．不属于安全装置的是（　　）。

A．配合千斤顶一起使用的支架　　B．举升机的挡块

C．砂轮机的挡板　　D．举升机

58．为保持工作场地的清洁，维修人员要随时（　　）。

A．整理场地　　B．整理通道

C．保持地面清洁　　D．其他各项都是

59．为保持工作场地的清洁，维修人员错误的做法是要随时（　　）。

A．整理工作服　　B．整理场地

C．整理通道　　D．保持地面清洁

60．关于保持场地清洁的方法，以下说法不妥的是（　　）。

A．及时清除维修场地杂物　　B．及时清除油污

C．及时清理通道　　D．随时在场地内洒水，保持场地湿润

61．维修人员出现疲劳时，应（　　）。

A．立刻休息，消除疲劳　　B．继续工作

C．请同事来一起工作　　D．打发客户回去

62．接待人员出现疲劳时，应（　　）。

A．立刻休息，不接待客户　　B．继续接待客户

C．暂停接待，让客户等候　　D．让客户改天再来

63．为防止疲劳，务必要保证（　　）。

A．充足的睡眠　　B．充足的饮食

C．充足的照明　　D．充足的工作安排

64．安全驾驶就是（　　）。

A．慢速驾驶　　B．中速驾驶

C．快速驾驶　　D．始终保持规范操作的驾驶

65．关于维修人员驾驶客户车辆，下列说法正确的是（　　）。

A．车辆由接待员驾驶　　B．由客户自己驾驶

C．每个人都可以驾驶　　D．由单位指定的经验丰富的驾驶员驾驶

66．在驾驶客户车辆时要注意（　　）。

A．不要碰擦　　B．不要弄脏内饰

C．不要损坏座椅　　D．A、B、C 三项都是

67．防火是（　　）。

A．领导的责任　　B．安全员的责任　　C．每个人的责任　　D．别人的责任

68．防火的责任应落实到（　　）。

A．领导　　B．安全员　　C．每个人　　D．客户

69．维修现场容易起火的物品是（　　）。

A．汽油　　B．润滑油

C．油漆　　D．A、B、C 三项都是

70．（　　），汽油蒸气会积留在低处。

A．汽油蒸气比空气轻　　B．汽油蒸气比空气重

C．汽油蒸气和空气一样重　　D．汽油容易挥发

71．拆卸燃油供给系时，不正确的是（　　）。
A．在通风良好的环境　　B．在远离火源
C．准备好消防器材　　D．在地沟内操作

72．不属于对人体有害的液体是（　　）。
A．电解液　　B．驻车制动液　　C．防冻液　　D．蒸馏水

73．皮肤沾上电解液后，要（　　）。
A．立刻擦干　　B．立刻晒干
C．立刻甩干　　D．立刻用大量清水冲洗

74．油漆表面沾染驻车制动液，（　　）。
A．没有影响　　B．引起变色、脱落
C．会引起穿孔　　D．表面会变亮

75．为确保安全，一般拆除蓄电池（　　）。
A．正极端　　B．负极端
C．无所谓　　D．正负极同时拆除

76．在检修线路时，要（　　）。
A．先拔保险丝　　B．先拔继电器
C．先断开控制单元插座　　D．拆除蓄电池负极

77．HID 大灯点亮时会产生（　　）电压。
A．几十伏　　B．几百伏　　C．几千伏　　D．几万伏

78．HID 大灯熄灭后（　　），不能用湿手进行拆除作业。
A．没有电压　　B．残留低压
C．残留高压　　D．残留电压

79．电气设施发生高电压异常时，错误的措施是（　　）。
A．迅速切断开关　　B．不要用湿手操作
C．去除周围的易燃物　　D．用水灭高压火星

80．排气歧管的温度可达（　　）摄氏度。
A．几十　　B．一百多　　C．几百　　D．几千

（二）判断题

1．（　　）私人物品应放在工具箱上。
2．（　　）对车辆进行维修，首先要有足够的证书。
3．（　　）维修人员应按自己的想法操作。
4．（　　）涉及安全方面的事情，要首先自己确认安全。
5．（　　）维修结束后，要进行总检。
6．（　　）现代乘用车发动机的温度属于高温。
7．（　　）穿戴防护用具是为了保护自己的身体。
8．（　　）给蓄电池充电时，会产生氢气，因此要避免引起短路。
9．（　　）拆除高温部件，首先要用水冲淋发动机。
10．（　　）拆卸燃油管路，要先对燃油系统进行泄压。

参考答案：

（一）选择题

1．D	2．C	3．B	4．D	5．A	6．D	7．A	8．D	9．A
10．D	11．D	12．B	13．A	14．D	15．D	16．D	17．D	18．A
19．D	20．A	21．D	22．D	23．A	24．A	25．D	26．C	27．D
28．D	29．D	30．D	31．B	32．D	33．A	34．A	35．D	36．D
37．C	38．A	39．A	40．D	41．D	42．D	43．C	44．D	45．B
46．D	47．D	48．A	49．D	50．B	51．D	52．A	53．A	54．A

55．D　56．D　57．D　58．D　59．A　60．D　61．A　62．A　63．A
64．D　65．D　66．D　67．C　68．C　69．D　70．B　71．D　72．D
73．D　74．B　75．B　76．D　77．D　78．C　79．D　80．C

（二）判断题

1．×　2．×　3．×　4．√　5．×　6．√　7．√　8．√　9．×
10．√

第二节　环境保护

（一）选择题

1．发动机排出的气体（　　）。
A．是无害气体　B．是有害气体
C．既有无害气体，又有有害气体　D．其他各项都是

2．（　　）属于发动机排出的无害气体。
A．二氧化碳　B．一氧化碳　C．碳氢　D．氮氧化合物

3．（　　）属于发动机排出的有害气体。
A．二氧化碳　B．一氧化碳　C．氮气　D．水蒸气

4．燃料中的（　　）未充分燃烧会生成一氧化碳气体。
A．碳　B．氢　C．氧　D．氮

5．一氧化碳气体的产生是由于（　　）未充分燃烧。
A．氢　B．碳　C．氮　D．氧

6．因为（　　）不足，导致不充分燃烧，会产生一氧化碳。
A．氮　B．氢　C．氧　D．一氧化碳

7．碳氢是由燃料中的（　　）成分未燃烧而分解产生的气体。
A．碳　B．氢　C．氧　D．碳氢

8．空气中的（　　）不足，会导致有未燃烧的燃料中的碳氢分解，产生碳氢。
A．碳　B．氢　C．氧　D．碳氢

9．氮氧化合物是燃烧过程中空气中的（　　）与氧气化合而成。
A．碳　B．氢　C．氮　D．氧

10．氮氧化合物是燃烧过程中空气中的氮气与（　　）化合而成。
A．碳　B．氢　C．氧　D．氮

11．在燃烧过程中，空气中的氮气与氧气化合，会产生（　　）。
A．一氧化碳　B．二氧化碳　C．碳氢　D．氮氧化合物

12．一氧化碳是（　　）的气体。
A．棕色　B．蓝色　C．黄色　D．无色

13．一氧化碳是（　　）的气体。
A．有刺激性气味　B．有臭鸡蛋气味
C．有茉莉味的气体　D．无味

14．一氧化碳是（　　）。
A．无害气体　B．不可燃气体　C．惰性气体　D．可燃气体

15．碳氢在（　　）下氧化反应速度很快。
A．低温　B．常温　C．沸点　D．高温

16．碳氢在高温下（　　）反应速度很快。
A．还原　B．催化　C．氧化　D．还原氧化

17．碳氢是（　　）。
A．无害气体　B．能引起人体血液运送氧气能力下降
C．会引起植被破坏　D．会刺激粘膜、破坏组织

18．一氧化氮与空气中的（　　）接触会生成 NO_2

A．碳　　B．氧　　C．氮　　D．氢

19．二氧化氮是（　　）。

A．黑色　　B．蓝色　　C．棕色　　D．绿色

20．二氧化氮与水发生反应会生成（　　）。

A．盐酸　　B．硫酸　　C．硝酸　　D．碳酸

21．CO 会随着（　　）增加而减少。

A．氧气　　B．氮气　　C．氢气　　D．氯气

22．HC 会随着（　　）增加而减少。

A．氧气　　B．氮气　　C．氢气　　D．氯气

23．CO、HC 与 NO_x 之间呈（　　）关系。

A．正比　　B．线性　　C．反比　　D．没有

24．点火时间推迟，HC 会（　　）。

A．降低　　B．升高　　C．不变　　D．时高时低

25．点火时间推迟，NO_x 会（　　）。

A．降低　　B．升高　　C．不变　　D．时高时低

26．点火时间推迟，CO 会（　　）。

A．降低　　B．升高　　C．不变　　D．时高时低

27．为了减少 CO 的产生，空燃比应（　　）。

A．变浓　　B．变稀　　C．不变　　D．时浓时稀

28．为了减少 HC 的产生，要使空燃比（　　）。

A．变浓　　B．变稀　　C．不变　　D．时浓时稀

29．为了减少 CO、HC 的产生，要使空燃比（　　）。

A．变浓　　B．变稀　　C．不变　　D．时浓时稀

30．点火时间推迟，会使（　　）减少。

A．CO、HC　　B．CO、NO_x　　C．HC、NO_x　　D．C0、HC、NO_x

31．为使 CO、NO_x 减少，可以（　　）点火时间

A．增加　　B．推迟

C．保持　　D．先增加，后推迟

32．CO 随点火时间的推迟而（　　）。

A．增加　　B．减少

C．不变　　D．先减少随后增加

33．对燃烧室进行改良，是为了（　　）。

A．提高点火能量　　B．提高混合气雾化

C．降低燃烧速度　　D．让混合气充分有效燃烧

34．混合气充分有效燃烧可（　　）。

A．减少 CO、HC 的产生　　B．减少 CO 的产生

C．减少 HC 的产生　　D．减少 CO_2 的产生

35．发动机主体改良的方法有（　　）。

A．改良燃烧室　　B．合理的气门重叠角

C．汽油缸内直喷　　D．其他各项都是

36．吸入空气温度越低，（　　）。

A．CO、HC 越少　　B．CO、HC 越多

C．CO 越少　　D．HC 越多

37．吸入空气温度越低，（　　），导致 CO、HC 排放增加。

A．点火能量降低　　B．混合气流动性差

C．混合气雾化性能差　　D．压缩比下降

38．对吸入空气进行预热的方法有（　　）。

A．通过暖风系统加热　　B．通过散热器进行加热

C．用冷却液流经节气门体进行加热　　D．通过电加热装置进行加热

39．车辆减速时，节气门关闭，会引起进气歧管（　　）。
A．真空度增加　　B．真空度减少
C．进气量增加　　D．进气量减少
40．车辆减速时，节气门关闭，会引起进气歧管真空度增加，导致（　　）。
A．混合比浓度增加　　B．混合比浓度减少
C．空气流动性增强　　D．空气流动性减弱
41．车辆减速时，节气门关闭，将会（　　）。
A．临时停止点火　　B．临时停止供油
C．空燃比调稀　　D．空燃比调浓
42．废气再循环是将排出的气体引入（　　）。
A．节气门　　B．燃烧室　　C．排气歧管　　D．消音器
43．废气再循环是为了减少（　　）排放。
A．CO　　B．HC　　C．NO_x　　D．CO_2
44．在（　　）情况下废气再循环系统不参与工作。
A．起动时　　B．怠速时
C．急加速时　　D．A、B、C 三项都是
45．为了增加触媒的表面积，触媒被加工成（　　）。
A．球形　　B．星形　　C．蜂窝形　　D．正方形
46．要使触媒有效工作，温度要在（　　）℃以上。
A．100　　B．200　　C．300　　D．400
47．三元触媒转换器可以对（　　）进行净化。
A．CO　　B．HC　　C．NO_x　　D．CO、HC、NO_x
48．二次空气喷射可降低（　　）排放。
A．HC　　B．CO　　C．CO、HC　　D．HC、NO_x
49．二次空气喷射是将空气导入（　　）。
A．节气门　　B．进气歧管　　C．排气管　　D．燃烧室
50．二次空气喷射在（　　）时起作用
A．冷车　　B．热车　　C．热车加速　　D．热车急加速
51．曲轴箱强制通风可降低（　　）排放。
A．CO　　B．HC　　C．NO_x　　D．CO、HC
52．电喷车辆曲轴箱强制通风是将曲轴箱的气体引入（　　）。
A．空气滤清器　　B．节气门　　C．进气歧管　　D．排气管
53．说法正确的是（　　）。
A．负荷大，PCV 阀门开度大　　B．负荷大，PCV 阀门开度小
C．负荷小，PCV 阀门开度大　　D．PCV 阀门开度与负荷无关
54．活性碳罐用于防止燃料由（　　）蒸气排放到大气中去。
A．油箱　　B．油管　　C．进气歧管　　D．喷油器
55．活性碳罐可以降低（　　）的排放。
A．CO　　B．HC　　C．NO_x　　D．CO_2
56．活性碳罐与进气歧管通过（　　）。
A．管路直接相连　　B．单向阀控制　　C．压力阀控制　　D．电磁阀控制
57．臭氧层位于（　　）中。
A．对流层　　B．平流层　　C．中间层　　D．环流层
58．臭氧由（　　）个氧原子组成
A．1　　B．2　　C．3　　D．4
59．臭氧可以阻挡（　　）。
A．紫外线　　B．红外线　　C．X-射线　　D．电磁波
60．臭氧空洞出现在（　　）上空。
A．北极　　B．南极　　C．赤道　　D．青藏高原

61．导致臭氧空洞的物质是（　　）。
A．二氧化氮　B．氢气　C．氟利昂　D．氧气
62．氟利昂在（　　）的作用下产生氯离子，氯离子会导致臭氧分解。
A．紫外线　B．红外线　C．X-射线　D．光波
63．温室效应主要是（　　）引起的。
A．氮气　B．氧气　C．氢气　D．二氧化碳
64．发达国家的二氧化碳排放量是发展中国家的（　　）以上。
A．0.5 倍　B．1 倍　C．2 倍　D．5 倍
65．京都协议要求削减（　　）排放
A．一氧化碳　B．二氧化碳　C．二氧化氮　D．二氧化硫
66．温室效应是指气体挡住了地球散发的（　　）。
A．热量　B．光　C．废气　D．粉尘
67．如果没有温室效应，地球的平均温度会下降约（　　）℃。
A．10　B．20　C．30　D．40
68．温室效应对人类的最大威胁是（　　）。
A．地震　B．火山爆发　C．海平面上升　D．海啸
69．汽油中的（　　）会导致酸雨。
A．碳　B．硫　C．氢　D．氮
70．尾气中的（　　）会导致酸雨。
A．二氧化硫　B．二氧化碳
C．二氧化氮　D．一氧化碳
71．酸雨的主要成分是（　　）。
A．硝酸和硫酸　B．硫酸和碳酸
C．硝酸和盐酸　D．碳酸和盐酸

（二）判断题

1．（　　）汽车污染主要来自于发动机工作排出的废气。
2．（　　）燃料中的碳未充分燃烧会生成一氧化碳气体。
3．（　　）氮氧化合物是燃烧过程中空气中的氮气与氧气化合而成。
4．（　　）一氧化碳是无色无味的气体。
5．（　　）碳氢在高温下氧化反应速度很快。
6．（　　）氮氧化合物中的 NO 是无色无味的气体。
7．（　　）CO 随着空燃比的变稀而减少。
8．（　　）点火时间推迟，HC 会减少。
9．（　　）空燃比控制是将空燃比控制在理论空燃比附近。
10．（　　）为了减少 HC 和 NO_x，点火时间越迟越好。
11．（　　）发动机主体改良主要是让混合气充分燃烧。
12．（　　）吸入空气温度越低，CO、HC 越少。
13．（　　）车辆减速，当节气门完全关闭时，会将空燃比调稀。
14．（　　）废气再循环主要降低 CO 的排放。
15．（　　）三元触媒转换器可对 CO、HC 进行净化。
16．（　　）二次空气喷射可降低 NO_x 的排放。
17．（　　）曲轴箱强制通风可降低 CO、HC 的排放。
18．（　　）活性碳罐用于防止燃料蒸气排放到大气中去。
19．（　　）臭氧层位于对流层中。
20．（　　）在北极上空出现了臭氧空洞。
21．（　　）汽车尾气排放的成分之一是二氧化碳。
22．（　　）二氧化碳排放的增加是引起温室效应的主要原因。
23．（　　）酸雨会给森林和鱼类带来危害。

参考答案：

（一）选择题

1. C	2. A	3. B	4. A	5. B	6. C	7. D	8. C	9. C
10. C	11. D	12. D	13. D	14. D	15. D	16. C	17. D	18. B
19. C	20. C	21. A	22. A	23. C	24. A	25. A	26. C	27. B
28. B	29. B	30. C	31. B	32. C	33. D	34. A	35. D	36. B
37. C	38. C	39. A	40. A	41. B	42. B	43. C	44. D	45. C
46. D	47. D	48. C	49. C	50. A	51. B	52. C	53. A	54. A
55. B	56. D	57. B	58. C	59. A	60. B	61. C	62. A	63. D
64. D	65. B	66. A	67. B	68. C	69. B	70. A	71. A	

（二）判断题

1. √	2. √	3. √	4. √	5. √	6. √	7. √	8. √	9. √
10. ×	11. √	12. ×	13. ×	14. ×	15. ×	16. ×	17. ×	18. √
19. ×	20. ×	21. √	22. √	23. √				

实操篇

项目一
汽车零件测绘

一、实习目的与实习常用工具

1. 实习目的

（1）正确分析需测绘零件的结构特点。

（2）使用专用量具对零件进行测量。

（3）掌握零件图的绘制方法、绘制要求和注意事项。

2. 实习常用工具

直尺、游标卡尺、内外卡钳、外径千分尺、螺纹规、圆角规及万能量角器等。

二、实习内容

1. 零件名称

本项目要测绘的零件的名称为双头螺栓。

2. 零件测绘的要求

零件测绘的操作过程必须要先完成如下内容。

（1）测量出零件各部分的尺寸要素，例如，双头螺栓（见图 1-1）各部分的尺寸要素如下。

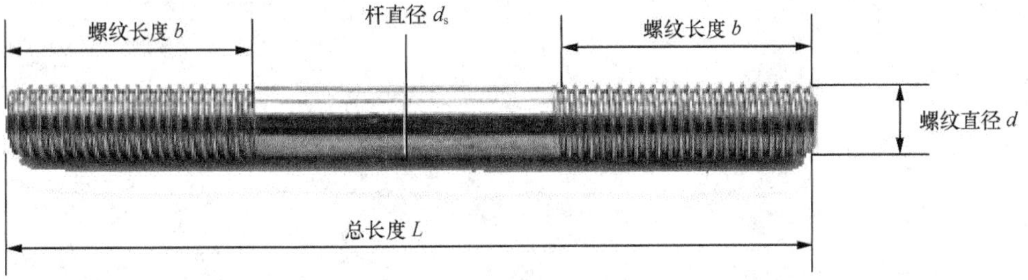

图 1-1　双头螺栓实物图

螺栓总长度 L=80mm。

螺栓两端有螺纹部分长度 b=25mm。

螺纹的直径 d=12mm。

螺栓中间无螺纹部分直径 d_s=12mm。

螺纹外端倒角为 $C2$。

（2）根据测量出的尺寸要素，用适当的比例按机械制图的要求画出能表达该零件构造的全部视图。一张规范的零件图纸必须包含一组视图、合理的尺寸、技术要求以及标题栏四大基本内容。

3. 熟悉零件图的绘图常识与技巧

在绘制零件图时，要使零件图表达准确，画图时图线的正确使用与画法很重要。如果图线的使用与画法不正确，就很难表达出零件的真正构造。例如，画图 1-1 所示的双头螺栓的图样就要用到表 1-1 所示的各种图线。

表 1-1　　图线的种类

图线名称	图 线 型 式	图线宽度	线宽
粗实线		粗线	d
细实线		细线	d/2
细点画线		细线	d/2

注：图线的宽度（d）为粗实线宽度，应按图样的类型和大小选取 0.25mm、0.35mm、0.5mm、0.7mm、1.0mm、1.4mm 或 2mm。

表 1-1 所示的图线中，粗实线用于表示双头螺栓的可见轮廓线，而细实线则用于表示螺纹线、尺寸界线以及尺寸线。尺寸线的终端使用箭头符号，箭头尖端与尺寸界线接触，画法如图 1-2 所示。

另外，在绘制零件图的过程中要充分掌握零件图形和零件实体的尺寸比例关系。例如，如果绘图比例为 2∶1，则这属于零件放大图；如果绘图比例为 1∶2，则这属于零件缩小图。

4．零件图绘制的方法和技巧

零件图的绘图方法和技巧是多种多样的，如何达到准确高效，这与画图的方法和技巧有极大的关系。下面介绍一种画双头螺栓图的操作步骤和方法。

（1）在图纸上画出图框线，如图 1-3 所示，每条图框线距离图纸边沿 10mm。

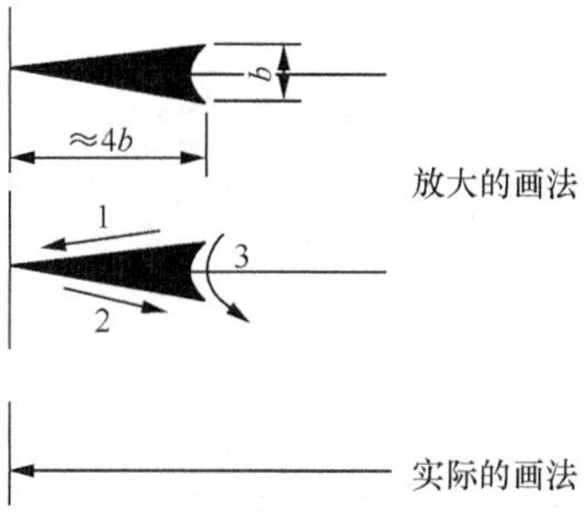

图 1-2　箭头符号的画法

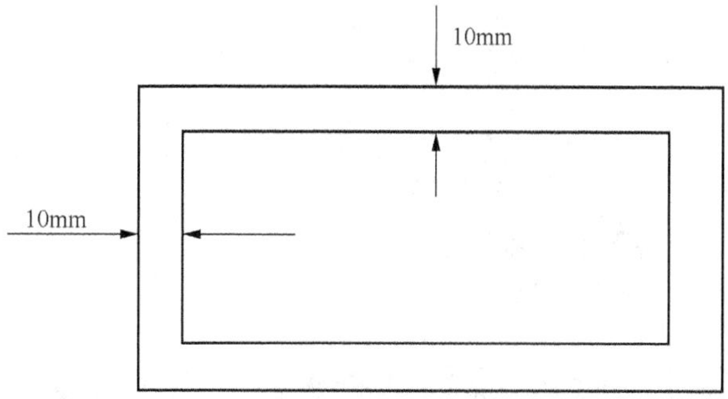

图 1-3　图框线

（2）在图纸上适当的地方用点画线画出总长为 180mm 的中心线，如图 1-4 所示，距离左图框线 50mm，距离上图框线 50mm。

（3）在中心线上按 2∶1 的比例用粗实线画出双头螺栓各部分长度的分段垂直线 A、B、C、D、E 及 F 共 6 条，而且每条垂直线两外端距离中心线均为 12mm，用粗实线将 B、E 垂直线两端连接起来，各条垂直线间的距离如图 1-5 所示。

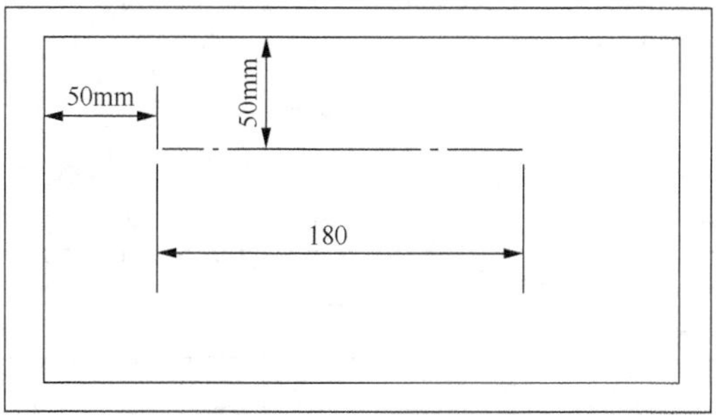

图 1-4　中心线

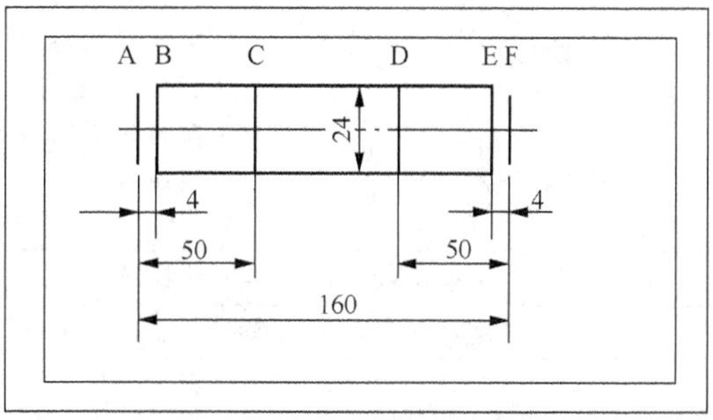

图 1-5　各条垂直线间的距离

（4）按照比例为 2∶1 的画图尺寸用细实线画出螺纹底线，用粗实线画螺纹外端倒角，如图 1-6 所示。

（5）用细实线画出尺寸标注线，并标注实体的尺寸数值，如图 1-7 所示。

（6）画标题栏。在边框右下角画出长 130mm、宽 40mm 的边框，各内容栏尺寸如图 1-8 所示。

（7）在图纸的右下角按规定尺寸画出标题栏，在左下角写上技术要求，最后完成零件测绘图的制图工作，效果如图 1-9 所示。

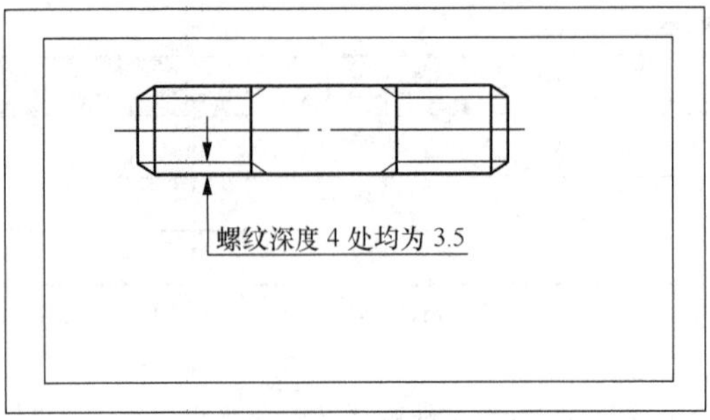

图 1-6　画螺纹底线和螺纹外端倒角

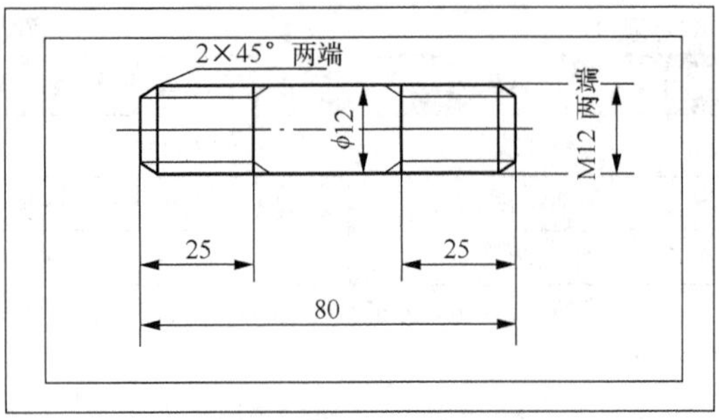

图 1-7　画尺寸标注线并标注尺寸数值

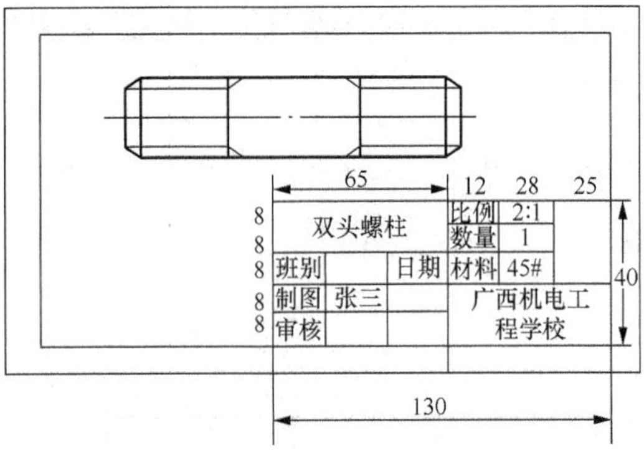

图 1-8　内容栏尺寸

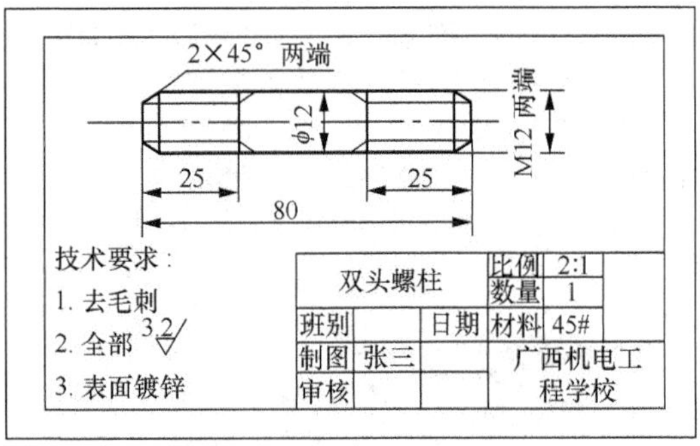

图 1-9　标准样图

5. 绘制零件图评分表

评分表如表 1-2 所示。

表 1-2　　评分表

序号	作业项目及配分	评分标准	扣分	得分	备注
1	准备工作（0.5 分）	备齐所用的绘图工具及量具（0.5 分）			
2	测量实物（2.5 分）	要求与考评员所测数据相差不超过 0.5mm，每差一个扣 1 分			
3	绘制零件图（6.5 分）	（1）要求图上包括标题栏、一组视图、全部尺寸和技术要求 4 项内容，每少一项或四项之一不完整者均扣 0.5 分。 （2）视图能表达出零件的形状和结构。（0.5 分） （3）每少标、错标一个尺寸扣 0.5 分。 （4）每少标、错标一个技术要求扣 0.5 分。 （5）图面不整洁扣 0.5 分。 （6）线条不均匀扣 0.5 分。 （7）字迹不合要求扣 0.5 分			
4	安全文明操作（0.5 分）	考后收拾好所用零件、工具、量具及绘图工具			
5	超时扣分	每超时 5 分钟扣 0.5 分，超时 10 分钟者不及格			
合计					

项目二
曲轴检测

一、实习目的与实习常用工具

1. 实习目的

（1）掌握外径千分尺的构造与读数方法。

（2）掌握曲轴轴颈的测量位置和测量操作方法。

2. 实习常用工具

V 形铁、外径千分尺等。

二、实习内容

1. 检测目的及指标

曲轴检测的目的是通过直观检查与量具测量，确定曲轴质量的好坏，保证曲轴使用的可靠性。项目检测的指标主要有以下几方面。

（1）曲轴内外部是否有断裂、腐蚀剥落刮伤等损伤现象。

（2）曲轴直线是否超过使用规定（中心线偏离极限为 0.15mm）。

（3）轴颈的圆度、圆柱度偏差值是否符合使用要求（两偏差值的使用极限值为 0.025mm）。

（4）曲轴磨损是否已达到报废程度（修理级别达 5 级）。

2. 曲轴检测操作要点

（1）外径千分尺的构造与读数方法。

① 外径千分尺的构造。外径千分尺主要由尺架、砧座、固定套管、微分筒、锁紧手柄、测微螺杆、测力装置等组成。它的规格按测量范围分为 0～25mm、25～50mm、50～75mm、75～100mm 及 100～125mm 等，使用时按被测工件的尺寸选择。外径千分尺的具体结构如图 2-1 所示。

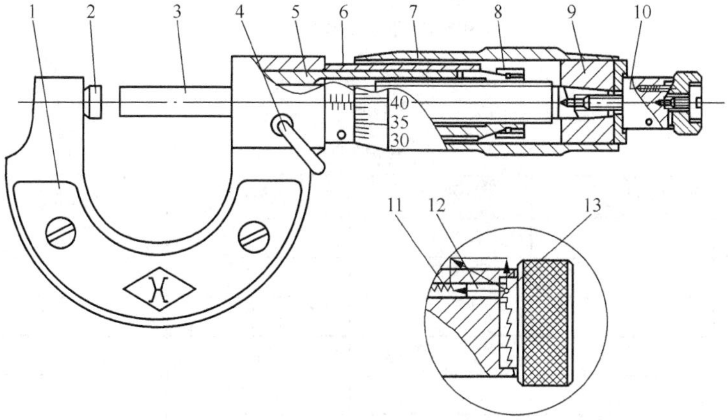

图 2-1　外径千分尺的构造

1—尺架；2—砧座；3—测微螺杆；4—锁紧手柄；5—螺纹套；6—固定套管；7—微分筒；8—螺母；9—接头；10—测力装置；11—弹簧；12—棘轮爪；13—棘轮

② 外径千分尺的读数方法。首先读出微分筒边缘在固定套管主尺的毫米数和半毫米数，然后看微分筒上哪一格与固定套管上的基准线对齐，并读出相应的不足半毫米数，最后把两个读数相加起来就是测得的实际尺寸。千分尺的读数示例如图 2-2 所示。

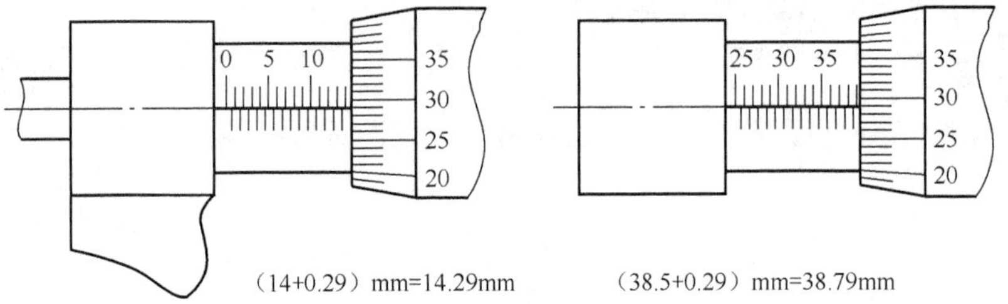

（14+0.29）mm=14.29mm　　（38.5+0.29）mm=38.79mm

图 2-2　千分尺的读数示例

（2）曲轴轴颈的测量位置和测量操作方法

① 测量曲轴轴颈时测量位置应选在轴颈。

② 测两端的断面时，每个断面都要测量两条相互垂直的直线 A—A'和 B—B'，如图 2-3 所示。

（3）为了减少误差，测量轴颈时，应使千分尺处于垂直状态，不要歪斜，测量点应在轴颈的最高处（即直径的两端）。

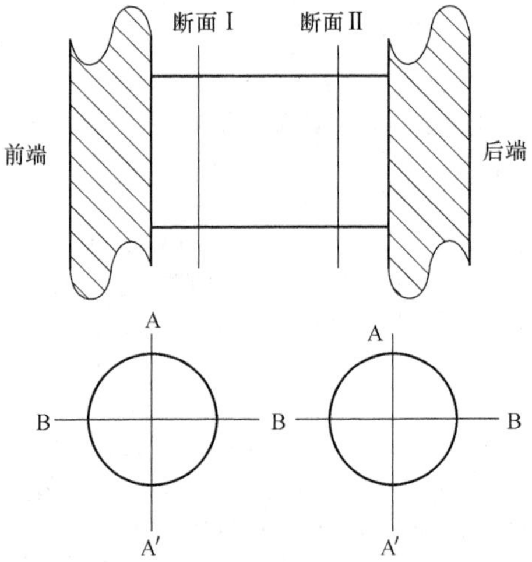

图 2-3　曲轴轴颈测量位置

（4）按规定要求填写检测记录卡，内容如表 2-1 所示。

表 2-1　检测记录卡

曲轴轴颈	横向	纵向	圆度	圆柱度	标准值
位置 A_1					**<0.02**
位置 A_2					**<0.02**
位置 A_3					**<0.02**
位置 B_1					**<0.02**
位置 B_2					**<0.02**
位置 B_3					**<0.02**

注：每个位置测量三次，取平均值，其圆度及圆柱度的测量值都应小于 0.02，否则应该进行处理或更换。

3．曲轴磨损量及圆度、圆柱度偏差的检测评分表

评分表如表 2-2 所示。

表 2-2 评分表

序号	作业项目及配分	评分标准	扣分	得分	备注
1	（1）清洁量具。（1 分） （2）校验量具（1 分）	（1）不清洁量具扣 1 分。 （2）不进行校验扣 1 分			
2	清洁轴颈、检查曲轴损伤情况：曲轴有无裂纹，正时齿轮和键槽有无损坏，螺纹有无滑牙等（2 分）	（1）不擦净轴颈扣 1 分。 （2）未检查曲轴的损伤情况扣 1 分			
3	（1）测量曲轴的圆度：圆度偏差为垂直轴线方向同一截面最大直径与最小直径之差。（4 分） （2）测量曲轴的圆柱度：圆度为与轴线同方向最大直径与最小直径之差。（4 分） （3）使用极限为圆度和圆柱度均不超过 ±0.25mm（口答）（4 分）	（1）量具使用不正确扣 2 分。 （2）测量点不正确扣 1 分。 （3）不会读数据扣 1 分。 （4）不会计算圆度和圆柱度扣 2 分。 （5）测量数据不准确，误差超过 0.02mm（与考评员所测数据），每项扣 2 分。 （6）不懂圆度、圆柱度的使用极限扣 2 分			
4	根据曲轴的实际尺寸判断曲轴的原修理尺寸（2 分）	不懂判断或判断错误扣 2 分			
5	安全、文明生产（2 分）	（1）不清洁量具扣 1 分。 （2）量具乱放扣 1 分			
6	超时记分	（1）每超时 5 分钟扣 1 分。 （2）超时 10 分钟为不及格			
合计					

项目三
气门间隙的调整

一、实习目的与实习常用工具

1．实习目的

掌握气门间隙的检查调整方法，正确使用测量工具。

2．实习常用工具

开口扳手、塞尺、一字型螺丝刀等。

二、实习内容

1．气门间隙的相关知识

（1）气门间隙

气门间隙通常是发动机处于冷态时，在气门脚及其传动机构中留有适当的间隙，以补偿气门受热后的膨胀量，这一预留间隙称为气门间隙。一般排气门的气门间隙要略大于进气门的气门间隙。

（2）气门间隙过大或过小对发动机的影响

气门间隙的大小对发动机各方面的性能影响极大，间隙过小，发动机在热态下由于气门杆膨胀可能会造成气门漏气，导致功率下降，甚至烧坏气门；间隙过大，传动零件之间以及气门与气门座之间容易产生冲撞，同时使气门开启的持续时间减少，进气和排气不充分，也会直接影响发动机的正常工作。因此，为了保证发动机的正常工作，必须调整好气门间隙。

（3）配气机构的组成

配气机构主要由气门组件和气门传动组件组成，其中气门组件由气门、气门座圈、气门导管、气门弹簧、气门弹簧座及气门锁片（锁销）等组成；气门传动组件由凸轮轴驱动件（包括正时齿轮、正时链条、正时皮带）、凸轮轴、气门挺杆、推杆、摇臂及摇臂轴总成等组成。

（4）配气相位

气门从开启到关闭所经历的曲轴转角称为配气相位。

（5）发动机点火顺序

以直列四缸四行程发动机为例，气缸工作顺序有 1-3-4-2 和 1-2-4-3 两种。

2．直列四缸做功顺序为 1—3—4—2 的发动机气门间隙调整

（1）采用逐缸法。

① 打开气门室盖。

② 摇转曲轴，直至凸轮轴正时记号与缸盖上固定记号对齐，飞轮（或曲轴皮带轮）的正时记号与缸体上固定的正时记号对正，如图 3-1 所示，这时第一缸处于压缩上止点位置。

③ 气门间隙检查：用规定厚度的塞尺插入气门杆与摇臂之间，来回抽动塞尺，过紧或过松都表明气门间隙不合适，需要进行调整。

④ 调整气门间隙（见图 3-2）：松开锁紧螺母，旋出调整螺钉，在气门杆与摇臂之间插入厚度与气门间隙相等的塞尺，一边拧进调整螺钉，一边不停地来回抽动塞尺，直到抽动塞尺有阻力又能抽出时为止，然后锁紧螺母。在锁紧螺母时，不能让调整螺钉转动，最后再复查一遍。

⑤ 按做功顺序，分别摇转曲轴 180°，依次使下一缸处于压缩上止点，用同样的方法依次检查与调整

各缸的气门间隙。如做功顺序为 1-3-4-2，则摇转曲轴 180°，检查调整 3 缸的气门间隙。接着用同样的方法再检查调整 4 缸和 2 缸的气门间隙。

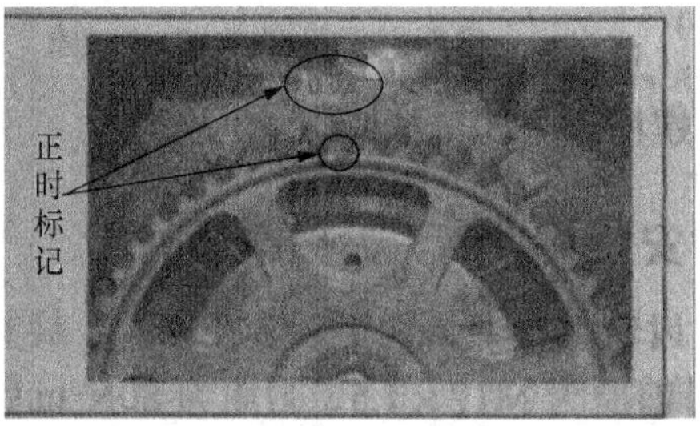

图 3-1 飞轮（或曲轴皮带轮）的正时记号与缸体上固定的正时记号对正

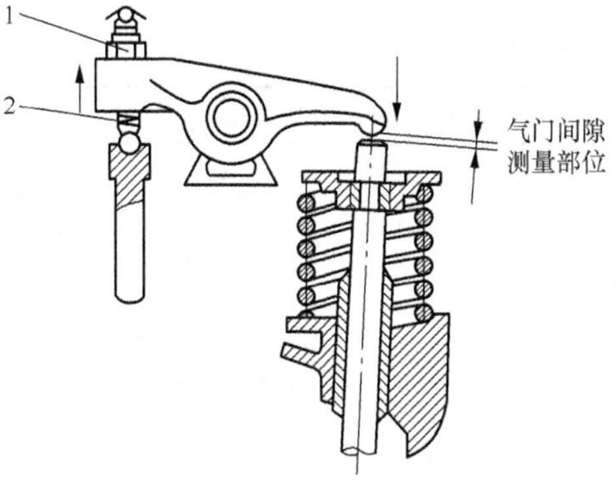

图 3-2 调整气门间隙
1—锁紧螺母；2—调整螺钉

（2）两次调整法（“双排不进”法）。

① 打开气门室盖。

② 摇转曲轴至 1 缸处于压缩上止点。

③ 检查与调整第一缸两个气门的间隙、第三缸的排气门间隙、第二缸的进气门间隙，方法与逐缸法相同。

④ 调整时，先松开锁紧螺母，将规定厚度的厚薄规插入气门杆端部与摇臂之间，用螺丝刀旋动调整螺钉，当抽动厚薄规有阻力感时，拧紧锁紧螺母，再复查一次，符合规定值即可。

3. 直列六缸做功顺序为 1—5—3—6—2—4 的发动机气门间隙调整

（1）采用逐缸法。

① 打开气门室盖。

② 摇转曲轴，直至凸轮轴正时记号与缸盖上固定记号对齐，飞轮（或曲轴皮带轮）的正时记号与缸体上固定的正时记号对正，这时第一缸处于压缩上止点位置。

③ 气门间隙检查：用规定厚度的塞尺插入气门杆与摇臂之间，来回抽动塞尺，过紧或过松都表明气门间隙不合适，需要进行调整。

④ 调整气门间隙：松开锁紧螺母，旋出调整螺钉，在气门杆与摇臂之间插入厚度与气门间隙相等的塞尺，一边拧进调整螺钉，一边不停地来回抽动塞尺，直到抽动塞尺有阻力又能抽出时为止。然后锁紧螺母，在锁紧螺母时，不能让调整螺钉转动，最后再复查一遍。

⑤ 按做功顺序，分别摇转曲轴 120°，依次使下一缸处于压缩上止点，用同样的方法，依次检查与调整各缸的气门间隙。

（2）两次调整法（“双排不进”法）。

① 打开气门室盖。

② 摇转曲轴至 1 缸处于压缩上止点。

③ 检查与调整第一缸两个气门的间隙、第三和第五缸的排气门间隙、第二和第四缸的进气门间隙，方法与逐缸法相同。

④ 调整时，先松开锁紧螺母，将规定厚度的厚薄规插入气门杆端部与摇臂之间，用螺丝刀旋动调整螺钉，当抽动厚薄规有阻力感时，拧紧锁紧螺母，再复查一次，符合规定值即可。

4. 气门间隙调整的注意事项

（1）气门间隙必须在该气门处于完全关闭的状态下才能进行调整。

（2）根据维修手册气门间隙规定值进行调整，若没有，可以参照排气门间隙为 0.35mm、进气门间隙为 0.25mm 进行调整。

（3）采用液力挺柱式的配气机构不需要进行气门间隙调整。

（4）严格执行拆装程序，并注意操作安全。

（5）操作时严格按 5S 规定管理。

5．气门间隙的调整标准评分表

评分表如表 3-1 所示。

表 3-1　　评分表

序号	作业项目及配分	评分标准	扣分	得分	备注
1	准备工作（1 分）	备齐所需的工、量具及设备（1 分）			
2	调整气门间隙（17 分）	（1）提问 ① 什么时候可以调整气门间隙？（1 分） ② 如何用逐缸法调整气门间隙？怎样知道该缸气门是否可以调整？（2 分） ③ 如何用二次调整法调整气门间隙？如何确定一、六（或四）缸是否处于压缩上止点位置？（2 分） （2）操作 ① 不会摇车进行调整扣 12 分。 ② 调整后不拧紧锁紧螺母每处扣 1 分。 ③ 调整气门间隙不合规定，每个气门扣 2 分（最少要调 3 个缸的气门）。 技术标准：EQ6100-1——0.20～0.25； CA6102——0.25～0.30； BJ492Q——进 0.23，排 0.28。 ④ 调好后将气门室罩盖装好（2 分）			
3	安全文明生产（2 分）	（1）工、量具掉地扣 1 分。 （2）不清洁工、量具及场地扣 1 分			
4	超时扣分	每超时 1 分钟扣 1 分，超时 5 分钟不予及格			
合计					

项目四

发动机正时皮带的拆装、检查与调整

一、实习目的与实习常用工具

1．实习目的

（1）掌握发动机正时皮带的更换方法与要领。

（2）掌握正时皮带张紧轮的检查方法。

2．实习常用工具

游标卡尺、套筒、螺丝刀、鲤鱼钳、梅花扳手、开口扳手及扭力扳手等。

二、实习内容

1．正时皮带检查与调整的必要性

发动机正时皮带是发动机配气机构的传动零件，它以传动噪声小等优点被多数轿车发动机使用，但它有老化、变形、受冲击载荷容易折断的缺点。正时皮带变形或折断，将会破坏发动机配气相位，使发动机无法工作，所以在使用中需要定期检查、调整或更换，以保证发动机的正常工作。

2．发动机正时皮带的拆装、检查与调整的操作步骤和要求

（1）将气门罩盖和正时带罩盖拆下，如图 4-1 所示。

（2）转动曲轴，使一缸处于压缩上止点位置，检查凸轮驱动齿轮的正时记号是否对正固定标记，从而确定正时皮带是否发生变形或被拉长，如图 4-2 所示。

图 4-1　拆下气门罩盖

图 4-2　凸轮驱动齿轮的正时记号

（3）拆下曲轴皮带轮，扭松皮带张紧轮，如图 4-3 所示。

（4）拆下正时皮带，进行清洁并检查损坏情况，如是否有老化、变形、损伤、断裂等现象。

（5）安装正时皮带，安装方法与要求如下。

① 将曲轴皮带轮转到与上止点记号对齐，再把凸轮轴驱动齿轮的正时记号对齐固定标记，如图 4-4 所示。

② 将正时皮带套上曲轴正时齿轮和凸轮轴驱动轮，而且使无张紧轮一侧的皮带拉紧，如图 4-5 所示。

③ 转动凸轮轴，使正时皮带完全套入轮齿（见图 4-6），用长一字型螺丝刀调整张紧轮，使正时皮带的张紧度符合要求，如图 4-7 所示，再扭紧张紧轮固定螺栓。

图 4-3　扭松皮带张紧轮

图 4-4　曲轴皮带轮正时点记号对齐

图 4-5　拉紧无张紧轮一侧的皮带

图 4-6　使正时皮带完全套入轮齿

④ 再次转动曲轴，使第一缸处于压缩上止点位置，观察凸轮轴驱动齿轮上的正时记号是否对正固定标记，如果不对正，而且超过允许误差范围，则需重复上述操作，直到符合要求为止。

⑤ 安装气门罩和正时带罩盖。

⑥ 清洁设备、场地，并将工具摆放整齐。

3．发动机正时皮带的拆装、检修及调整标准评分表

评分表如表 4-1 所示。

图 4-7　扭紧张紧轮固定螺栓

表 4-1　　评分表

序号	作业项目级配分	评分标准	扣分	得分	备注
1	准备工作（2 分）	未做扣 2 分			
2	拆装： （1）正确选用工具。（2 分） （2）按流程对正时皮带进行拆装（2 分）	（1）工具每掉地一次扣 0.5 分，扣完为止。 （2）零部件每掉地一次扣 0.5 分，扣完为止。 （3）每拆错一次顺序扣 0.5 分，扣完为止。 （4）每装错一次顺序扣 0.5 分，扣完为止			
3	检查： 检查正时皮带安装方向及使用情况（4 分）	（1）漏检一个扣 0.5 分，扣完为止。 （2）检查结果不正确扣 0.5 分，扣完为止			
4	正确检查原有正时及调整（5 分）	（1）调整方法不正确每次扣 1 分，扣完为止。 （2）不会调整扣 2 分			
5	安全文明生产（2 分）	因违规操作发生重大人身和设备事故，此题 0 分			
6	（1）清洁、摆放好工具。（1 分） （2）清洁场地（2 分）	（1）有一个工具不清洁扣 0.5 分，扣完为止。 （2）有一个工具摆放不整齐扣 0.5 分，扣完为止。 （3）不清场地扣 0.5 分，扣完为止			
合计					

项目五 分电器的检修

一、实习目的与实习常用工具

1．实习目的

（1）掌握分电器总成的解体与清洗方法。

（2）掌握分电器主要零件的检修方法。

（3）掌握分电器的装复、调整与试验方法。

2．实习常用工具

万用表、兆欧表、游标卡尺、百分表及表座、固定扳手、一字螺丝刀、十字螺丝刀等。

二、实习内容

分电器形式很多，现在大多采用无触点式分电器。无触点式分电器分为霍尔式、光电式及电磁脉冲式，下面以本田 F23A3 电磁脉冲式无触点分电器为例（结构见图 5-1），说明分电器的检修步骤。

1．分电器总成的解体与清洗

（1）用十字螺丝刀将分电器盖上的固定螺钉拧下，拆除分电器盖，并取下密封垫。

（2）用十字螺丝刀拧下分火头的固定螺钉，取下分火头。

（3）拆下点火线圈以及点火控制模块。

（4）解体后，用棉纱蘸适量清洗剂擦洗各零件。

2．分电器主要零件的检修

（1）分火头的检修。直观检查，分火头应无裂痕、烧蚀及击穿，否则应更换新件（注意：分火头顶部金属有一些焦状物是正常的）；测试检查，分火头应不漏电，方法是将高压电源（10～20kV）的两根触针分别接导电片和底部轴孔，若有明显跳火过轴孔，证明分火头漏电。也可将分火头倒放在机体上，用发动机高压电进行跳火试验（注意：若高压线与分火头距离很近，勉强能够看到有很细弱的火花，一般为正常情况）。还可采用兆欧表检测，阻值应为无穷大；分火头顶部电阻检测应符合规定，正常应为 $1\pm0.4\text{k}\Omega$。

（2）分电器盖的检修。用一块干燥的棉布将分电器盖擦拭干净，进行直观检查，分电器盖应无裂纹及烧蚀痕迹，内部各电极应无明显的磨损、腐蚀及烧蚀，否则应更换分电器盖。中心电极应无卡滞，若烧蚀磨损致使其长度较标准长度减小 2mm 以上，应更换新件。测试检查分电器盖应不漏电，中央插孔和各旁插孔之间应不窜电，方法同分火头的漏电测试，可采用高压跳火测试或兆欧表检测（各插孔和底座都要检测），应无明显跳火或阻值无穷大。

（3）电磁脉冲传感器（CYP 传感器）的检测。此项检测应在分电器拆解前进行，可在车上或试验台上检测。当在点火良好的同型号车上检测时，拆下原车分电器上的点火信号线束，插在被测分电器上，将点火线圈上高压线搭铁或做跳火试验，用万用表 R×10 挡测量传感器感应线圈的电阻值，应符合原厂规定，其电阻值一般为 300～1500Ω；用万用表 AC 电压挡测量其输出的电压，起动时应高于 0.1V，运转时应为 0.4～0.8V。

（4）CYP 传感器转子（信号转子或触发器转子）的检修。信号转子应无断齿变形等现象，与感应元件等应无碰刮现象，否则应换成新件。

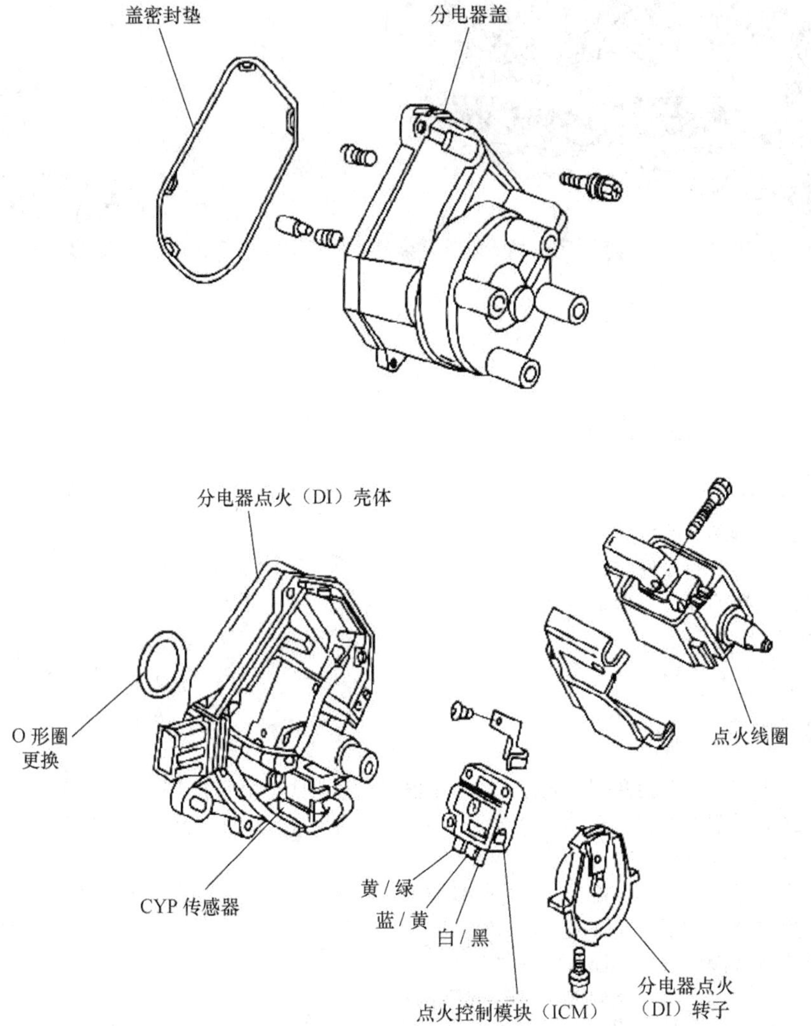

图 5-1　电磁脉冲式无触点分电器

（5）分电器轴、衬套及齿轮的检修。将分电器壳体夹在台虎钳上，使百分表的测量触头垂直顶到分电器轴上部外圆面上，沿百分表测杆方向晃动分电器轴，检查轴与衬套的配合间隙为 0.01～0.03mm，极限值为 0.05mm，否则更换衬套；转动分电器轴，观察百分表指针的摆差，分电器轴的直线度误差应不大于 0.05mm，否则更换新件；分电器驱动齿轮轮齿磨损严重、齿面出现明显的疲劳剥落凹坑或出现裂损，也应更换新件。

3．分电器的装复、调整与试验

（1）分电器的装复、调整。分电器的组装可按解体的相反顺序进行，进行组装时，应保证各零件的清洁，并在各相对运动的摩擦表面上涂抹少量润滑脂进行润滑。装复后，应对分电器轴的轴向间隙进行检查，转动分电器轴时应灵活无卡滞；轴向推拉分电器轴，应无明显的间隙感，否则通过改变调整垫片的厚度进行调整。

（2）分电器试验。分电器装复后，应在试验台上进行发火性能、发火均匀性测试。

① 发火性能试验。将分电器装在电气试验台上，用一个高压线圈给分电器提供高压电，并正确连接测试线，调整三针放电器间隙到 7～9mm，而后按规程操作试验台，起动调速电动机，将分电器转速逐渐升高至最高转速 2500r/min 左右。此时，用肉眼观察或用耳听，发出的火花均应具有足够强度，并且无可察觉的断火现象。

② 发火均匀性试验。试验时，把高压线改接在放电装置的集电环上，而后按规程操作试验台，起动调速电动机，将分电器转速调至 50～100 r/min，在试验台的刻度盘上检查各缸的发火间隔角度，发火应均匀。以任意一缸为基准，其余各缸在刻度盘上发火间隔角度的偏差应不大于±0.5°，火花的晃动量应在偏差角度内且不大于 1°。

4. 分电器的检修标准评分表

评分表如表 5-1 所示。

表 5-1 评分表

序号	作业项目及配分	评分标准	扣分	得分	备注
1	准备工作（1 分）	备齐所需工、量具及设备（1 分）			
2	分电器解体（4 分）	（1）分解次序错乱每次扣 1 分。 （2）零件摆放不整齐扣 1 分。 （3）工、量具及零件不得掉地，每掉一次扣 1 分。 （4）每漏拆一个零件扣 0.5 分			
3	分电器检修（7 分）	以传统点火系的分电器为例。 （1）检查分电器盖各高压线插孔有无锈蚀、烧蚀或脏污。（0.5 分） （2）检查分电器中央插孔及各分线插孔有无裂纹、损伤。（0.5 分） （3）炭精棒是否发卡或松脱。（0.5 分） （4）检查分火头的绝缘性。（1 分） （5）检查白金有无烧蚀、油污，单边触点厚度是否符合要求（厚度在 0.5mm 以上）。（0.5 分） （6）检查断电臂轴销是否松旷、发涩；断电臂弹簧力是否符合要求（弹簧在触点上压力为 3.9～6.9N）。（0.5 分） （7）检查凸轮工作面是否光洁，有无腐蚀、裂纹、沟槽。（0.5 分） （8）检查分电器轴的径向跳动量及轴向间隙（轴向间隙为 0.15～0.50mm）。（1 分） （9）检查离心重块电动是否灵活平稳；销孔配合有无卡滞、松旷现象；弹簧有无折断、变形、裂痕等。（1 分） （10）检查真空点火提前装量（用嘴吸吮真空管端进行试验）。（0.5 分） （11）检查电容器的好坏（0.5 分）			
4	分电器的装复与调整（6 分）	（1）清洁所有零件，每漏清洁一个扣 0.5 分。 （2）润滑各磨擦副，油毡吸足机油，油杯加满黄油，每少润滑一样扣 0.5 分。 （3）每漏装、错装一个零件扣 1 分。 （4）装错凸轮轴一缸位置扣 4 分 （5）将合金调至规定值（0.35～0.45mm）；不会调整或调整不合要求扣 3 分。 （6）白金装复时，中心线应重合，最大错位不大于 0.25mm，接触面不小于 85%，中空式触点应为 100%，否则扣 2 分			
5	安全文明生产（2 分）	（1）不清理工、量具及现场各扣 1 分。 （2）违章操作扣 2 分			
6	超时扣分	每超时 1 分钟扣 1 分，超时 5 分钟后不予及格			
合计					

项目六
发动机油路、电路综合故障的诊断与排除

一、实习目的与实习常用工具

1．实习目的

（1）掌握发动机油路、电路故障的种类。

（2）掌握发动机油路、电路故障诊断与排除作业的操作。

（3）掌握发动机油路、电路零部件的检测。

2．实习常用工具

模拟台、挂图、博世 KT600 汽车故障诊断仪、组合工具及万用表等。

二、实习内容

所谓故障，是指机器局部或全部丧失工作能力的现象。排查故障原因的过程称为诊断故障；针对产生故障的原因采取相应有效的修理，使机器恢复正常的工作叫作排除故障。本项目已把发动机的故障原因锁定在燃油供给系和电控系统的范围内，由于这两个系统有故障会导致发动机出现起动不了或发动机加速不良和抖动的现象，下面对故障现象进行诊断与排除。诊断故障必须有正确的思路，遵循由外到里、由易到难的原则进行，这样才能达到事半功倍的效果。

1．发动机起动不了故障诊断与排除的步骤

发动机起动不了的原因首先怀疑曲轴位置传感器信号中断，应用万能表测量曲轴位置传感器输送给发动机 ECU 的信号电压是否正常，因为该信号是 ECU 指令给发动机点火和喷射燃油的依据，正常的信号电压在发动机起动转速下应有 4.5V 以上。如果不正常，则检查该电路的各个元件及电路的连接情况，查出信号中断原因，恢复电路的正常状态，如果没有其他故障，发动机自然可以起动。

发动机起动不了的第二个可能原因是燃油泵电路电压不正常，在正常起动转速下，该电路电压应保证 9V 以上，如果低于 8V 甚至无电压，则燃油泵无法工作，燃油路无油可供，发动机自然起动不了。因此必须对该电路中的继电器、保险装置、电路插接件、导线连接处进行检测，查出故障所在，恢复正常状态。

第三种原因可能是喷油器不喷油。喷油器是执行 ECU 指令喷射燃油的元件，如果在 ECU 指令信号正常的情况下喷油器仍然不喷油，则应该检测喷油器是否卡死或损坏，与喷油器连接的电插接件连接是否牢固，接触是否良好，导线是否中断，把该电路的故障进行排除，恢复电路到正常状态。

第四种原因可能是火花塞无高压火花，在 ECU 点火指令信号正常的情况下，如果火花塞无高压火花，应检查火花塞是否损坏，高压线电阻值是否符合规定，点火器及其连接导线是否正常。

另外，燃油泵的损坏，供油系统油压过低或无油压也会导致发动机起动不了。

2．发动机工作中加速不良和发抖故障诊断与排除

发动机工作中出现加速不良和发抖的故障原因如果只锁定于油电路的控制系统范围，则故障原因多是电控系统中某些传感器或执行器丧失工作能力。

随着科学技术的发展，现代汽车修理凭经验诊断故障原因已不能满足维修要求，而必须依靠现代的检测设备进行检测，才能快速、准确地诊断出产生故障原因。汽车解码器就是汽车维修检测设备中的一种，使用解码器能快速、准确地调出 ECU 所记录的发动机故障码，通过故障码，使维修人员清

楚故障的原因。

解码器解码操作步骤如下所述。

（1）将 KT600 诊断盒插入诊断插槽，注意插入方向，应将印有“UP”字样的一面朝上。

（2）确定诊断座的位置、形状以及是否需要外接电源，如图 6-1、图 6-2 所示。

图 6-1　诊断座的位置

图 6-2　诊断座的形状

（3）根据车型及诊断座的形状（见图 6-2）选择相应的白接头。

（4）将测试延长线的一端插入 KT600 的测试口内，另一端连接测试接头。

（5）将连接好测试延长线的测试接头插到车辆的诊断座上。

（6）按照图 6-3 所示连接解码器。

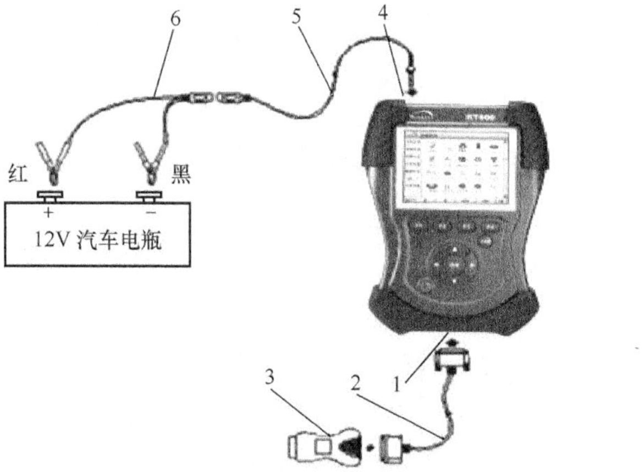

图 6-3　连接解码器

1—KT600 测试口；2—测试延长线；3—专用测试接头；4—KT600 电源接口；5—电源延长线；6—双钳电源

（7）打开解码器电源开关和发动机点火开关，进入主界面，可以看到 KT600 有汽车诊断功能、系统设置功能、示波分析仪功能、辅助功能四大任务模块。选择汽车诊断功能，按以下程序用解码器确认键操作调取故障码。

① 进入发动机故障测试系统。

② 选择对应的发动机型号。

③ 进入发动机系统。

④ 读取发动机故障码。

⑤ 对照维修手册进行解码，确定故障原因。

（8）发动机油路、电路综合故障的诊断与排除评分表

评分表如表 6-1 所示。

表 6-1 评分表

序号	作业项目及配分	评分标准	扣分	得分	备注
1	准备工作（1 分）	备齐所需工具、量具、仪表及设备（1 分）			
2	检查、诊断故障（10 分）	（1）能根据故障现象确认故障的部位。（2 分） （2）能根据故障现象说出故障原因，每错判一个扣 2 分。 （3）检查、操作次序正确。（4 分） （4）操作安全、文明（2 分）			
3	排除故障（18 分）	（1）能排除故障，使发动机可以正常运转。（12 分） （2）发动机无回火、放炮现象。（2 分） （3）怠速稳定。（2 分） （4）油面高度正常。（2 分） （5）点火正时正确。（2 分） （6）不能使发动机起动，不能排除故障扣 18 分			
4	安全文明生产（1 分）	不清洁工、量具及现场扣 1 分			
5	超时扣分	每超时 1 分钟扣 1 分，超时 5 分钟不予及格			
合计					

项目七 变速器检修

一、实习目的与实习常用工具

1. 实习目的

（1）掌握正确拆解变速器的方法。

（2）掌握变速器各零部件的检测方法。

（3）掌握变速器的安装操作规程。

2. 实习常用工具

万用表、千分尺、塞尺、游标卡尺、梅花扳手、套筒扳手、扭力扳手、开口扳手及风动工具等。

二、实习内容

变速器是汽车传动系的一个重要组成部分，变速器的构造有多种类型，本项目根据职业资格考试要求给定的类型——齿轮传动式手动有极变速器，如图 7-1 所示，这里的实际操作训练只针对该类型变速器进行。

图 7-1　手动变速器

1. 变速器检修的步骤与要求

（1）外部清洁，排净变速器箱体内的润滑油。

（2）变速器解体操作应由外到里按顺序进行，并把拆下的零件按顺序一条线摆放整齐，如图 7-2 所示。

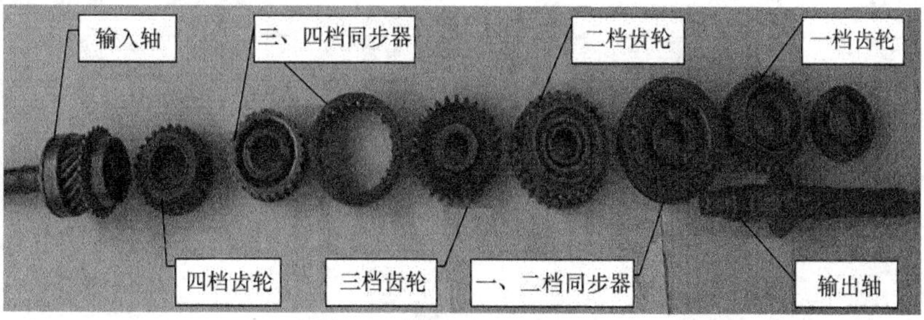

图 7-2　变速器解体及零件名称

（3）零件清洁：用清洗剂清洗零件，然后用清水冲洗晾干；倒出变速器箱体内的杂物，也用清洗剂冲洗干净。

（4）零件检测。

① 检查变速器箱盖有无裂痕及损坏，螺孔螺纹是否有滑扣现象。

② 检查同步器的好坏。这里主要检查花键壳键齿、啮合套键齿有无崩裂或过度磨损，同步环有无崩齿或锥面过度磨损（使用极限为 0.5mm）。

③ 检查轴承的完好程度。

④ 测量倒挡轴与孔的配合间隙。

⑤ 倒挡轴与孔的配合属于一种过渡配合状态，轴与孔的配合公差为+0/−0.02，装配时稍用力可将轴装入孔内，但轴在孔内不能晃动。

⑥ 测量倒挡轴的轴向间隙，正常间隙以维修资料为准。

⑦ 检查齿轮有无崩裂、损伤。

⑧ 检查测量轴承内外径与轴颈，承孔的配合间隙是否符合规定要求。

⑨ 测量齿轮轮齿的长度和厚度是否符合使用要求。

（5）组装变速器。组装变速器前应对相对运动零件进行润滑，然后按分解的反顺序由里到外进行组装，并保证每个零件安装的位置、方向、配合状态都符合组装技术要求。

（6）检查组装情况。变速器组装完毕，应检查是否有空挡位置，各挡位挂挡、脱挡是否自然、无卡滞现象，自锁与互锁作用正常，变速器各轴转动自由、无异响。

2．变速器检修标准评分表

评分表如表 7-1 所示。

表 7-1　　评分表

序号	作业项目及配分	评分标准	扣分	得分	备注
1	准备工作（1 分）	备齐所需工、量具及设备（1 分）			
2	分解变速器（6 分）	按正确顺序进行分解，分解顺序错误、混乱的每次扣 1 分，零件摆放不整齐扣 1 分，扣完本项分为止			
3	检测变速器（6 分）	（1）检查盖、壳体有无裂纹。（1 分） （2）检查同步器的好坏。（1 分） （3）检查齿轮有无崩裂、损伤。（1 分） （4）检查轴承的完好程度。（1 分） （5）测量倒挡轴与孔的配合间隙。（0.5 分） （6）测量倒挡轴的轴向间隙。（0.5 分） （7）测量第二轴后轴承的内外径与轴颈、承孔的配合间隙。（0.5 分） （8）测量一、倒挡滑移齿轮的齿厚（0.5 分）			
4	装复变速器（5 分）	（1）倒出杂物并清洁所有零件。（1 分） （2）润滑轴承及各相对运动部位。（1 分） （3）每漏装、错装一个零件扣 1 分。（1 分） （4）装合时必须保证盖、二轴处于空挡位置（1 分）			
5	安全文明生产（2 分）	（1）有不文明的违章操作扣 1 分。 （2）不清洁工、量具及场地的各扣 1 分			
6	超时扣分	每超时 1 分钟扣 1 分，超时 5 分钟者不予及格			
合计					

项目八
后桥鼓式驻车制动器检修

一、实习目的与实习常用工具

1. 实习目的

掌握后桥鼓式驻车制动器的检修方法和步骤。

2. 实习常用工具

钢直尺、游标卡尺、百分表、磁力表及举升器等。

二、实习内容

汽车驻车制动器是汽车行驶安全性能的重要评价依据，为了保证行车安全，在汽车使用中对驻车制动器除了日常维护外，还必须进行定期的检修，例如国家规定的汽车二级维护制度，保证驻车制动器经常处在正常的技术状态，降低交通事故的产生。

1. 后桥鼓式驻车制动器检修的步骤与要求

（1）用举升器将汽车顶高，使车轮悬空，如图 8-1 所示。

图 8-1　用举升器将汽车顶高

（2）依次拆下车轮、驻车制动鼓、驻车制动蹄及附件，如图 8-2 所示。

（3）检查驻车制动器零件。

① 检查驻车制动鼓有无裂纹，内壁有无严重刮伤，测量驻车制动鼓内圆圆度误差是否符合使用要求，检查驻车制动鼓内壁表面是否光滑、平整，如图 8-3 所示。

（a）拆驻车制动鼓　　（b）拆驻车制动蹄

图 8-2　拆驻车制动鼓和驻车制动蹄

② 检查驻车制动蹄是否有磨损过甚现象。

③ 检查轴承和油封是否有损坏。

④ 检查轴孔与轴承的配合情况。

⑤ 检查其他附件是否有损伤。

图 8-3　检查驻车制动鼓内壁表面

（4）安装驻车制动器。驻车制动器组装前要对轴承进行润滑，并使驻车制动蹄摩擦片和驻车制动鼓内壁干净，不得有任何油类；然后按顺序安装各零件，须注意调整轴承预紧度和紧固驻车制动底板的固定螺栓。

（5）调整驻车制动间隙（即驻车制动蹄片与驻车制动鼓内壁之间的距离）。先通过撬动调整齿轮，使驻车制动蹄片张开压紧驻车制动鼓内壁，令驻车制动鼓不能转动或转动很困难；然后撬动调整倒转 2～3 齿，使驻车制动鼓能自由转动，并与驻车制动蹄无摩擦响声。

（6）装上车轮，按规定扭矩紧固车轮螺栓。

2．后桥鼓式驻车制动器检修标准评分表

评分表如表 8-1 所示。

表 8-1　评分表

序号	作业项目及配分	评分标准	扣分	得分	备注
1	工量具的使用（2 分）	（1）不正确使用工、量具扣 1 分。 （2）操作不当扣 1 分			
2	（1）按顺序拆卸。（2 分） （2）清洁零部件。（2 分） （3）检查零部件。（2 分） ① 驻车制动鼓有无裂纹。 ② 驻车制动蹄是否磨损过甚。 ③ 轴承是否损坏。 ④ 转向节是否有裂纹，端头螺纹是否损伤多于两牙。 ⑤ 油封是否损坏。 ⑥ 轴孔配合情况等。 （4）紧固底板总成。（2 分） （5）润滑各轴承。（2 分） （6）按顺序装复各零部件。（2 分） （7）调整轴承预紧度。（2 分） （8）调整蹄片间隙（2 分）	（1）解体顺序混乱扣 1 分。 （2）乱放零件扣 1 分。 （3）每漏拆一件扣 0.5。 （4）不清洁扣 1 分。 （5）每漏检一项扣 1 分。 （6）不紧固扣 1 分。 （7）不润滑轴承扣 1 分。 （8）不按要求装复零部件酌情扣 1～2 分。 （9）装配有误视情况扣 1～4 分。 （10）不懂调整轴承预紧度或不合要求扣 2 分。 （11）不懂调整蹄片间隙扣 2 分			
3	安全、文明生产（2 分）	（1）野蛮操作扣 0.5 分。 （2）未擦拭工件扣 0.5 分。 （3）工具、量具、工件落地扣 0.5 分。 （4）不清理场地扣 0.5 分			
4	超时扣分	（1）每超时 5 分钟扣 1 分。 （2）超时 10 分钟为不及格			
合计					

项目九
起动机检修

一、实习目的与实习常用工具

1. 实习目的

（1）掌握起动机的拆装顺序。

（2）了解起动机各零件的名称和作用。

（3）掌握对起动机进行简单测量的方法。

（4）学习拆解、检修及装配起动机的基本方法。

25 实习常用工具

百分表、游标卡尺、万用表、螺丝刀等。

二、实习内容

1. 起动机检修的必要性

起动机是汽车发动机起动系统的主要组成部分，虽然工作时间短暂，但工作时电流大（100～200A），而且负荷重，要克服发动机的压缩力、零件转动的摩擦力、零件运动的惯性力等。为了保证发动机的正常起动，应在发动机维修中对起动机进行定期的检修。

2. 起动机检修操作的步骤和要求

（1）熟悉起动机的构造。

起动机的基本构造如图 9-1 所示，主要由直流电机、传动机构和操纵机构 3 部分组成。

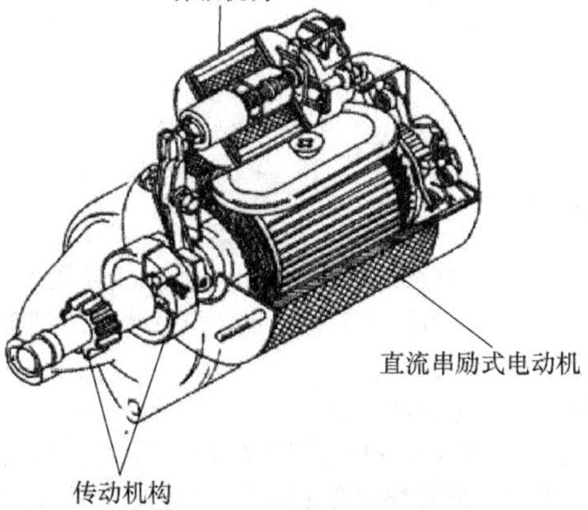

图 9-1　起动机的结构

直流电机主要由电枢（转子）、磁极（定子）、换向器和电刷等主要部件构成，作用是将由蓄电池输入的电能转换为机械能，产生电磁转矩。

传动机构主要由拨叉、单向离合器及驱动齿轮组成，作用是在起动发动机时使驱动齿轮与非齿轮圈啮合，将起动机的转矩传递给发动机曲轴；在发动机起动后又能使驱动齿轮与飞轮自动脱离，在它们脱离的过程中，发动机飞轮反拖驱动齿轮时，单向离合器使其形成空转，避免飞轮带动起动机轴旋转。

操纵机构主要是指起动机的电磁开关，主要由吸拉线圈、保持线圈、接触盘、磁化铁等组成，用来接通或断开电动机与蓄电池之间的电路。

（2）了解电路的工作过程。起动机的工作电路由控制电路和主电路组成，工作时，控制电路先起用，然后使主电路接通，起动才能运转，它们各自的电流流向是蓄电池正极→点火开关起动挡位→电磁开关→吸拉线圈→直流电机的定子范围→转子线圈→搭铁→蓄电池负极或者蓄电池正极→点火开关起动挡位→电磁开关→保持线圈→搭铁→蓄电池负极。

控制电路工作后，在电磁开关的作用下接触盘接通主电路，直流电动机获得工作电流，便能产生足够的转速与转矩来带动发动机起动，其工作时电流流向是蓄电池正极→电磁开关主触点→直流电机的定子线圈和转子线圈→搭铁→蓄电池负极。

（3）起动机分解。起动机的分解应按由外到里的原则进行拆卸，拆卸前应做好装配记号，并把拆下的零件按顺序一条线摆放整齐，如图 9-2 所示，分解步骤如下所述。

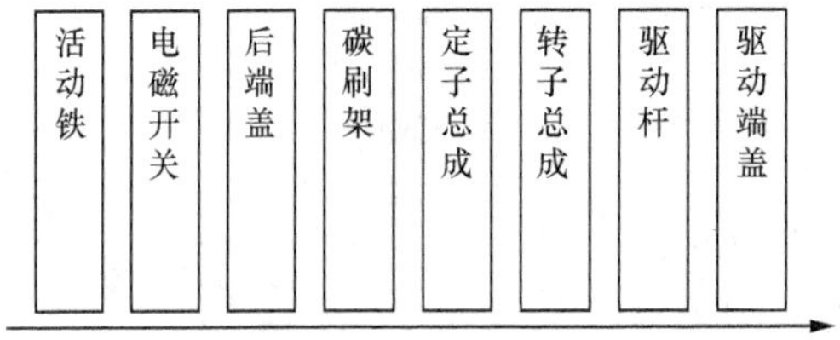

图 9-2　零件摆放顺序

① 断开引线：拆下定位螺母并断开引线。

② 拆卸电磁开关总成，如图 9-3 所示。拆下两颗螺母并将电磁起动机开关拉到后侧，向上拉电磁起动机开关的顶端，从驱动杆中取出柱塞钩，拆下电磁开关。

③ 拆下起动机磁轭总成，如图 9-4 所示。拆下两个螺栓，拆下换向器端盖，分开起动机外壳与起动机磁轭，拆下驱动杆。

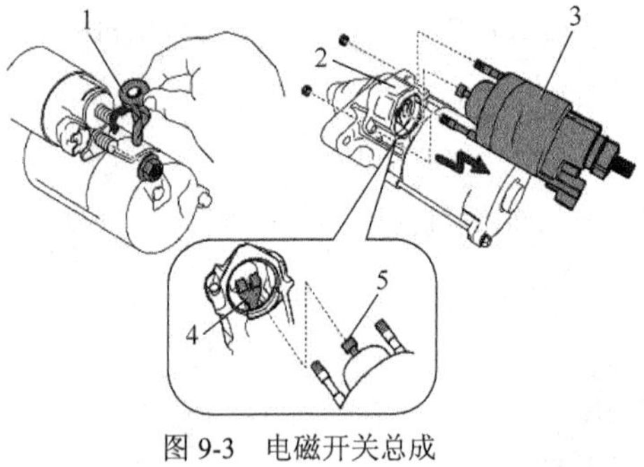

图 9-3　电磁开关总成

1—引线；2—起动机外壳；3—电磁起动机开关；4—驱动杆；5—柱塞钩

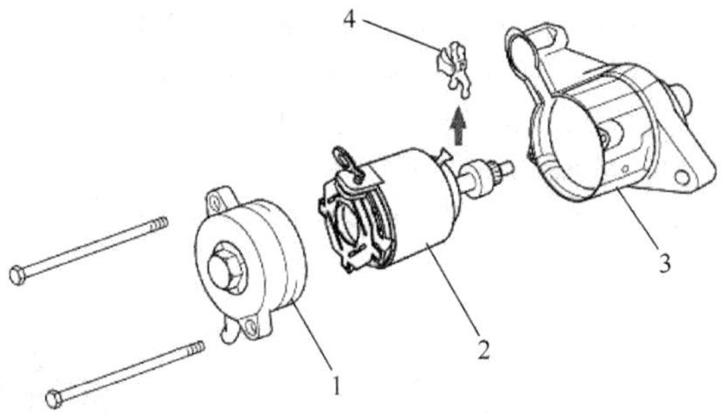

图 9-4　起动机磁轭总成

1—端盖；2—起动机磁轭；3—起动机外壳；4—驱动杆

④ 拆下起动机电刷及弹簧。用平头螺丝刀（或其他工具）压住弹簧，然后拆下电刷，如图 9-5 所示（注意：执行此操作时请用胶带缠住螺丝刀。为防止弹簧弹出，执行此操作时请用一块布盖在电刷座上）。从电刷座绝缘体上拆下电刷弹簧，如图 9-6 所示。

（4）清洁零件。对拆出来的零配件进行清洁。

（5）零件检测。零件的检测分直观目测检查和万用表测量检查两种。目测检查每个零件是否有明显的损坏，如单向离合器是否损坏、壳体有无裂纹、螺孔螺纹有无损坏、转子定子有无“拖底”现象、碳刷弹簧的弹力和碳刷长度是否足够等。用万用表测量电磁开关的线圈的电阻值是否正常、接触盘接触是否良好，测量定子线圈和转子线圈是否有断路和短路现象，测量正负碳刷架是否有短路现象。

零件检测的操作如下。

① 检查起动机电枢总成。目测检查：检查电枢线圈和换向器变脏的程度或是否烧坏，如图 9-7 所示。清洁电枢线圈和换向器。起动机电枢绝缘/导通检查，用万用表检查换向器和电枢铁心之间的绝缘情况和换

向器片之间的导通情况，每个换向器片通过电枢线圈连接，如果零部件正常，换向器片之间的状态为导通；如图 9-8 所示。用百分表和游标卡尺检查换向器圆跳动、换向器外径及凹槽深度，如图 9-9 所示。

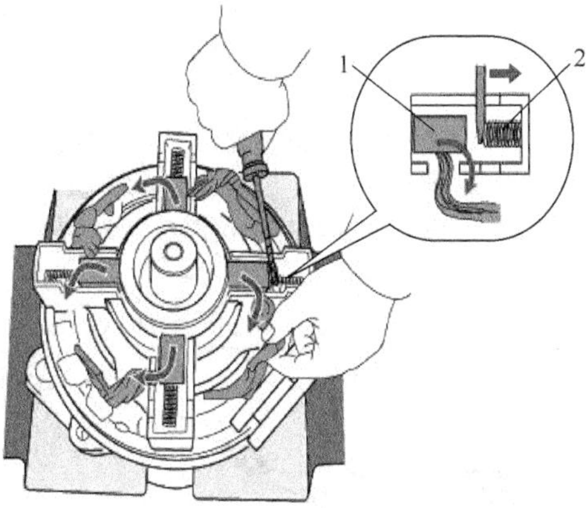

图 9-5　拆下起动机电刷
1—电刷；2—电刷弹簧

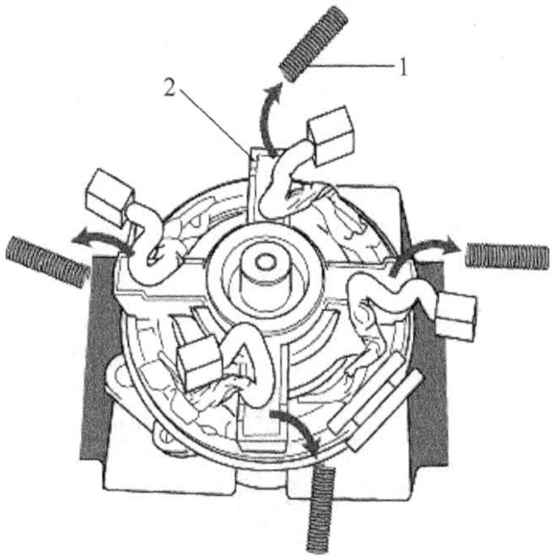

图 9-6　拆下电刷弹簧
1—电刷弹簧；2—电刷座绝缘体

提　示

通过自转，电枢线圈和换向器接触到电刷，随后接通电流，起动机的换向器很容易变脏和烧坏，换向器变脏和烧坏之后会干扰电流并妨碍起动机的正常运转。

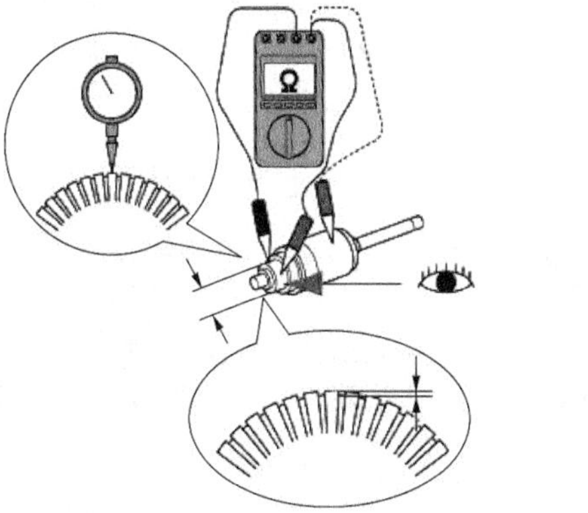

图 9-7　检查电枢线圈和换向器变脏的程度或是否烧坏

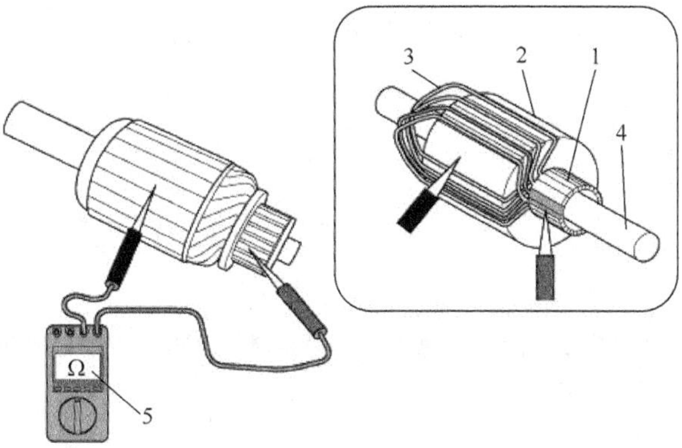

图 9-8　起动机电枢绝缘/导通检查
1—换向器；2—电枢铁芯；3—电枢线圈；4—电枢轴；5—不导通

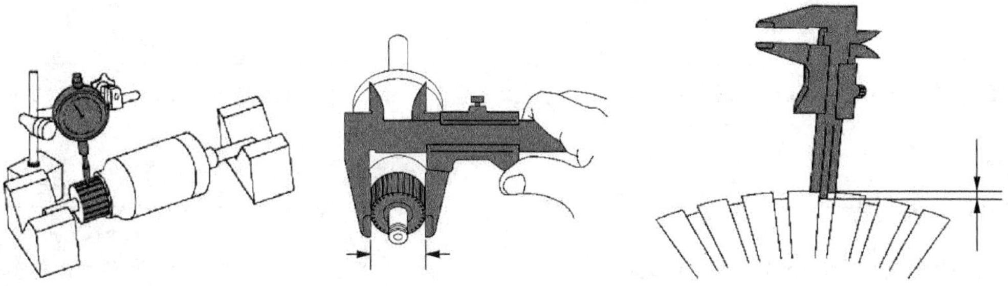

（a）换向器圆跳动检查　（b）换向器外径检查　（c）凹槽深度检查

图 9-9　换向器检查

提　示

电枢铁心和电枢线圈之间的状态为绝缘，换向器与电枢线圈相连。如果零部件正常，换向器和电枢铁心之间的状态为绝缘。

② 检查励磁线圈，如图 9-10 所示。用万用表检查电刷引线（A 组）和引线之间的导通情况、引线和所有电刷引线之间的导通情况（A 组的两根电刷引线导通，B 组的两根电刷引线不导通）、电刷引线和引线之间的导通情况（有助于确定励磁线圈中是否发生开路）、电刷引线和起动机磁轭之间的绝缘情况（有助于确定励磁线圈中是否发生短路）、电刷引线（A 组）和起动机磁轭之间的绝缘情况。

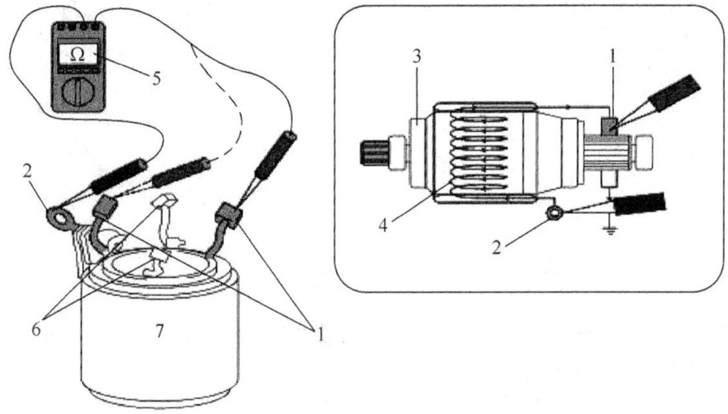

图 9-10　检查励磁线圈

1—电刷引线（A 组）；2—引线；3—电枢；4—励磁线圈；5—万用表导通；6—电刷引线（B 组）；7—起动机磁轭

提　示

电刷引线由两组组成，一组与引线相连（A 组），另一组与起动机磁轭相连（B 组）。

③ 清洁电刷并用游标卡尺测量电刷长度，如图 9-11 所示。电刷被弹簧压在换向器上，如果电刷磨损程度超过规定限度，弹簧的夹持力将降低，与换向器的接触将变弱，这会使电流的流动不畅，起动机可能因此而无法转动。

提　示

- 测量电刷中部的电刷长度，因为此部分磨损最严重。
- 用游标卡尺的顶端测量电刷长度，因为磨损部位呈圆形。
- 如果上述测量值低于规定值，请更换电刷。

④ 检查起动机离合器分总成，用手转动起动机离合器，检查单向离合器是否处于闭锁状态，如图 9-12 所示。

提　示

单向离合器仅向一个旋转方向传送扭矩，在另一个方向只是空转，不会传送扭矩。发动机由起动机起动之后，发动机将会带动起动机，单向离合器可以防止发动机带动起动机。

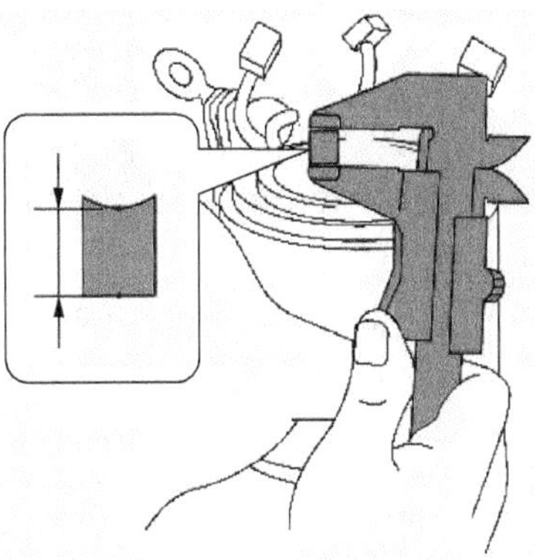

图 9-11　检查电刷

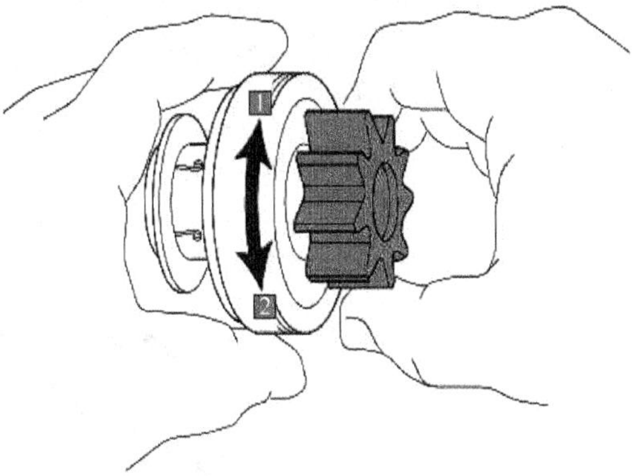

图 9-12　检查起动机离合器
1—自由；2—闭锁

⑤ 检查电磁起动机开关总成，用手指按住柱塞，松开手指之后，检查柱塞是否很顺畅地返回其原来位置，如图 9-13 所示。

提　示

由于开关在柱塞中，如果柱塞无法顺畅地返回其原始位置，开关的接触将变弱，会无法打开/关闭起动机；如果柱塞的运行不正常，请更换电磁起动机开关总成。

⑥ 用万用表检测端子 50 和开关体之间的导通情况（保持线圈中的导通检查），如图 9-14 所示。

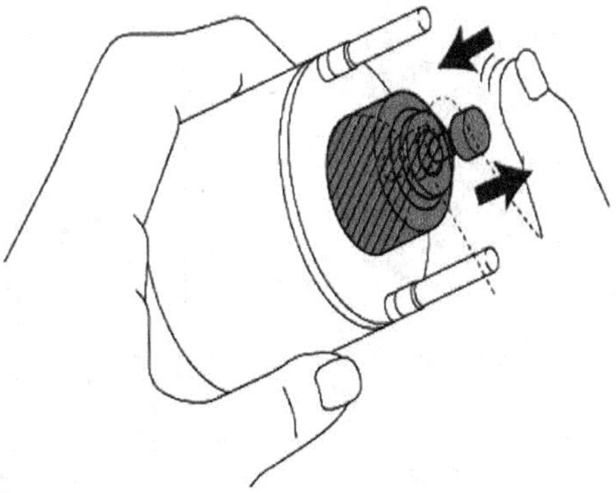

图 9-13　检查电磁起动机开关

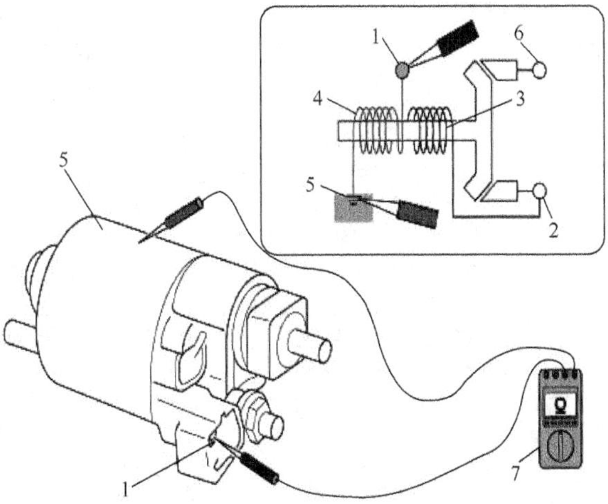

图 9-14　保持线圈中的导通检查
1—端子 50；2—端子 C；3—牵引线圈；4—保持线圈；5—开关体；6—端子 30；7—万用表导通

提　示

如果保持线圈正常，则端子 50 和开关体之间为导通；如果保持线圈断开，可牵引柱塞，但是无法保持，因此小齿轮会反复伸出和返回。

3．起动机组装

（1）组装前要对起动机轴承进行润滑。

（2）按拆卸的反顺序组装，保证装配记号对正。

（3）保证每个零件安装的位置、方向要正确，不漏装、不错装。

（4）各处螺栓要按规定要求扭紧。

（5）起动机组装完毕必须进行通电试运转，以检验检修质量是否达到要求，如图 9-15 所示。通电试验主要是空载运转测量空载转速是否达到规定要求，其次是负载试验以检测起动机的转矩是否达到使用要求。

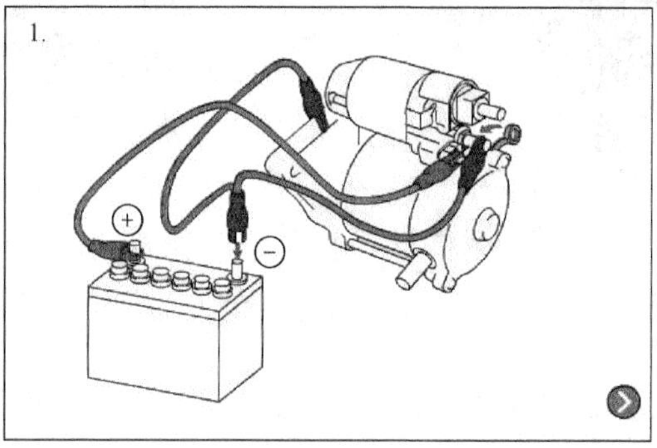

图 9-15　通电试运转

4．起动机检修评分表

评分表如表 9-1 所示。

表 9-1　评分表

序号	作业项目及配分	评分标准	扣分	得分	备注
1	工量具的使用（2 分）	（1）不正确使用工、量具扣 1 分。 （2）操作不当扣 1 分			
2	（1）按要求拆卸。 （2）清洁零部件。 （3）检查：①电枢是否有短路、断路、搭铁的现象；②定子外型；激磁线路是否短路、断路、搭铁；电刷的高度及弹簧弹力；单向离合器是否损坏；起动开关主触点是否烧损。 （4）润滑、轴承、离合器、电枢轴。 （5）按反顺序装复。 （6）装配后通电空载测试，运转应均匀有力，电刷下应无火花（16 分）	（1）不按顺序拆卸扣 1 分。 （2）乱放零件扣 1 分。 （3）不清洁扣 1 分。 （4）不懂检查或检查方法不对，每项扣 1 分。 （5）不润滑扣 1 分。 （6）装复顺序混乱扣 1 分。 （7）装配错误视情况扣 1～4 分。 （8）不能工作扣 3 分。 （9）运转无力扣 2 分			
3	安全文明生产（2 分）	（1）野蛮操作扣 0.5 分。 （2）未擦拭工件扣 0.5 分。 （3）工具、量具、工件落地扣 0.5 分。 （4）不清理场地扣 0.5 分			
4	超时扣分	（1）每超时 5 分钟扣 1 分。 （2）超时 10 分钟不予及格			
合计					

项目十 硅整流发电机的拆装及检修

一、实习目的与实习常用工具

1．实习目的

（1）能正确拆卸与装配硅整流发电机。

（2）能对硅整流发电机的主要部件及整体性能进行检查。

2．实习常用工具

万用电表、硅整流发电机、拆装工具等。

二、实习内容

1．拆卸前的整机检查

（1）“F”柱与“–”柱间电阻应为4～8Ω。若电阻过小，可能是磁场线圈短路或绝缘垫损坏；若电阻过大，可能是电刷与滑环接触不良；若电阻无穷大，说明线圈断路。

（2）“+”柱与“–”柱间电阻应为30～50Ω，反向电阻应在10kΩ以上，否则可能是整流器或电枢线圈故障。

（3）“N”柱与“–”柱间电阻应为8～10Ω，反向电阻应在10kΩ以上，否则可能是整流器或电枢线圈故障。

2．发电机的拆卸

（1）拆下电刷及电刷架。

（2）拆下螺帽、皮带轮、风扇、半圆键。

（3）拆下紧固螺钉。

（4）用专用工具拆下驱动端盖(注意定子不能随着一起移动)。

（5）取下转子总成。

（6）拆下元件板上3个接线柱的螺帽，取下定子总成。

（7）拆下元件板上的固定螺钉，取下后端盖上的“+”柱和“N”柱。

（8）取下元件板（注意各绝缘垫圈不能遗失）。

3．发电机的装配及注意事项

（1）发电机的装配原则：先拆的后装，后拆的先装。

（2）装配时，元件板、“+”柱、“F”柱、“N”柱与壳体之间的绝缘垫圈不能漏装。

（3）装配完毕后，发电机应能运转灵活。

4．零部件的检测与维修

（1）转子总成的检查及维修

① 转子轴弯曲度的检查及校正：将转子轴装在V型架上，用百分表检查径向跳动不能大于0.1mm，否则应对轴进行校正。

② 滑环的检查及修理：滑环表面有严重烧蚀或圆柱度误差大于0.25mm时，应用车床精加工，但滑环厚度不得小于1.5mm，否则应更换滑环。

③ 磁场绕组的检查及维修：用万用电表电阻挡检查，磁场绕组的电阻值12V为4～8Ω，24V为18～20Ω。

磁场绕组的故障多为断路、短路，断路一般发生在绕组与滑环之间，找出断头焊接好后应上绝缘漆，并用细线固定；如果绕组短路，应重绕线圈。

（2）定子总成的检查及维修

① 电枢绕组的故障检查：电枢绕组的电阻值三相间应一致，且应小于 1Ω，绝缘性能要求良好。

② 电枢绕组的故障排除：电枢绕组的故障多为短路、断路、搭铁，修理方法有重新绕制和换件修理，重新绕制时，要记下每相绕组的线圈数，每个线圈的匝数、节距、导线的直径、绕制的方向及每组线圈的起头、槽距与三相绕组接法，以便参考，绕好后再上漆烘干。

5．整流器的检查及维修

用万用表 RX1 挡检查正向电阻应为 8～10Ω，用 R×10K 挡检查反向电阻，应为∞。二极管断路和短路均应换件。

6．电刷及架的检查

电刷架应无破损和变形，电刷在架内上下活动自如，无卡滞现象，电刷弹簧应符合规定，电刷长度低于原尺寸的 2/3 时应更换。

7．轴承的检查

前后端盖上的轴承应拆下清洗干净，发现明显的“窜动”“晃动”应更换。对于能用的轴承，在安装前应加注 1～3 号钙钠基润滑脂。

8．整机检测

在电器万能试验台上进行整机检测，通过检测发电机在空载和满载时输出额定电压的最低转速，判断发电机的性能是否正常。

9．硅整流发电机的拆装及检修标准评分表

评分表如表 10-1 所示。

表 10-1 评分表

序号	作业项目及配分	评分标准	扣分	得分	备注
1	准备工作（2 分）	未做扣 2 分			
2	（1）正确选择用工、量具。（3 分） （2）按工艺流程拆装（4 分）	（1）工、量具每掉地一次扣 0.5 分，扣完为止。 （2）零部件每掉地一次扣 0.5 分，扣完为止。 （3）每拆错一次扣 0.5 分，扣完为止。 （4）每装错一次扣 0.5 分，扣完为止			
3	检查发电机外壳、轴承、碳刷的情况（4 分）	（1）漏检一个扣 0.5 分，扣完为止。 （2）检查结果不正确扣 0.5 分，扣完为止			
4	测量定子、转子、整流器（2 分）	（1）测量方法不正确每次扣 0.5 分，扣完为止。 （2）不能正确读出测量数据每次扣 0.5 分，扣完为止			
5	安全文明生产（2 分）	因违规操作发生重大人身和设备事故，此题按 0 分算			
6	（1）清洁工、量具。（1 分） （2）清洁场地（2 分）	（1）有一个工、量具不清洁扣 0.5 分，扣完为止。 （2）有一个工、量具摆放不整齐扣 0.5 分，扣完为止。 （3）不清场地扣 0.5 分，扣完为止			
合计					

模拟试题篇

汽车修理工中级理论知识模拟试卷 1

一、单项选择题（第 1 题～第 160 题。选择一个正确的答案，将相应的字母填入题内的括号中。每题 0.5 分，满分 80 分。）

1．市场经济条件下，职业道德最终将对企业起到（　　）的作用。

A．决策科学化　　B．提高竞争力
C．决定经济效益　　D．决定前途于命运

2．企业文化的功能不包括（　　）。

A．激励功能　　B．导向功能　　C．整合功能　　D．娱乐功能

3．属于职业道德作用的是（　　）。

A．增强企业的凝聚力　　B．增强企业的离心力
C．决定企业的经济效益　　D．增强企业员工的独立性

4．正确阐述职业道德与人的事业的关系的选项是（　　）。

A．没有职业道德的人不会获得成功
B．要取得事业的成功，前提条件是要有职业道德
C．事业成功的人往往并不需要较高的职业道德
D．职业道德是人获得成功的重要条件

5．在商业活动中，不符合待人热情要求的是（　　）。

A．严肃待客，表情冷漠　　B．主动服务，细致周到
C．微笑大方，不厌其烦　　D．亲切友好，宾至如归

6．（　　）是企业诚实守信的内在要求。

A．维护企业信誉　　B．增加职工福利
C．注重经济效益　　D．开展员工培训

7．坚持办事公道，要努力做到（　　）。

A．公私分开　　B．有求必应　　C．公正公平　　D．公开办事

8．企业生产经营活动中，要求员工遵纪守法是（　　）。

A．约束人的体现　　B．由经济活动决定的
C．人为的规定　　D．追求利益的体现

9．企业生产经营活动中，促进员工之间平等尊重的措施是（　　）。

A．互利互惠，加强协作　　B．加强交流，平等对话
C．只要合作，不要竞争　　D．人心叵测，谨慎行事

10．企业创新要求员工努力做到（　　）。

A．不墨守成规，但也不标新立异　　B．大胆地破除现有的结论，自创理论体系
C．大胆地试大胆地闯，敢于提出新问题　　D．激发人的灵感，遏制冲动和情感

11．游标卡尺的精度有（　　）3 种。

A．0.10mm、0.05mm、0.02mm　　B．0.01mm、0.02mm、0.05mm
C．0.10mm、0.50mm、0.20mm　　D．0.05mm、0.10mm、0.20mm

12．韧性是指金属材料抵抗（　　）而不致断裂的能力。

A．冲击　　B．外力　　C．变形　　D．破坏

13.（　　）属于合金弹簧钢材料。

A．9SiCr　　B．15Cr　　C．$60Si_2Mn$　　D．$50Mn_2$

14．QSn4-4-2.5 可用于制作（　　）。

A．散热器散热片　　B．子弹壳　　C．导电器材　　D．连杆衬套

15．汽车的输气连接橡胶管可承受（　　）kPa 的工作压力。

A．400　　B．500　　C．784　　D．980

16．表示汽油蒸发性的指标是（　　）。

A．实际胶质　　B．馏程和饱和蒸汽压

C．诱导期　　D．硫分

17．在寒冷条件下，如果没有低凝点柴油，可采用在高凝点柴油中掺加（　　）的方法来降低凝点。

A．汽油　　B．裂化煤油　　C．机油　　D．植物油

18．（　　）耐水性强，但耐热性差。

A．钙基润滑脂　　B．钠基润滑脂

C．通用锂基润滑脂　　D．极压复合锂基润滑脂

19．驻车制动液的更换周期一般为车辆行驶（　　）km。

A．2000～4000　　B．20000～40000　　C．10000～20000　　D．5000～10000

20．零件的俯视图反映了零件的（　　）。

A．长度和宽度　　B．宽度和高度　　C．长度和高度　　D．长度、宽度和高度

21．√表示用去除材料方法获得的表面，（　　）的最大允许值为 3.2μm。

A．*R*a　　B．*R*z　　C．*R*y　　D．三者任意

22．孔的上偏差是（　　）。

A．ES　　B．EI　　C．es　　D．ei

23．公差配合标准属于（　　）。

A．基础标准　　B．产品标准　　C．方法标准　　D．企业标准

24．测量误差越小，测量结果越接近真值，则测量精度（　　）。

A．越高　　B．越低　　C．不变　　D．无影响

25．形位公差符号○表示的是（　　）。

A．圆度　　B．圆柱度　　C．同轴度　　D．位置度

26．关于零件草图，下面说法中，（　　）不正确。

A．草图必须内容完整　　B．草图必须比例匀称

C．零件的缺陷必须在草图上画出　　D．草图必须尺寸齐全

27．两只电阻串联时阻值为 10Ω，并联时阻值为 1.6Ω，则两只电阻阻值分别为（　　）。

A．2Ω 和 8Ω　　B．3Ω 和 7Ω　　C．4Ω 和 6Ω　　D．5Ω 和 5Ω

28．如图所示小磁针 N 极将（　　）。

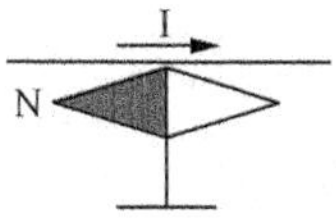

A．向外偏转　　B．向里偏转　　C．不偏转　　D．偏转方向不定

29．电阻为 2Ω 的导体接在 12V 的电源上，1 分钟内电流所做的功是（　　）J。

A．432　　B．4320　　C．43200　　D．432000

30．如图所示电路有（　　）条支路。

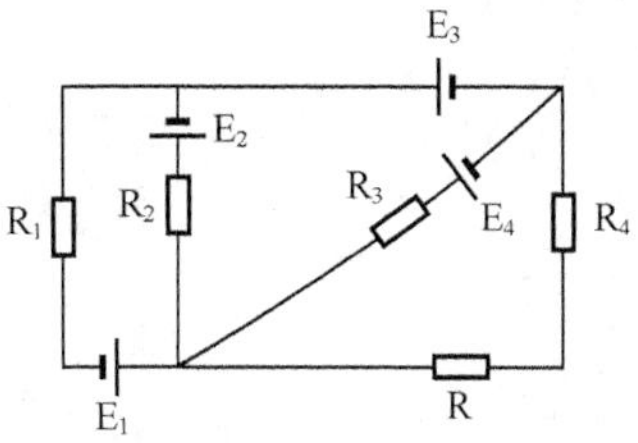

A. 3　B. 4　C. 5　D. 6

31. 把通有直流电的线圈套在铁心上，线圈中磁通增大的原因是（　　）。

A. 磁路的磁阻减小　B. 磁通势增大

C. 线圈中的电流增大　D. 磁场强度增大

32. 在均匀磁场中，通电线圈的平面与磁感应线垂直时，线圈受到的转矩（　　）。

A. 最大　B. 最小　C. 为零　D. 不变

33. 稳压二极管由（　　）个 PN 结构成。

A. 1　B. 2　C. 3　D. 4

34. 液压传动以油液作为工作介质，依靠（　　）的变化来传递运动。

A. 容积　B. 密封容积　C. 能量　D. 体积

35. （　　）回路是实现液压放大的回路。

A. 调压　B. 减压　C. 增压　D. 换向

36. （　　）只允许液流向一个方向通过，对另一个方向的液流则截止。

A. 压力阀　B. 流量阀　C. 方向阀　D. 单向阀

37. 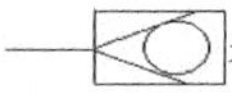表示（　　）。

A. 换向阀　B. 单向阀　C. 顺序阀　D. 液压缸

38. 自卸车的举升系统属于（　　）式液压传动。

A. 动力式　B. 容积式　C. 压力式　D. 体积式

39. 拆卸东风 EQ1092 汽车转向器轴向调整螺母应用（　　）扳手。

A. 内六角　B. 开口　C. 梅花　D. 活动

40. 浸洗、喷洗和浸喷复合洗属于（　　）。

A. 干洗　B. 湿洗　C. 混合洗　D. A、B、C 三项均不对

41. 就车式平衡机按（　　）原理工作。

A. 静平衡　B. 动平衡　C. 平衡　D. A 或 B 选项

42. 汽车满载时的最大爬坡能力称为（　　）。

A. 最大爬坡度　B. 最小爬坡度　C. 爬坡度　D. 功率

43. 活塞在发动机汽缸中的（　　）位置称为上止点。

A. 最高　B. 最低　C. 中央　D. 水平

44. 底盘是汽车构成的基础，由（　　）、行驶系、转向系和驻车制动系 4 部分组成。

A. 变速系　B. 发动机　C. 传动系　D. 减速器

45. 多数发动机进气门的头部直径做得比排气门要（　　）。

A. 大　B. 小　C. 相等　D. A、B、C 三项均不对

46. （　　）燃烧室结构紧凑，热损失小，热效率较高。

A. 分开式　B. 预燃室式　C. 涡流室式　D. 统一式

47. 节温器安装在（　　）出水管或水泵进水管内。

A. 汽缸体　B. 汽缸盖　C. 散热器　D. 水套

48. （　　）安装在发动机机油泵进油口之前。

A. 机油粗滤器　B. 机油细滤器　C. 机油散热器　D. 机油集滤器

49. （　　）的功用是将一定数量的机油从发动机油底壳吸入泵腔，加压后送到零件的摩擦表面。

A. 油底壳　B. 机油集滤器　C. 机油泵　D. 机油散热器

50. 主减速器的功用是（　　）。

A. 降速增矩　B. 降速降矩　C. 增速增矩　D. 增速降矩

51. 桑塔纳轿车的最大转角分别为（　　）。

A. 40° 和 40° 18′　B. 37° 31′和 38°

C. 42° 和 42° 18′　D. 37° 31′和 40° 18′

52. 主销安装到汽车前轴上后，其上端略向内倾斜，称为（　　）。

A. 主销后倾　B. 主销内倾　C. 主销前倾　D. 主销外倾

53. 机械转向系由转向操纵机构、转向器和（　　）3 部分组成。

A．转向节　B．左右梯形臂　C．转向直拉杆　D．转向传动机构

54．气压驻车制动系常用于（　）型汽车。

A．大、中　B．小　C．微　D．小、微

55．汽油机（　）可以将电源供给的 12V 低压电变为 15～30kV 的高压电。

A．起动系　B．点火系　C．充电系　D．灯系

56．发动机（　）时，必须暂时将附加电阻短路。

A．起动　B．加速　C．减速　D．运转

57．线性集成电路属于（　）集成电路。

A．模拟　B．数字　C．放大　D．任意

58．光电传感器是（　）传感器。

A．生物　B．化学　C．生物和化学　D．物理

59．若 ECU 检测到发动机冷却系水温低于 50℃，则按水温为（　）℃控制发动机工作。

A．60　B．65　C．70　D．80

60．汽油机分电器轴向间隙不得大于（　）mm。

A．0.25　B．0.50　C．0.75　D．1.25

61．攻螺纹时应使用（　），以减小摩擦。

A．冷却液　B．水　C．酒精　D．润滑油

62．全面质量管理的 4 个环节是（　）。

A．PDCA　B．DPCA　C．CDPA　D．ACDP

63．汽车大修后，其发动机的功率不得小于原车功率的（　）。

A．90%　B．80%　C．70%　D．60%

64．汽车车速表的允许误差范围为（　）。

A．+20%～−5%　B．+5%～−20%　C．+5%～−5%　D．+20%～−5%

65．（　）是柴油机排放尾气的主要有害成分之一。

A．CO　B．HC　C．NO_x　D．炭烟

66．柴油车自由加速时，烟度（FSN）排放不大于（　）。

A．3.0　B．2.0　C．1.0　D．5.0。

67．1L 油可污染（　）L 纯净水。

A．100　B．1000　C．10000　D．100000

68．（　）测量器具是专门用来测量某个或某种特定几何量的测量器具。

A．通用　B．专用　C．标准　D．机械式

69．在检测汽车零件时，不常用的测量方法是（　）测量法。

A．直接　B．间接　C．绝对　D．接触

70．对同一零件作多次重复测量，测得的值不相同，但在一定程度上都近似于（　）。

A．真值　B．标准值　C．工艺要求　D．公差值

71．某零件经过修理后可完全恢复技术要求的标准，但修理成本非常高，该件应定为（　）。

A．报废件　B．待修件　C．可用件　D．需修件

72．利用磁力探伤法进行检测时，必须使裂纹（　）磁感应线方向。

A．垂直于　B．平行于　C．穿过　D．顺着

73．荧光探伤所使用的荧光液是用（　）和煤油及汽油、染料混合制成的。

A．机油　B．液压油　C．变速器油　D．仪表油

74．静不平衡是指旋转值（　）长度的零件，其重心偏离了旋转轴线。

A．大于　B．等于　C．小于　D．小于或等于

75．发动机汽缸径向磨损量最大的位置一般是在进气门（　）略偏向排气门一侧。

A．侧面　B．后面　C．对面　D．下面

76．变速器前、后壁变形将导致其与轴承孔轴线（　）变化。

A．平行度　B．垂直度　C．同轴度　D．对称度

77．变速器壳体滚动轴承与轴承孔配合间隙的大修允许值为 0～0.075mm，使用极限为（　）mm。

A．0.075　B．0.10　C．0～0.10　D．0～0.125

78. 发动机凸轮轴变形的主要形式是（　　）。

A. 弯曲　　B. 扭曲　　C. 弯曲和扭曲　　D. 圆度误差

79. 轴类零件发生疲劳，严重时会使零件（　　）。

A. 弯曲　　B. 扭曲　　C. 断裂　　D. 严重磨损

80. 当燃油中（　　）含量高时，会加速发动机汽缸壁、气门等的腐蚀。

A. 碳　　B. 氢　　C. 硫　　D. 氧

81. 钢通过热处理，其（　　）可改变。

A. 硬度　　B. 强度　　C. 塑性　　D. 机械性能

82. （　　）是最常使用的淬火冷却介质。

A. 油　　B. 空气　　C. 盐水　　D. 水

83. 对于机械性能要求不高和大尺寸、大截面的工件，可用正火代替（　　）处理。

A. 退火　　B. 调质　　C. 淬火　　D. 表面热

84. 上置式配气机构曲轴到凸轮轴传动可通过（　　）来实现。

A. 齿轮　　B. 链条

C. 齿形皮带　　D. 链条或齿形皮带

85. 化油器主供油装置利用空气渗入主喷管，以造成主量孔处真空度降低，使喷油管（　　）。

A. 喷油量减少　　B. 喷油量增加　　C. 喷油量中断　　D. 真空度降低

86. 膜片弹簧离合器通过（　　）将离合器盖与压盘连接起来。

A. 传动销　　B. 传动片　　C. 传动螺栓　　D. 传动块

87. 前驱动轿车的半轴上均安装（　　）万向节。

A. 普通　　B. 十字轴　　C. 准等速　　D. 等速

88. 单级主减速器是由（　　）齿轮组成的。

A. 一对圆锥　　B. 二对圆锥　　C. 一对圆柱　　D. 一组行星

89. 轿车的轮辋一般是（　　）。

A. 深式　　B. 平式　　C. 可拆式　　D. 圆形式

90. 为避免汽车转向沉重，主销后倾角一般不超过（　　）。

A. 2°　　B. 4°　　C. 5°　　D. 3°

91. 东风 EQ1092 型汽车所采用的驻车制动控制阀是（　　）。

A. 单腔式　　B. 串联双腔活塞式

C. 并联双腔活塞式　　D. 往复式

92. 盘式驻车制动器，驻车制动盘固定在（　　）。

A. 轮毂上　　B. 转向节上　　C. 驻车制动鼓上　　D. 活塞上

93. 东风 EQ1092 型汽车的空气压缩机由（　　）驱动。

A. 曲轴皮带轮　　B. 凸轮轴皮带轮　　C. 发电机皮带轮　　D. 飞轮

94. 东风 EQ1092 型汽车的驻车制动气压为（　　）kPa。

A. 700～740　　B. 700　　C. 750　　D. 800

95. 汽车起动机电磁开关将起动机主电路接通后，活动铁芯靠（　　）线圈产生的电磁力保持在吸合位置上。

A. 吸拉　　B. 保持　　C. 吸拉和保持　　D. A、B、C 三项均不对

96. 汽车空调操纵面板上的 A/C 开关是用来控制（　　）系统的。

A. 采暖　　B. 通风　　C. 制冷　　D. 转换

97. 活塞环内缘开有阶梯形切口或 45° 倾角时，在安装中切口或倾角（　　）。

A. 应向上　　B. 应向下　　C. 应向外　　D. 任意

98. 铝合金发动机汽缸盖的水道容易被腐蚀，轻者可用（　　）修复。

A. 堆焊　　B. 镶补

C. 环氧树脂粘补　　D. A、B、C 选项均可

99. 调整发动机气门间隙时，应在（　　）、气门挺杆落至最终位置进行。

A. 进气门完全关闭　　B. 排气门完全关闭

C. 进、排气门完全关闭　　D. 进、排气门不需关闭

100．EQH105B 型化油器供油装置调整时，可将主配剂针拧到底，再退回（　　）圈。
A．1.5～2　B．2.5～3　C．3.5～4　D．4～5
101．安装汽油泵时，泵壳体与缸体间衬垫厚度要（　　）。
A．加厚　B．减小　C．适当　D．A、B、C 三项均可
102．在传统的点火系中，分电器的电容器的容量一般在（　　）范围内。
A．0.15～0.25μF　B．0.15～0.25μF　C．0.15～0.25F　D．0.15～0.25mF
103．桑塔纳 2000 型轿车离合器踏板的自由行程为（　　）mm。
A．5～15　B．15～20　C．30～40　D．40～45
104．汽车转向时，其内轮转向角（　　）外轮转向角。
A．大于　B．小于　C．等于　D．大于或等于
105．将汽车主减速器的主动圆锥齿轮装到差速器壳上，用螺栓紧固，螺母的拧紧力矩为（　　）N•m。
A．137～157　B．200～215　C．157～197　D．137～167
106．中心引线为负极、管壳为正极的二极管是（　　）。
A．负极二极管　B．励磁二极管　C．正极二极管　D．稳压二极管
107．起动机电磁开关吸拉线圈的电阻值应为（　　）Ω。
A．1.5～2.6　B．1.6～2.6　C．2.6～2.7　D．2.7～2.9
108．点火时间过早，会使发动机（　　）。
A．功率下降　B．功率提高　C．省油　D．不工作
109．蓄电池电解液的浓度应为（　　）g/cm^3。
A．1.84　B．1.90　C．2.00　D．2.8
110．解放 CA1091 型汽车采用的是（　　）驻车驻车制动器。
A．盘式　B．鼓式　C．带式　D．后轮
111．检查汽车空调压缩机性能时，应使发动机转速达到（　　）r/min。
A．1000　B．1500　C．1600　D．2000
112．桑塔纳 2000GLS 型轿车 JV 型发动机主轴承瓦第（　　）号瓦上、下均有油槽。
A．1　B．2　C．4　D．5
113．桑塔纳 2000GLS 型轿车 JV 型发动机活塞环与环槽的侧隙为（　　）mm。
A．0.01～0.02　B．0.01～0.03　C．0.02～0.04　D．0.02～0.05
114．桑塔纳 2000GLS 型轿车 JV 型发动机缸盖螺栓应按次序分 4 次拧紧，第二次的拧紧力矩为（　　）N•m。
A．40　B．50　C．60　D．70
115．桑塔纳 2000GLI 型轿车发动机排气歧管衬垫翻边的一侧（　　）。
A．朝向排气歧管　B．朝向汽缸盖　C．背向汽缸盖　D．朝向汽缸体
116．发动机冷磨合时，为降低润滑油的（　　），通常在润滑油中加 15%的煤油。
A．黏度　B．散热性　C．流动性　D．密封性
117．桑塔纳 2000 型轿车变速器与发动机连接螺栓的拧紧力矩为（　　）N•m。
A．20　B．55　C．70　D．110
118．桑塔纳 2000 型轿车离合器压盘固定螺栓应按（　　）顺序分别拧紧。
A．由里向外　B．由中间向两端　C．对角线交叉　D．由外向里
119．液压驻车制动泵的安装程序是先安装真空助力器，然后是驻车制动主缸、（　　）和驻车制动踏板。
A．驻车制动传动装置　B．拉杆
C．驻车制动分泵　D．驻车制动软管
120．解放 CA1092 型汽车驻车制动鼓工作面的圆度误差应不大于（　　）mm。
A．0.02　B．0.025　C．0.03　D．0.035
121．桑塔纳 2000 型轿车安装转向盘时，车轮应处于直线行驶位置，（　　）应处在中间位置。
A．转向柱　B．转向器　C．转向灯开关　D．转向桥
122．根据《汽车发动机缸体与气缸盖修理技术条件》（GB3801—1983）的技术要求，燃烧室容积不小于原设计（　　）值的 95%。
A．最小尺寸　B．最小极限　C．最大尺寸　D．最大极限

123．根据《汽车发动机凸轮轴修理技术条件》（GB3803-1983）的技术要求，凸轮轴轴颈修理尺寸的级差为（　　）mm。

A．0.1　　B．0.15　　C．0.20　　D．0.25

124．修理竣工的车架所增加的重量不得越过原设计重量的（　　）。

A．1%　　B．5%　　C．8%　　D．10%

125．根据《汽车变速器修理技术条件》（GB5372—1985）的技术要求，变速器壳体上平面长度应大于250mm，平面度公差应为（　　）mm。

A．0.10　　B．0.15　　C．0.20　　D．0.25

126．变速器竣工验收时，应进行（　　）试验。

A．有负荷　　B．无负荷　　C．热磨合　　D．无负荷和有负荷

127．汽油机油中含铁量大于（　　）ppm时，应更换机油。

A．25.0　　B．2.50　　C．250　　D．25

128．1995年7月10日后生产的在用轻型汽油车（四行程）的HC排放应小于（　　）ppm。

A．600　　B．700　　C．900　　D．1200

129．检测汽油车废气时，应清除取样探头上残留的（　　），以保证检测的准确性。

A．CO　　B．HC　　C．CO和HC　　D．NO

130．柴油车废气检测时，发动机首先应（　　），以保证检测的准确性。

A．调整怠速　　B．调整点火正时　　C．预热　　D．加热

131．发动机活塞环敲击响是钝哑的（　　）声。

A．嗒嗒　　B．哗啦　　C．铛铛　　D．啪啪

132．若发动机活塞敲缸异响，低温响声大，高温响声小，则原因为（　　）。

A．活塞与缸壁间隙过大　　B．活塞质量差

C．连杆弯曲变形　　D．机油压力低

133．（　　）不是变速器异响的原因。

A．壳体变形　　B．油少　　C．轴变形　　D．密封不良

134．变速器高速行驶时有明显声响，突然加速时响声很清晰，多是因为（　　）。

A．滑动齿轮花键配合松旷　　B．轴弯曲

C．个别齿轮折断　　D．油少质低

135．东风EQ1090离合器异响的原因有很多，下列（　　）故障不会造成离合器异响。

A．分离轴承损坏　　B．从动盘松动　　C．分离轴承缺油　　D．传动片变形

136．解放CA1092万向传动装置异响，下列（　　）是异响现象。

A．起步发抖　　B．车速变化发抖

C．高速挡小节气门发抖　　D．金属撞击声

137．当汽车直线行驶时，后桥无异响，转弯时后桥发出异响，可能是（　　）有故障。

A．主动锥齿轮　　B．从动锥齿轮　　C．后桥内的轴承　　D．差速器内

138．汽车主减速器圆锥主动齿轮轴承（　　），会导致后桥有异响，并伴随后桥壳的温度升高。

A．损坏　　B．过紧　　C．过松　　D．磨损

139．电控燃油系的空气供给系统中，检测进气压力的是（　　）。

A．怠速旁通阀　　B．进气压力传感器

C．空气滤清器　　D．进气管

140．与传统化油器发动机相比，装有电控燃油喷射系统的发动机（　　）性能得以提高。

A．综合　　B．有效　　C．调速　　D．负荷

141．发动机的微机控制系统主要由信号输入装置、（　　）、执行器等组成。

A．传感器　　B．电子控制单元（ECU）

C．中央处理器（CPU）　　D．存储器

142．汽油发动机起动困难的原因是（　　）。

A．混合气过浓或过稀　　B．点火不正时

C．低压电路短路　　D．低压电路断路

143．六缸发动机怠速运转不稳，拔下第二缸高压线后运转状况无变化，故障在（　　）。

A．第二缸　B．相邻缸　C．中央高压线　D．化油器

144．柴油机喷油泵上柱塞偶件在（　）机构上。

A．泵体　B．传动　C．油量调节　D．分泵

145．当柴油发动机的负荷改变时，调速器自动改变（　），以便维持发动机的稳定运转。

A．喷油泵供油量　B．燃油泵供油量　C．发动机转速　D．节气门位置

146．针阀和针阀体组成喷油头，两者合称（　）。

A．针阀偶件　B．密封偶件　C．承压偶件　D．柱塞偶件

147．汽油机分电器中的（　）是由分火头和分电器盖组成的。

A．配电器　B．断电器　C．点火提前装置　D．电容器

148．霍尔元件产生的霍尔电压为（　）级。

A．mV　B．V　C．kV　D．μV

149.（　）是发动机不能起动的主要原因。

A．低压电路断路　B．混合气过浓或过稀

C．点火过迟　D．点火过早

150．柴油发动机不能起动现象是利用起动机起动时（　），排气管没有烟排出，发动机不能起动。

A．听不到爆发声音　B．可听到不连续爆发声音

C．发动机运转不均匀　D．发动机运转无力

151．调速器调速弹簧变软，会导致柴油发动机（　）。

A．最高转速下降　B．最高转速上升　C．起动困难　D．不能起动

152．电控汽油喷射发动机回火是指汽车在行驶中，发动机有时回火，动力（　）。

A．明显下降　B．不变　C．有所下降　D．下降或不变

153．电控汽油喷射发动机怠速不稳是指发动机在怠速运转时（　）。

A．转速过高　B．转速过低　C．忽高忽低　D．突然熄火

154．用（　）检查电控燃油汽油机各缸是否工作。

A．数字式万用表　B．单缸断火法　C．模拟式万用表　D．双缸断火法

155．用诊断仪对发动机进行检测时，点火开关应（　）。

A．关闭　B．打开　C．位于起动挡　D．位于锁止挡

156．桑塔纳 2000GLS 型轿车 JV 型发动机怠速转速在 800±50r/min 时，点火提前角应为（　）。

A．11°～13°　B．11°～12°　C．10°～11°　D．9°～10°

157．调整喷油泵各缸供油时间，应以第一缸为基准，根据喷油泵的（　）来调整其余各缸。

A．喷油顺序　B．间隔角

C．喷油顺序和间隔角　D．点火顺序和间隔角

158．柴油机喷油器密封性实验，以每次（　）次的速度均匀地掀动手油泵柄，直到开始喷油。

A．1　B．2　C．3　D．4

159．桑塔纳 2000GLI 型轿车的 AFE 发动机，在怠速状态下取下真空软管，燃油压力应为（　）kPa。

A．200±20　B．250±20　C．300±20　D．400±20

160．检测电控发动机燃油泵的工作电压时，蓄电池电压、（　）、燃油滤清器和燃油泵继电器均应正常。

A．点火线圈电压　B．发电机电压　C．燃油泵熔丝　D．燃油泵

二、判断题（第 1 题～第 40 题。将判断结果填入括号中。正确的填“√”，错误的填“×”。每题 0.5 分，满分 20 分。）

1．（　）职业道德是指从事一定职业的人们在长期职业活动中形成的操作技能。

2．（　）市场经济条件下，应该树立多转行多学知识多长本领的择业观念。

3．（　）勤劳节俭虽然有利于节省资源，但不能促进企业的发展。

4．（　）常用研具有研磨平板、研磨环和研磨棒等。

5．（　）绘图时，常用的图线有粗实线、细实线、虚线和点画线等。

6．（　）按剖切范围的大小，剖视图可分为全剖视图、半剖视图和局部剖视图。

7．（　）液压元件配合精度要求不高。

8．（　）举升器一般分为汽车局部举升器和汽车整车举升器两种。

9.（　）汽车的蓄电池与发电机串联。

10.（　）交流发电机是汽车中除起动机外的另一个重要电源。

11.（　）环境温度为20℃时，桑塔纳轿车点火线圈初级绕组的电阻为0.52～0.76Ω。

12.（　）发动机怠速时，点火提前角位于最大值。

13.（　）汽车车速传感器安装在车轮上。

14.（　）试验发动机时，不得在车下工作。

15.（　）工作质量就是对与产品质量有关的工作的保证程度。

16.（　）全面质量管理的主要特点是突出“全”字。

17.（　）汽车装用蒸发污染控制系统收集汽油蒸气。

18.（　）中华人民共和国公民有宗教信仰自由。

19.（　）国家实行劳动者每日工作时间不超过8小时，平均每周工作时间不超过44小时的工时制度。

20.（　）发动机缸壁间隙过小，会导致连杆弯曲和拉伤缸壁。

21.（　）发动机曲轴弯曲校正一般可采用压床热压校正，这种方法可省去时效处理。

22.（　）为提高发动机连杆的强度和刚度，要对其表面进行喷丸强化处理。

23.（　）汽车变速器中所有的常啮合齿轮均为斜齿轮。

24.（　）汽车现在一般均采用实心胎。

25.（　）变速器的互锁装置的作用是防止变速器同时挂上两个挡位。

26.（　）汽车主减速器主动圆锥齿轮工作面上出现明显斑点、剥落，可用油石修磨后继续使用。

27.（　）曲轴的修理尺寸共计分为13个级别，常用的是前8个级别。

28.（　）直拉杆应无明显变形，横拉杆的直线度公差应为1.5mm。

29.（　）差速器壳承孔与半轴齿轮轴颈的配合间隙为0.05～0.25mm。

30.（　）发电机通过空转试验可检查其是否有故障。

31.（　）东风EQ1090型汽车起动机空转试验时，转速应不低于1000r/min，电流应不大于90A，电压应为12V。

32.（　）发动机运转时，离合器有“嚓嚓”的摩擦声，且踏板不能抬起，则该故障为调整不当。

33.（　）传动轴万向节叉等速排列不当，必然使万向传动装置有异响。

34.（　）压力调节器是电控发动机空气供给系统的组成部分。

35.（　）桑塔纳发动机火花塞电极间隙应为0.7～0.8mm。

36.（　）YC6105型柴油机采用活塞式输油泵。

37.（　）检测发电机整流器的性能应选用万用表“二极管”挡。

38.（　）用数字式万用表的欧姆挡测量点火控制器端子的电压，可检查电子点火控制器的故障。

39.（　）用试灯可以检查点火线圈是否有故障。

40.（　）模拟触发叶轮叶片在气隙中的动作，如果高压线端部跳火，这说明霍尔发生器有故障。

汽车修理工中级理论知识模拟试卷 2

一、单项选择题（第 1 题～第 160 题。选择一个正确的答案，将相应的字母填入题内的括号中。每题 0.5 分，满分 80 分。）

1．职业道德是指从事一定职业劳动的人们在长期的职业活动中形成的（　　）。

A．行为规范　B．操作程序　C．劳动技能　D．思维习惯

2．关于诚实守信的认识和判断中，正确的选项是（　　）。

A．一贯地诚实守信是不明智的行为

B．诚实守信是维持市场经济秩序的基本法则

C．是否诚实守信要视具体对象而定

D．追求利益最大化原则高于诚实守信

3．为了促进企业的规范化发展，需要发挥企业文化的（　　）功能。

A．娱乐　B．主导　C．决策　D．自律

4．职业道德通过（　　），起着增强企业凝聚力的作用。

A．协调员工之间的关系　B．增加职工福利

C．为员工创造发展空间　D．调节企业与社会的关系

5．铰削 ϕ20～ϕ50mm 的孔，铰削余量一般在（　　）mm 范围内。

A．0.10～0.20　B．0.20～0.35　C．0.35～0.50　D．0.50～0.70

6．国家标准规定，在图框内的（　　）应留出标题栏。

A．左下角　B．右下角　C．中间位置　D．任意位置

7．对待职业和岗位，（　　）并不是爱岗敬业所要求的。

A．树立职业理想　B．干一行爱一行专一行

C．遵守企业的规章制度　D．一职定终身，不改行

8．从三相绕组的中性点引出的连线称为（　　）。

A．中线　B．端线　C．火线　D．相线

9．属于办事公道的是（　　）。

A．顾全大局，一切听从上级　B．大公无私，拒绝亲戚求助

C．知人善任，努力培养知己　D．原则至上，不计个人得失

10．目前，除少数重型汽车外，其余多采用（　　）式动力转向装置。

A．常流式　B．常压式　C．电动式　D．其他形式

11．发光二极管的正向导通电压为（　　）V。

A．0.1～0.5　B．0.5～1　C．1～2　D．0.5～3

12．关于创新的论述，正确的是（　　）。

A．创新就是出新花样　B．创新就是独立自主

C．创新是企业进步的灵魂　D．创新不需要引进外国的新技术

13．（　　）的精度有 0.10mm、0.05mm 和 0.02mm 3 种。

A．游标卡尺　B．千分尺　C．塞尺　D．百分表

14．（　　）在台虎钳活动钳身的光滑面上进行敲击作业。

A．允许　B．可以　C．不能　D．必须

15. 疲劳是指金属零件长期在（　　）作用下工作突然发生断裂的现象。
A. 静载荷　B. 动载荷　C. 交变载荷　D. 冲击载荷

16. （　　）只适用于暂时保留过程中的数据。
A. CPU　B. ROM　C. RAM　D. EPROM

17. 防锈铝合金有（　　）。
A. LF5　B. LY1　C. ZL301　D. LD4

18. 劳动合同可以约定试用期，试用期最长不得超过（　　）。
A. 三个月　B. 六个月　C. 九个月　D. 一年

19. 润滑脂是按照（　　）的大小来编号的。
A. 滴点　B. 针入度　C. 黏度　D. 100℃运动黏度

20. 汽车基础件产生变形的主要原因是受到（　　）应力作用。
A. 内　B. 外　C. 内、外　D. 扭矩

21. 轮胎缓冲层位于胎面和（　　）之间，质软而弹性大。
A. 帘布层　B. 胎肩　C. 胎侧　D. 胎圈

22. M20 表示（　　）。
A. 普通粗螺纹　B. 普通细螺纹　C. 短螺纹　D. 梯形螺纹

23. 热处理可使钢材内部（　　）改变从而改变性能。
A. 性能　B. 强度　C. 组织结构　D. 化学成分

24. 表面粗糙度符号 $\sqrt{}$ 尖端（　　）从材料外指向表面。
A. 必须　B. 可以　C. 不必　D. 不要

25. 在装配图中，表达两个相邻零件的接触表面或配合表面时，在接触处只需（　　）。
A. 画两条轮廓线　B. 画一条轮廓线
C. 夸大画成各自的轮廓线　D. 画成虚线

26. 一般金属材料的阻值（　　）。
A. 随温度的升高而下降　B. 随温度的升高而升高
C. 变化不定　D. 与温度无关

27. 叙述正确的是（　　）。
A. 功率越大的电器电流做的功越多
B. 加在电阻上的电压增大到原来的 2 倍，则它们消耗的功率增大到原来的 4 倍
C. 功率大的用电器一定比功率小的用电器消耗的能量多
D. 大小不同的负载，消耗功率大者电流必定也大

28. 通电线圈插入铁芯后，它的磁感应强度将（　　）。
A. 增强　B. 减弱　C. 不变　D. 不定

29. 零件淬火后再进行高温回火处理的方法称为（　　）处理。
A. 退火　B. 调质　C. 正火　D. 二次

30. 化油器的起动装置是在发动机低温起动时供给（　　）混合气。
A. 特浓　B. 浓　C. 稀　D. 特稀

31. 已知交流电压的有效值是 220V，频率为 50Hz，当 t=0 时，瞬时值为 $110\sqrt{2}$ V，则该电压的瞬时值表达式为（　　）V。
A. $u=220\sin(314t+30°)$　B. $u=220\sin(314t-30°)$
C. $u=220\sqrt{2}\sin(314t+30°)$　D. $u=220\sqrt{2}\sin(314t-30°)$

32. （　　）具有单向导电性。
A. 二极管　B. 三极管　C. 稳压管　D. 电容

33. 三极管的（　　）是用来表示三极管的电流放大能力的参数。
A. 电流放大系数　B. 穿透电流　C. 最大允许电流　D. 反向击穿电压

34. 差速器壳上安装着行星齿轮、半轴齿轮、从动圆锥齿轮和行星齿轮轴，其中，不属差速器的是（　　）。
A. 行星齿轮　B. 半轴齿轮　C. 从动圆锥齿轮　D. 行星齿轮轴

35. （　　）回路的作用是控制液压系统的最高工作压力，使系统压力不超过压力控制阀的调定值。
A. 调压　B. 减压　C. 增压　D. 换向

36．节流阀属于（　　）。

A．压力阀　　B．流量阀　　C．方向阀　　D．液压辅件

37．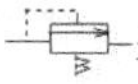表示（　　）。

A．减压阀　　B．溢流阀　　C．顺序阀　　D．平衡阀

38．液压传动的传动比（　　）精确。

A．很　　B．非常　　C．特别　　D．不很

39．举升器一般分为汽车（　　）和汽车整车举升器两种。

A．部件举升器　　B．总成举升器　　C．局部举升器　　D．千斤顶

40．轮胎的尺寸为 34×7，其中×表示（　　）。

A．低压胎　　B．高压胎　　C．超低压胎　　D．超高压胎

41．大型运输企业集中使用的汽车外部清洗设备多采用（　　）。

A．固定式　　B．可移式　　C．手动式　　D．其他形式

42．汽油机通常是由两大机构和（　　）组成的。

A．三大系统　　B．四大系统　　C．五大系统　　D．六大系统

43．（　　）将汽油从油箱中吸出，送入化油器的浮子室。

A．汽油泵　　B．滤清器　　C．油管　　D．汽缸

44．采用两对齿轮传动的称为（　　）主减速器。

A．单级　　B．双级　　C．三级　　D．多级

45．汽车转弯行驶时，差速器（　　）。

A．不起差速作用　　B．起差速作用　　C．不起减速作用　　D．起减速作用

46．（　　）的功用是汽车转向时允许两半轴以不同转速旋转。

A．变速器　　B．离合器　　C．差速器　　D．主减速器

47．非独立悬架在（　　）上应用广泛。

A．轿车　　B．豪华轿车　　C．中型轿车　　D．中、重型汽车

48．汽车的（　　）用来使振动衰减，减小车身和车轮的振动。

A．弹性元件　　B．导向装置　　C．减振器　　D．车架

49．通过改变（　　）的长度可以调整汽车前轮前束的大小。

A．横拉杆　　B．直拉杆　　C．前轴　　D．后轴

50．（　　）的作用是实现汽车行驶方向的改变和保持汽车稳定的行驶路线。

A．转向系　　B．转向操纵机构　　C．转向器　　D．转向传动机构

51．夏利 TJ7100U 型轿车装备（　　）式转向器。

A．循环球　　B．蜗杆指销　　C．齿轮齿条　　D．蜗杆蜗轮

52．EQ1092 型汽车的蹄鼓间隙在支承端应为（　　）mm。

A．0.10～0.25　　B．0.25　　C．0.40　　D．0.25～0.40

53．有的轿车用（　　）驻车制动器兼充驻车驻车制动器。

A．前轮　　B．后轮　　C．行车　　D．盘式

54．汽车驻车制动器（　　）的作用是将主缸传来的液压力转变为使驻车制动蹄张开的机械推力。

A．推杆　　B．后活塞　　C．驻车制动轮缸　　D．回位弹簧

55．如发动机转速升高时，经常发生烧坏用电设备情况，可能原因是（　　）存在故障。

A．转子总成　　B．定子总成　　C．整流器　　D．电压调节器

56．发动机点火线圈附加电阻的作用是（　　）低速时的初级电流，改善高速时的点火特性。

A．增大　　B．减小　　C．改变　　D．不确定

57．汽车电动刮水器由（　　）驱动。

A．发电机　　B．发动机　　C．微型直流电动机　　D．起动机

58．在汽车空调装置中，蒸发箱位于（　　）。

A．发动机前　　B．发动机后　　C．驾驶室内　　D．后行李箱内

59．丰田凌志车行李箱门通过（　　）来控制。

A．电磁开关　　B．手动开关　　C．真空开关　　D．气动开关

60．常用的滤波电路是在负载两端并联一个（　　）。

A．电阻　　B．电感　　C．滤波电容　　D．电源

61．常用三极管电流放大系数为（　　）。

A．6～10　　B．6～100　　C．10～60　　D．60～100

62．整流滤波后，由V和R组成（　　）。

A．整流电路　　B．滤波电路　　C．稳压电路　　D．放大电路

63．若将二极管正极与电源负极相连，二极管负极与电源正极相连，则二极管处于（　　）。

A．截止状态　　B．导通状态

C．关闭状态　　D．以上答案都不对

64．中规模集成电路是指每片上集成度在（　　）个元器件之间的集成电路。

A．100　　B．1000　　C．100～1000　　D．1000～10000

65．从传感器输出的信号输入ECU后，首先通过（　　）。

A．存储器　　B．CPU　　C．输入回路　　D．A/D转换器

66．具有逻辑判断功能的是（　　）。

A．CPU　　B．ROM　　C．RAM　　D．EPROM

67．若电控发动机爆燃传感器失效，则ECU将点火提前角（　　）。

A．提前　　B．滞后　　C．不确定　　D．固定在一适当值

68．汽车发电机绕组应用（　　）。

A．汽油浸洗　　B．柴油浸洗　　C．煤油浸洗　　D．干净的布擦净

69．（　　）将金属物放在蓄电池壳体上。

A．禁止　　B．可以　　C．必须　　D．允许

70．经济性指产品（　　）。

A．可靠性　　B．寿命　　C．周期费用　　D．寿命周期总费用

71．桑塔纳2000型轿车的缸盖平面翘曲应不大于（　　）mm。

A．0.10　　B．0.15　　C．0.20　　D．0.05

72．在用车前照灯远光光束的发光强度应大于（　　）cd。

A．1000　　B．5000　　C．8000　　D．10000

73．（　　）含量达60%～65%时，会导致人的死亡。

A．CO　　B．HC　　C．NO_x　　D．碳烟

74．2000年生产的四行程轻型车，HC排放不大于（　　）ppm。

A．900　　B．700　　C．500　　D．300

75．中华人民共和国公民有（　　）纳税的义务。

A．依照约定　　B．遵照指令　　C．按个人意愿　　D．依照法律

76．从事技术工种的劳动者上岗前必须经过（　　）。

A．培训　　B．训练　　C．培养　　D．教育

77．用（　　）材料制成的零件有隐伤时（如裂纹等），不能用磁力探伤法进行检测。

A．铸铁　　B．高碳钢　　C．铸铝　　D．铁镍合金

78．汽车离合器压盘及飞轮表面烧蚀的主要原因是离合器（　　）。

A．打滑　　B．分离不彻底

C．动平衡破坏　　D．踏板自由行程过大

79．发动机汽缸体裂纹和破损检测，最常用的方法是（　　）法。

A．磁力探伤　　B．荧光探伤　　C．敲击　　D．水压试验

80．在安装发动机新凸轮轴油封时，应先涂一层（　　）。

A．密封胶　　B．机油　　C．凡士林　　D．齿轮油

81．汽车后桥壳弯曲校正的方法一般采用（　　）校正。

A．敲击　　B．热压　　C．冷压　　D．火焰

82．确定发动机曲轴修理尺寸时，除根据测量的圆柱度、圆度进行计算外，还应考虑（　　）对修理尺寸的影响。

A．裂纹　　B．弯曲　　C．连杆　　D．轴瓦

83. 将发动机凸轮轴支于平台上的“V”型铁上，用（ ）检测凸轮轴的弯曲程度。
A. 直尺和塞尺 B. 高度尺 C. 百分表 D. 游标卡尺
84. 轴承滚子（ ）是由于表面疲劳磨损造成的。
A. 破碎 B. 变形 C. 变色 D. 麻点
85. 零件摩擦表面一旦发生腐蚀，将导致零件的快速（ ）。
A. 磨损 B. 破损 C. 变形 D. 疲劳
86. 为降低工具钢的硬度，提高其切削加工性能，一般采取（ ）退火处理。
A. 完全退火 B. 不完全 C. 球化 D. 去应力
87. 汽车后桥壳上钢板弹簧中定位孔磨损偏移量不得超过（ ）mm。
A. 1 B. 2 C. 3 D. 5
88. 正火通常在（ ）中冷却。
A. 水 B. 油 C. 空气 D. 盐水
89. 回火是在（ ）处理之后的一种热处理方法。
A. 退火 B. 淬火 C. 正火 D. 氮化
90. 奥迪 100 型轿车发动机曲轴的轴向间隙为（ ）mm。
A. 0.05～0.07 B. 0.07～0.10 C. 0.07～10.15 D. 0.07～0.19
91. 桑塔纳 2000GLS 型轿车 JV 型发动机的 M9×1 连杆螺栓的拧紧力矩为（ ）N·m。
A. 40 B. 30 C. 45 D. 35
92. 变速器在换挡过程中，必须使即将啮合的一对齿轮的（ ）达到相同，才能顺利地挂上挡。
A. 角速度 B. 线速度 C. 转速 D. 圆周速度
93. 十字轴式万向节允许相邻两轴的最大交角在（ ）范围内。
A. 10°～15° B. 15°～20° C. 20°～25° D. 25°～30°
94. 不属于单级主减速器的零件是（ ）。
A. 调整垫片 B. 主动圆锥齿轮 C. 调整螺母 D. 半轴齿轮
95. 当汽车左转向时，由于差速器的作用，左右两侧驱动轮转速不同，那么转矩的分配是（ ）。
A. 左轮大于右轮 B. 右轮大于左轮 C. 左、右轮相等 D. 右轮为零
96. 新修发动机的最大功率不得低于原设计标定值的（ ）%。
A. 85 B. 90 C. 95 D. 97
97. 东风 EQ1092 型汽车的前束值为（ ）mm。
A. 3～5 B. 1～5 C. 5～6 D. 4～6
98. 东风 EQ1092 型汽车所采用的是（ ）驻车制动器。
A. 盘式 B. 鼓式 C. 带式 D. 自动增力式
99. 桑塔纳 2000 型轿车的双回路液压驻车制动装置采用的是（ ）配合。
A. 前独立式 B. 后独立式 C. 交叉式 D. 非交叉式
100. 东风 EQ1092 型汽车双回路气压驻车制动传动装置由（ ）和控制装置两部分组成。
A. 气泵 B. 驻车制动踏板 C. 驻车制动杆 D. 驻车制动气室
101. 双腔驻车制动主缸中，前活塞回位弹簧比后活塞回位弹簧的弹力（ ）。
A. 大 B. 小 C. 相等 D. 都可能
102. 当主、挂车因故脱挂时，挂车（ ）。
A. 不驻车制动 B. 自行驻车制动 C. 停车 D. 驻车制动力减小
103. 汽车在行驶时，充电指示灯由亮转灭，这说明（ ）。
A. 发电机处于他励状态 B. 发电机处于自励状态
C. 充电系统有故障 D. 指示灯损坏
104. 小功率起动机广泛采用的是（ ）式离合器。
A. 滚柱 B. 摩擦片 C. 弹簧 D. 带式
105. 在汽车制冷循环系中，经膨胀阀送往蒸发器管道中的制冷剂是（ ）状态。
A. 高温高压液体 B. 低温低压液体
C. 低温高压气体 D. 高温低压液体
106. 驻车制动主缸装配前，应先用（ ）清洗缸壁。

A. 酒精　　B. 汽油　　C. 柴油　　D. 防冻液

107. 汽缸盖平面翘曲变形，可用（　　）进行检测。

A. 直尺　　B. 厚薄规　　C. 千分尺　　D. 直尺和厚薄规

108. 铰削 EQ6100-1 气门座时，应选用（　　）铰刀铰削 15° 上斜面。

A. 45°　　B. 75°　　C. 15°　　D. 25°

109. 化油器节气门轴与孔的配合间隙不能大于（　　）mm。

A. 0.10　　B. 0.20　　C. 0.30　　D. 0.40

110. 汽油泵盖和泵体接合面的不平度不应大于（　　）mm。

A. 0.10　　B. 0.15　　C. 0.12　　D. 0.20

111. 蜡式节温器中，使用阀门开闭的部件是（　　）。

A. 弹簧　　B. 石蜡感应体　　C. 支架　　D. 壳体

112. 离合器踏板的自由行程过大，会造成离合器（　　）。

A. 打滑　　B. 分离不彻底　　C. 起步发抖　　D. 半接合状态

113. 东风 EQ1092 型汽车变速器使用的是（　　）同步器。

A. 惯性锁销式　　B. 惯性锁环式　　C. 自动增力式　　D. 强制锁止式

114. 桑塔纳 2000 型轿车主减速器的主、从动齿轮的啮合间隙为（　　）mm。

A. 0.15　　B. 0.20　　C. 0.25　　D. 0.30

115. 东风 EQ1092 型汽车转向盘由中间位置向左、向右转动的自由量不得超过（　　）。

A. 15°　　B. 25°　　C. 30°　　D. 20°

116. 东风 EQ1092 型汽车的气压驻车制动是（　　）车轮驻车制动器。

A. 非平衡式　　B. 平衡式　　C. 自动增力式　　D. 双向平衡式

117. 安装好驻车制动凸轮轴后，应使两轴轴向间隙不大于（　　）mm。

A. 0.6　　B. 0.7　　C. 0.65　　D. 0.5

118. 汽车主减速器的主、从动圆锥齿轮之间，正确的啮合间隙为（　　）mm。

A. 0.15～0.4　　B. 0.20～0.30　　C. 0.20～0.40　　D. 0.15～0.30

119. 根据《汽车发动机缸体与气缸盖修理技术条件》（GB3801—1983）的技术要求，气门导管与承孔的配合过盈量一般为（　　）mm。

A. 0.01～0.04　　B. 0.01～0.06　　C. 0.02～0.04　　D. 0.2～0.06

120. 点火线圈的温度一般不得超过（　　）。

A. 60℃　　B. 80℃　　C. 100℃　　D. 120℃

121. 根据《汽车变速器修理技术条件》（GB5372—1985）的技术要求，变速叉端面对变速叉轴孔轴线的垂直度公差应为（　　）mm。

A. 0.20　　B. 0.15　　C. 0.10　　D. 0.08

122. 起动机的驱动齿轮与止推垫之间的间隙应为（　　）mm。

A. 1～4　　B. 1～2　　C. 0.5～1　　D. 0.5～0.9

123. 桑塔纳 2000GLS 型轿车 JV 型发动机活塞油环的端隙为（　　）mm。

A. 0.25～0.40　　B. 0.30～0.45　　C. 0.25～0.50　　D. 0.30～0.50

124. 安装发动机汽缸盖时，应使活塞避开（　　）位置。

A. 上止点　　B. 下止点　　C. 下行　　D. 上行

125. 新修的发动机首先应进行（　　）磨合。

A. 热　　B. 有负荷　　C. 冷　　D. 无负荷

126. 桑塔纳 2000 型轿车变速器支架固定在横梁上的螺栓拧紧力矩为（　　）N・m。

A. 20　　B. 55　　C. 70　　D. 110

127. 《车用汽油机油换油指标》（GB8028—2010）中规定，水分含量测定引用标准是（　　）。

A. GB260　　B. GB265　　C. GB267　　D. SY2662

128. 烟度计活塞式吸气泵开关由（　　）控制。

A. 电动　　B. 手　　C. 脚　　D. 脚或手

129. 解放 CA1092 型汽车支承销与底板销孔的配合间隙应为（　　）mm。

A. 0.02～0.085　　B. 0.08～0.08　　C. 0.05～0.10　　D. 0.15～0.25

130. 发动机活塞销异响是一种（　　）响声。

A. 无节奏的　　B. 浑浊的有节奏　　C. 钝哑无节奏　　D. 嗒嗒声

131. 根据《汽车发动机缸体与气缸盖修理技术条件》（GB3801—1983）的技术要求，汽缸套上端面应不低于汽缸体上平面，亦不得高出（　　）mm。

A. 0.10　　B. 0.075　　C. 0.05　　D. 0.25

132. 根据《汽车发动机曲轴技术条件》（GB3802—1983）的技术要求，曲轴各中间各主轴颈的径向圆跳动公差为（　　）mm。

A. 0.025　　B. 0.05　　C. 0.075　　D. 0.10

133. 根据《汽车发动机凸轮轴修理技术条件》（GB3803—83）的技术要求，凸轮轴中间各轴颈的径向圆跳动公差为（　　）mm。

A. 0.015　　B. 0.020　　C. 0.025　　D. 0.030

134. 车速急剧变化，变速器响声加大；而车速相对稳定，响声消失，这说明（　　）。

A. 齿隙过大　　B. 中间轴弯曲　　C. 第二轴弯曲　　D. 轴承损坏

135. 发动机怠速时，踏下离合器踏板少许时，离合器有异响，则为（　　）

A. 从动盘铆钉松动　　B. 从动盘钢片破裂

C. 传动片松动　　D. 分离轴承响

136. 前轴与转向节装配应适度，转动转向节的力一般不大于（　　）N。

A. 20　　B. 15　　C. 10　　D. 5

137. 根据《汽车驱动桥修理技术条件》（GB8825—1988）的技术要求，圆锥主动齿轮与突缘键槽的侧隙应不大于（　　）mm。

A. 0.10　　B. 0.20　　C. 0.25　　D. 0.30

138. 解放 CA1091 型汽车发电机空转时，在转速不大于 1150r/min 的条件下，电压为（　　）V。

A. 11　　B. 12　　C. 13　　D. 14

139. 万向传动装置异响的现象之一是（　　）时，车身发抖并能听到“咔啦”的撞击声。

A. 起步　　B. 匀速行驶　　C. 低速行驶　　D. 急加速

140. 发动机气门座圈异响比气门异响稍大，呈（　　）嚓嚓声。

A. 没有规律的忽大、忽小　　B. 有规律、大小一样

C. 无规律、大小一样　　D. 有规律

141.（　　）不是点火过早现象。

A. 手摇曲轴有倒转　　B. 严重爆燃

C. 怠速时易熄火　　D. 发动机温度过高

142. 汽车重载上坡时，车速不能随发动机转速提高而改变，同时可嗅到焦臭味，此故障可能是（　　）。

A. 驻车制动拖滞　　B. 离合器打滑

C. 离合器分离不彻底　　D. 变速器脱挡

143. 汽车起步或行驶中，始终有明显的异响并伴有振抖，这说明（　　）松旷。

A. 中间支架固定螺栓　　B. 万向节十字轴

C. 连接螺栓　　D. 万向节十字轴轴承

144. 电控发动机燃油喷射系统中的怠速旁通阀是（　　）系统的组成部分。

A. 供气　　B. 供油　　C. 控制　　D. 空调

145. 与传统化油器发动机相比，装有电控燃油喷射系统的发动机功率可提高（　　）%。

A. 5～10　　B. 10～15　　C. 15～20　　D. 20

146. 行驶中，突然改变速度时，出现一种金属撞击声，一般是因为（　　）。

A. 十字轴轴承松旷　　B. 连接螺栓松动

C. 传动轴等速排列破坏　　D. 中间支承轴承散架

147.（　　）是汽车发动机不能起动的主要原因。

A. 油路不过油　　B. 混合气过稀或过浓

C. 点火过迟　　D. 点火过早

148. 柴油发动机运转不稳，这种故障往往伴随着排气管排出（　　）。

A. 白烟而产生敲击声　　B. 白烟而不产生敲击声

C．黑烟而产生敲击声　　D．黑烟不产生敲击声

149．柴油发动机动力不足，可在发动机运转中，运用（　　）法，观察和查听发动机转速变化，找出故障缸。

A．多缸断油　　B．单缸断油　　C．多缸断火　　D．单缸断火

150．主减速器（　　）损坏，可引起汽车在转弯时产生异响，而在直线行驶时没有异响。

A．圆锥齿轮　　B．行星齿轮　　C．圆柱齿轮　　D．轴承

151．电控发动机可用（　　）检查发动机电脑是否有故障。

A．万用表　　B．数字式万用表

C．模拟式万用表　　D．试灯或万用表

152．检测汽车发动机电控系统时，应选用（　　）万用表。

A．指针式　　B．数字式　　C．低阻抗数字式　　D．高阻抗数字式

153．配备测试卡的诊断仪测试不同的车时，应选用（　　）的测试卡。

A．故障诊断　　B．相同　　C．不同尺寸　　D．不同型号

154．与传统化油器发动机相比，装有电控燃油喷射系统的发动机燃料消耗可降低（　　）。

A．5%～10%　　B．5%～15%　　C．15%～20%　　D．20%

155．桑塔纳 DQ171 型点火线圈一次绕组的电阻应为（　　）Ω。

A．0.42～0.66　　B．0.52～0.76　　C．0.52～0.86　　D．0.52～0.96

156．在实际工作中，常采用模拟信号发生器的（　　）来断定模拟信号发生器的好坏。

A．电流　　B．电压　　C．电阻　　D．动作

157．YC6105QC 型柴油机各缸喷油间隔角误差为（　　）。

A．±0.5°　　B．0.5°　　C．±0.6°　　D．0.6°

158．YC6105QC 型柴油机所用的 CKBL68S001 型喷油器的喷油压力应为（　　）MPa。

A．20.0±5　　B．23.0±5　　C．25.0±5　　D．26.0±5

159．电控燃油喷射发动机燃油压力检测时，将油压表接在供油管和（　　）之间。

A．燃油泵　　B．燃油滤清器　　C．分配油管　　D．喷油器

160．汽油发动机不能起动，检查电路，打开开关，电流表指示 3～5A 而不做间歇摆动，则可能是（　　）。

A．分电器各接头接触不实　　B．高压电路故障

C．高压导线故障　　D．点火线圈断路

二、判断题（第 1 题～第 40 题。将判断结果填入括号中。正确的填“√”，错误的填“×”。每题 0.5 分，满分 20 分。）

1．（　　）勤劳是现代市场经济所需要的，而节俭则不宜提倡。

2．（　　）使用扳手时，最好的效果是拉动，若必须推动时，也只能用手掌推，并且手指要伸开，以免螺栓或螺母突然扭动碰伤手指。

3．（　　）职业纪律中包括群众纪律。

4．（　　）标准按管理级别分为国家标准、部颁标准和企业标准。

5．（　　）在自然界中磁极可以单独存在。

6．（　　）三相负载有星形连接和三角形连接。

7．（　　）二极管长期工作时，允许加到二极管两端的最高反向电压称为最高反向工作电压。

8．（　　）动力转向装置按其传能介质不同，分为液压式和气压式两种。

9．（　　）离车式平衡机按动平衡原理工作。

10．（　　）汽车交流发电机的调节电压为 12V。

11．（　　）锉削时，锉刀不可沾水、沾油。

12．（　　）金属材料可分为黑色金属和有色金属两大类。

13．（　　）重合剖面的轮廓线用粗实线绘制。

14．（　　）电线属于特种垃圾。

15．（　　）汽车空调压力开关也称压力继电器。

16．（　　）发动机曲轴轴承盖螺栓应一次紧固到位。

17．（　　）安装怠速调节器和节气门连体时，其固定螺钉的拧紧力矩为 10N·m。

18．（　　）变速器在验收时，各挡均不允许有噪声。

19. （　　）东风 EQ1090 型汽车起动机空转试验时，转速不低于 5000r/min，电流不大于 90A，电压为 12V。

20. （　　）《车用汽油、机油换油指标》（GB8028—1987）适用于使用中的汽车用汽油、机油的质量监控和更换。

21. （　　）在用汽油车废气排放标准为 CO 应小于 4.5%，HC 应小于 1200ppm。

22. （　　）对废气排放检测时，发动机怠速、点火正时、冷却水和润滑油的温度都应符合要求。

23. （　　）齿轮啮合间隙过大是造成异响的原因。

24. （　　）高速行驶时，变速器有明显响声，突然加速时响声清晰，多为轴承磨损严重所致。

25. （　　）抬起离合器踏板，在离合器后端有异响，则说明离合器有异响。

26. （　　）传动轴中间支承轴承散架必然造成万向传动装置异响。

27. （　　）汽车后桥壳内的齿轮润滑油不足，不会导致后桥有异响。

28. （　　）汽车后桥的异响必须通过仪器来诊断。

29. （　　）电控单元不能控制燃油泵的输油量。

30. （　　）毫无着火征兆，一般属于发动机的电路故障。

31. （　　）在串联电路中，每个电阻消耗的功率与电阻值成正比。

32. （　　）发动机分电器凸轮磨损不均匀，将导致发动机运转不稳。

33. （　　）柴油机喷油泵出油阀的作用是供油回油迅速。

34. （　　）全速调速器通过自动控制发动机怠速和高速时的供油量，以保证发动机稳定工作。

35. （　　）喷油器针阀和针阀体组成喷油头。在维修中可以互换。

36. （　　）柴油机手油泵的活塞与泵体，是经过选配和研磨而达到高精度配合的，故无互换性。

37. （　　）夏利轿车采用闭磁路点火线圈。

38. （　　）解放 CA1092 型汽车分电器点火信号传感器转子与定子爪极间隙应为 0.4mm。

39. （　　）在电控汽车车身上进行焊修时，应先断开电脑电源。

40. （　　）压力控制阀简称压力阀。

模拟试题参考答案

汽车修理工中级理论模拟试卷 1

一、单项选择

1. B	2. D	3. A	4. D	5. A	6. A	7. C	8. B	9. B
10. C	11. A	12. A	13. C	14. D	15. C	16. B	17. B	18. A
19. B	20. A	21. A	22. A	23. A	24. A	25. D	26. C	27. A
28. B	29. B	30. C	31. A	32. A	33. A	34. B	35. C	36. D
37. B	38. B	39. A	40. B	41. A	42. A	43. A	44. C	45. A
46. D	47. B	48. D	49. C	50. A	51. A	52. B	53. D	54. A
55. B	56. A	57. A	58. D	59. D	60. A	61. D	62. A	63. A
64. A	65. D	66. D	67. D	68. B	69. B	70. A	71. A	72. A
73. C	74. A	75. C	76. B	77. B	78. A	79. C	80. C	81. D
82. D	83. B	84. D	85. A	86. B	87. D	88. A	89. A	90. D
91. C	92. A	93. A	94. A	95. B	96. C	97. A	98. C	99. C
100. B	101. C	102. B	103. B	104. A	105. A	106. A	107. C	108. A
109. A	110. A	111. B	112. C	113. A	114. C	115. B	116. A	117. B
118. C	119. B	120. B	121. C	122. B	123. A	124. D	125. C	126. D
127. C	128. C	129. B	130. C	131. D	132. A	133. D	134. A	135. D
136. D	137. D	138. B	139. B	140. A	141. B	142. A	143. A	144. D
145. A	146. A	147. A	148. A	149. A	150. A	151. A	152. A	153. C
154. B	155. B	156. A	157. C	158. C	159. C	160. C		

二、判断题

1. ×	2. ×	3. ×	4. √	5. √	6. √	7. ×	8. √	9. ×
10. ×	11. √	12. ×	13. ×	14. √	15. √	16. √	17. √	18. √
19. √	20. √	21. ×	22. √	23. √	24. ×	25. √	26. ×	27. √
28. ×	29. √	30. √	31. ×	32. √	33. ×	34. ×	35. √	36. √
37. √	38. ×	39. √	40. ×					

汽车修理工中级理论模拟试卷 2

一、单项选择

1. A	2. B	3. D	4. A	5. B	6. B	7. D	8. A	9. D
10. A	11. D	12. C	13. A	14. C	15. C	16. C	17. A	18. B
19. B	20. C	21. A	22. A	23. C	24. A	25. B	26. B	27. B

28. A　29. B　30. A　31. C　32. A　33. A　34. C　35. A　36. B
37. B　38. D　39. C　40. B　41. A　42. C　43. A　44. B　45. B
46. C　47. D　48. C　49. A　50. A　51. C　52. D　53. B　54. C
55. D　56. B　57. C　58. C　59. A　60. C　61. D　62. C　63. A
64. C　65. C　66. A　67. D　68. D　69. A　70. D　71. A　72. D
73. A　74. A　75. D　76. A　77. C　78. A　79. D　80. A　81. B
82. B　83. C　84. D　85. A　86. C　87. A　88. C　89. B　90. D
91. A　92. D　93. B　94. D　95. C　96. B　97. B　98. B　99. C
100. A　101. A　102. B　103. B　104. A　105. C　106. A　107. D　108. B
109. A　110. A　111. B　112. B　113. A　114. A　115. A　116. A　117. B
118. A　119. D　120. B　121. A　122. A　123. C　124. A　125. C　126. C
127. A　128. D　129. A　130. D　131. A　132. B　133. C　134. A　135. D
136. C　137. B　138. C　139. A　140. A　141. D　142. B　143. A　144. A
145. A　146. A　147. A　148. C　149. B　150. B　151. B　152. D　153. A
154. B　155. B　156. D　157. A　158. B　159. C　160. B

二、判断题

1. ×　2. √　3. √　4. √　5. ×　6. √　7. √　8. √　9. √
10. ×　11. √　12. √　13. ×　14. ×　15. √　16. ×　17. √　18. ×
19. √　20. √　21. ×　22. √　23. ×　24. ×　25. ×　26. √　27. ×
28. ×　29. ×　30. ×　31. √　32. √　33. ×　34. ×　35. ×　36. √
37. √　38. √　39. √　40. √